We read the world

A Shining Moment

明亮的时刻

女导演特辑

Special Issue on Women Directors

單讀

One-way Street

28

上海文艺出版社
Shanghai Literature & Art Publishing House

單向空間
OWSPACE

出品人	许知远　于威　张帆	
主编	吴琦	
编辑总监	罗丹妮	
运营总监	张煜	
设计装帧	李政坷	
高级编辑	刘婧　沈雨潇	
编辑	何珊珊　冯琛琦　鲍德月　胡亚萍	
英文编辑	Allen Young	
特约编辑	阿乙	Isolda Morillo
	柏琳	孔亚雷
	Eric Abrahamsen	刘盟赟
	Filip Noubel	索马里
	胡赳赳	

本辑《单读》与山一国际女性电影展 ONEIWFF 合作完成，
集中发表五位当代青年女导演的电影文学剧本。

电影提喻法

一、看电影就像找朋友。不管你声称自己有多公正，首要和最初的标准，总是和自己气味相投。人不自觉地靠近自己喜欢的事物，这几乎是一种身体反响。当然我们也完全有可能被与自己不同甚至相反的热情所点燃，这并不构成对前一点的反驳，而是补充，甚至是确认，因为电影时常提醒我们，人对自己充满误解。

二、除了满足自己的趣味，还应该了解它，就像友谊也不是立等可取，需要理解和付出。如果不希望用算计和偷懒来维持这种爱的关系，那就用笨办法，沿着导演的创作脉络去看，一部一部去看。不一定要一口气、做功课式地看完，也可以花更长的时间，在合适的节点，和那些电影建立长期的关系。电影比人好的地方是，背叛会少一点。

三、我个人最喜欢看导演的早期作品，看画和看书时也有此癖好。越早就越容易诚实，身上没有挂出太多的面具和兵器，发出的声音常常更纯净。技法反而是次要的。

四、还很重要的是，趣味需要自我训练，而不能一味沉溺，否则就近乎成瘾。电影看久了，一些潜在的线头、持久的题目会慢慢浮现，觉察到它，接受、调整或反思它，我们的观影经验就进入了下一个阶段，一个由电影开启但超出电影自身的层面。

五、当然好的电影从不仅仅关乎它自身，它们的力量正在于打开观众，及其面临的世界。具体分析起来却没这么容易。一个可以用来操练的范例是那些现象级的电影，它们获得的成功和争议，常常是因为直接与广义的社会结构和文化心理相撞。试着把它们作为文化现象来看，也许比单纯把它们作为电影更有益。

六、和任何文化消费一样，看电影既可杂食，也要取舍，或者说必须取舍。各类电影节展是一个好的信息路径，但是不要窄化它们的贡献，片单远比结果更具价值。奖项是对少数作者的偶然鼓励，而入选片目作为一个整体，是给观众无偿也无尽的奖赏。

七、关心今天的创作者，关注自己国家的导演及其处境。他们是我们的感官在此刻的延伸，也是我们想要看向远方、看向深处的目光之捷径。

八、在其他层面上，取舍还可以继续，比如题材、类型、地域或者性别。我自己有时就会绕开欧美主流的电影作者，多看别处的作品，比如罗马尼亚、土耳其、捷克、爱沙尼亚、新加坡、泰国等等。观影不能一心只求共鸣，它是一条开放的大路，应该拥抱异质、边缘的经验。

九、如果你所在的城市里有电影节展，记得成为它们的观众。人不能永远停留在荧幕上，满足于虚拟的交流，这是我们为数不多的以肉身向电影示爱的机会。

十、电影最终会大于电影，每一个爱电影的人，每爱电影一次，都在参与这种“大于”。

2021年的北京国际电影节，我从东边跑到西边，找一个从未去过的电影院，去看基耶斯洛夫斯基的电影《生命的烙印》，这是他的第一部剧情长片。已经入夜，找了半天才找到影院入口，只有下班的人不断往外走，没什么人往里进。这不是热门场次，制作爆米花和出售饮料的窗口空无一人，我到得太早，就独自站在冰凉的大厅里等。脑子里不由自主地想起了过去那些被电影和电影节填满的生活。因为工作，今年我第一次放弃加入抢票大军，错过了大部分电影，只买了肯定坐不满的几场聊表安慰。竟也未能全看，我一度把这种行径视为影迷的耻辱。同一时间段，原本计划去参加山一国际女性电影展，结果那里的电影也无法放映。爱而不得，是每个时代的悲剧，我悻悻地想。

这部电影不太精彩，基耶斯洛夫斯基还在试着建立自己的视听语言，但他日后持续探索的故事原型已经可见端倪。我们不应该只追求那些精彩的电影，在这座光影博物馆里面，还有许多苦涩、艰难和失败更值得玩味。看完之后，我就要赶往机场，去接父母，结果到三元桥的时候发现快轨的末班车已经开走。时间还早，原本打算在快轨上消磨，只好重回地面，在三元桥一带晃悠。之前的工作单位就在附近，虽然名声不复从前，却一直没有停止工作，终究是韧性最难剥夺。黑暗里的商场、马路都露出最平常的样子，没有人去争抢，它们也不再唬人，室内的秋风在室外吹，也变得浪漫起来。我在这样的缝隙里偷偷散步，觉得午夜也成了一个明亮的时刻。

吴琦

⇄剧 本

第一次的离别（节选）

导演：王丽娜

编剧：王丽娜

主演：艾萨·亚森／凯丽比努尔·热合米图力／艾力乃孜·热合米图力／穆萨·亚森／亚森·卡斯木……

上映日期：2020-07-20（中国大陆）／2018-10-29（东京国际电影节）

片长：90分钟

序场

克孜勒萨的乡间小路　晨

克孜勒萨的清晨非常宁静，奶油浸润的太阳在蓝色的天空中照射着，吹过克孜勒萨上空的风儿，正轻抚着炊烟的领子漫舞。

红柳簇拥的乡间小路被金色的阳光晕染，吾斯曼老人赶着羊群不紧不慢地走在小路上，羊儿不时地发出咩咩的声响，更有几只调皮的羊儿不时地互相顶撞。一个名叫艾萨的男孩儿牵着一头毛驴正朝着家的方向走去。

出片名《第一次的离别》

1. 艾萨家院中　清晨

洒进小院，晨光已收短。艾萨从压井压了两桶水，用力地提到用木头和铁丝网围起的驴圈，驴很自然地过来喝水。艾萨用绳子把驴圈的栅栏门绑好，转身从架子车上抱了一堆散发着泥土气息的青草扔进驴圈，又抱了一堆青草朝着羊圈的方向走去。

艾萨抱起刚出生就失去母亲的小羊羔。

艾萨：喂，你怎么不吃奶呢？

艾萨：乖，吃点奶吧！

2. 邻居家院中　清晨

晨曦，炊烟的气息还未散去，空气里有被阳光晒热又凉下来的羊毛的气息，还有劳动的人们甩在路边的汗珠混合着莫合烟的味儿。每个星期的这一天，艾萨都会去买然木汗奶奶家取馕。

阳光照在杏树的枝叶间，买然木汗一家正在打馕。一匹白马拴在大树下面。树下，从大城市回来的艾尼瓦尔正在给童年的玩伴吐尔逊讲述外面的见闻，劝说吐尔逊和自己一起去外面闯一闯。

艾尼瓦尔：你都没法想象外面的世界有多大，有很多的高楼大厦，就连马路也是两层的！有些楼房还是用玻璃建的，如果你愿意，这次就和我去大城市闯一闯。

艾萨：奶奶，您好！

奶奶：我的艾萨来了！

艾萨：您打的馕真香，闻到味儿我就馋得流口水了。

奶奶：来，吃点馕，喝点茶。

吐尔逊：爸爸，我想跟艾尼瓦尔一起去。

父亲：你要去哪儿？我不许你去！

吐尔逊：我想去艾尼瓦尔去的那个城市闯一闯。

父亲：不行！你去了谁来照顾我们？

吐尔逊：去一次都不行吗？

父亲：不行！不许去！

母亲：儿子，你最好听你爸爸的话，你抛下我们去大城市，又能享受多少快乐呢？还不如留在我们身边。

奶奶一边递给艾萨馕一边说：拿着吧，路上慢慢吃。

艾萨：再见，奶奶。

艾萨接过买然木汗奶奶递过来的热腾腾、金灿灿、香喷喷的馕，一边吃一边朝着葡萄园的路走去。克孜勒萨的葡萄园是艾萨的玫瑰，是深染北方色调的伊甸园。从葡萄树上流出的经久不散的馥郁芬香是艾萨心中的夏日天堂。每次经过这里，艾萨都会品尝美味。远处继续传来艾尼瓦尔劝说的声音，此时的艾萨并不能理解吐尔逊哥哥为什么非要去大城市闯。

艾尼瓦尔：如果有机会，您去看看外面的世界，您就会发现那里和这里就像是天上和地下。

吐尔逊：爸爸，你就给我一次机会吧！

3. 原野　傍晚

傍晚时分，一群孩子在旷野的空地训练足球，艾萨背着馕从小路跑过来。

艾萨：阿巴斯，把球踢给我。

阿巴斯：艾萨，你快来参加训练！

艾萨：我没空，我要回家照顾妈妈。

阿巴斯：如果我们输掉比赛，我们所有人都会怪你妈妈。如果你今天还不来，你就给我退出足球队！

艾力太拜尔：就算没有你，我们照样能去比赛。

阿巴斯：走吧，我们去踢球！

艾力太拜尔：走，踢球去！

（艾萨不发一言转身离去）

4. 艾萨家里　傍晚

阳光已经收起，屋里弥漫着清冷的光，房间的角落里布满了阴影。一只猫端坐在地毯上，艾萨的妈妈蜷缩在墙角。

艾萨从柜子里拿出了馕，端出了茶水和梨子喂给妈妈吃。

5. 艾萨家院中　晌午

艾萨用麦秆铺垫着驴圈。小羊在雨夜身体受了凉，一直拉肚子，艾萨精心照顾着小羊。凯丽比努尔姐弟俩过来准备抱走小羊。

艾萨：可爱的小羊，喝水吧。

艾力乃孜：跟上我！

凯丽比努尔：艾萨，我接小羊来了。

艾萨：我能再多养小羊两天吗？

（凯丽比努尔爬上驴圈的栏杆）

凯丽比努尔：不行，说好的你养三天，我养三天！

（艾力乃孜跳进了驴圈准备抱走小羊，艾萨试图阻止艾力乃孜）

艾萨：这两天小羊一直在拉肚子，我多照顾两天，等它好了我就送过去。

凯丽比努尔：不，不行的，我们说好的你养三天我养三天。

艾萨：我想小羊了怎么办？

凯丽比努尔：你可以来我家里看它。

艾萨：去你家的话，我妈妈怎么办？

凯丽比努尔：弟弟，把小羊抱过来。艾萨你敢阻拦的话，我就用魔法把你变成猴子的胡子，再把你变成猴子的尾巴，然后再把你变成一只青蛙。亲手把你捏得碎碎的。

艾力乃孜：接一下小羊，小羊的腿夹住了。

艾萨：凯丽比努尔，我一定去你家给小羊搭个窝。

凯丽比努尔：来吧！

艾萨爬在栏杆上望着抱着小羊远去的凯丽比努尔姐弟，心中愈发地担心小羊。最终，他决定把妈妈锁在屋里，去凯丽比努尔姐弟家帮小羊搭个窝。

6. 原野　黄昏

伴随着小羊咩咩的叫声切入画面，艾萨从远处的田埂上跑来……

艾萨：凯丽比努尔，艾力乃孜，等等我！

凯丽比努尔：你怎么来了？

艾萨：我来给小羊搭窝。

凯丽比努尔：那你妈妈怎么办？

艾萨：我把门都锁上了，她出不来。

7. 屋顶草垛　黄昏

苜蓿秆散发着丝绒般的芳香，夕阳落在屋顶的草垛上形成了村庄与天空的连接符号。艾萨用苜蓿秆为小羊搭窝，艾力乃孜去寻搭窝的木头，凯丽比努尔抱着小羊同它逗趣。

凯丽比努尔：可爱的小羊羔，你看着好羡慕的样子，喜欢吗？想不想躺一下，你是不是觉得我的怀抱太软了？你是不是不想起来了，你不起来了吗？

艾萨：小羊的窝搭好了。

凯丽比努尔：搭好了吗？

（凯丽比努尔起身将小羊放进艾萨刚刚搭好的窝）

艾萨：把小羊放进来吧，它像住在皇宫里面一样，我们再把上面盖上。

凯丽比努尔：哎，有没有木头？

艾萨：我想到了好办法，我们给上面这样放一个木头，就像这样放。

艾力乃孜：上面可以放一个木头的，底下再放一个木头，可以挡在墙边上，把这个墙弄结实一点，就放在这儿。

凯丽比努尔：可以。

艾萨：我可爱的小羊，我已经深深地爱上了你，你这只可爱的小羊。

凯丽比努尔：快把我的小羊拿过来，我要抱一抱它。

艾力乃孜：我们上去跳一跳。

（艾萨的哥哥回家发现妈妈不见了，来寻弟弟。）

莫萨：艾萨，艾萨！

艾萨：噢。

莫萨：妈妈不见了！

艾萨：什么不见了？

莫萨：我回家妈妈不见了。

艾萨：我得去找妈妈了。

凯丽比努尔：艾萨，需要帮忙吗？

艾力乃孜：艾萨，需要帮忙吗？

艾萨：不用了。

（艾萨直接从墙上跳下来奔向回家的路）

8. 乡村小路　傍晚

夕阳已隐去，艾萨紧随哥哥焦急地往家跑。

9. 艾萨家院中　傍晚

艾萨直奔锁着妈妈的屋子。

艾萨：妈妈真的不在了，该怎么办啊！

莫萨：艾萨，我怎么跟你说的！

艾萨：我明明把门锁得好好的。

莫萨：跟你说了，让你看好妈妈！现在天黑了，到哪儿去找妈妈？我真想扇你几个耳光，艾萨你到底什么时候能长大！你气死我了，你去容易发生交通事故的路口还有水渠边看看。我去邻居家看看妈妈在不在，真想抽你一个耳光。

（艾萨随哥哥跑出家门去邻居家找妈妈）

10. 原野里　傍晚

艾萨一路奔跑，寻找妈妈，克孜勒萨村庄广播站的喇叭响起。

艾萨：妈妈，你在哪里？妈妈，妈妈……

（暮色降临，艾萨无助地哭泣）

11. 姑姑家　傍晚

暮色时分，一盏昏黄的灯悬挂在葡萄架下，灶台上冒着热气。帕台木抱着小孙子，坐在小院的床上唱着摇篮曲："睡吧，我天使般的孩子，睡吧，我的甜心"——艾萨拿着手电筒焦急地跑进小院。

艾萨：帕台木奶奶，看到我妈妈了吗？

帕台木：可怜的孩子，我没看到你妈妈。

艾萨：我亲手锁的门，然后妈妈不见了，怎么找都找不到。

帕台木：哎呀，去哪儿了呢？我今天一天都没有见过你妈妈。孩子，赶快去找你妈妈吧，别再出什么事儿。

艾萨：再见，帕台木奶奶。

帕台木：哎，可怜的孩子！可怜的孩子！

12. 邻居家　深夜

已是深夜，蝉声悠曳，艾合买提一家已入睡。艾萨敲着艾合买提家黑漆漆的窗户。

艾萨：艾合买提爷爷，艾合买提爷爷！

（窗户的灯亮了）

艾合买提：哎，谁呀！

艾萨：我是艾萨，我妈妈来过吗？

艾合买提：你妈妈没有来这里，哎呀，你妈妈去了什么地方？都这么晚了！

艾萨：是啊，我现在也在找她呢。

艾合买提：赶快去别的地方找一找。

艾萨：哎，再见！

艾合买提：嗯，好的。

（熄灯）

13. 乡间水渠旁　深夜

村庄里飘荡着此起彼伏的蝉鸣声和狗吠声，艾萨焦急地穿梭在小渠旁的杨树林里继续找着妈妈，手电筒里若隐若现的光来回地在白桦林里晃动。

艾萨：妈妈，你到底在哪儿呢？妈妈，你到底在哪儿呢？妈妈你到底在哪儿呢？妈妈，妈妈，妈妈你到底在哪儿呢？全是我的错没有看好你，我没有锁好门，把你丢了。妈妈，你到底在哪儿呢？

14. 艾萨家里　深夜

一盏昏黄的灯悬在屋子中间，房间的角落里布满了阴影。艾萨和哥哥莫萨度过了一个无眠的夜晚。

艾萨：哥哥，哥哥。

（艾萨走进屋里，沉默）

15. 沙漠　清晨

晨曦阳光铺洒的沙漠，无数道沙石涌起的褶皱如凝固的浪涛，起伏地耸立着锯齿形的沙丘和零星的胡杨树，一直延伸到远方金色的地平线处。艾萨一个人走在沙漠里，准备去胡杨深处的姨妈家找妈妈。凯丽比努尔姐弟从村庄一路追随艾萨。

凯丽比努尔：艾萨，等一等。

艾萨：你们怎么来了？

凯丽比努尔：啊？

艾萨：你们怎么来了？

凯丽比努尔：我们帮你一起找妈妈。

艾萨：行了，我自己去找吧。

凯丽比努尔：快点。

艾萨：我自己可以找到的。

凯丽比努尔：我们帮你一起找妈妈。

艾萨：不用了，我自己可以找到的。

凯丽比努尔：我们帮你一起找。

艾萨：那我们一起走吧。

凯丽比努尔：你姨妈的房子有多远？

艾萨：我们一直直走就到了，也不近，挺远的。

凯丽比努尔：如果去了，你妈妈还是没有，你准备怎么办呢？

艾萨：如果没有我就继续找。

凯丽比努尔：艾萨，这个沙漠里面有没有蛇？

艾萨：有。

凯丽比努尔：我最害怕的就是蛇，你害怕什么？

艾萨：我什么都不害怕，我最害怕的就是我妈妈丢了。

凯丽比努尔：艾萨，你妈妈为什么总是走丢？

艾萨：我妈妈像艾力乃孜那么大的时候是好的，像你那么大的时候就得了脑膜炎，再后来，我妈妈被蜘蛛咬了。被蜘蛛咬后，妈妈的耳朵也听不到了，再后来，她连话都不会说了。从那个时候开始妈妈就再也听不到别人说话了，不会说话后妈妈又得了一个病，那个病一年会犯五六次，我最担心的就是我妈妈的病。也不知道什么时候妈妈的病才会好。

凯丽比努尔：我妈妈和我爸爸经常吵架，我最害怕的就是他们离婚。

艾萨：你别那样想，你可以劝着让爸爸妈妈不离婚。我会好好读书，长大了成为一个世界上最好的干部。你们家里的事我会来帮你解决。

凯丽比努尔：我长大后去你们大队部当干部，给你们家里帮忙。

（时近中午，在烈日的烘烤下，沙漠上升腾起一股热浪，孩子们终于走出了沙漠来到了胡杨林）

艾萨：凯丽比努尔，你快点，你怎么了？

凯丽比努尔：我太累了，艾萨我走不动了。

艾力乃孜：你姨妈家还有多远？

艾萨：出了胡杨林就到了，我来背你吧。

艾力乃孜：姐姐拖我们后腿了！

16. 姨妈家　晌午

伊歇姆奶奶提着水桶准备进屋，艾萨从后院跑了过来。

艾萨：伊歇姆奶奶，我妈妈来这里了吗？

伊歇姆：你的米吉提姨夫拉羊的时候发现你妈妈晕倒了，就把你妈妈送到医院去了。孩子，等一下，等等，孩子！

（艾萨转身准备回家，伊歇姆拉住艾萨。凯丽比努尔姐弟蹲在地上喝水。）

艾力乃孜：等一等，艾萨，我已经走不动了！

凯丽比努尔：沙漠里面有很多动物呢！快点过来吧！

艾力乃孜：姐姐，你喝好了吗？

伊歇姆：艾萨，那么远的路，你就这么来了。你也越来越高了，你别担心，你妈妈住两三天医院就会出院的。孩子们，我去给你们拿点吃的。

（艾萨朝着伊歇姆奶奶家的凉棚走去）

伊歇姆：艾萨，过来坐，我的小宝贝！你们怎么来的？

艾萨：我们走过来的。

伊歇姆：孩子，那么远走过来，你们肯定饿坏了。你妈妈的病会治好的，亲爱的宝贝，你妈妈很快就会出院的。别担心，好孩子。别着急，你很快就能见到你妈妈。亲爱的宝贝，你也饿了吧？吃点馕！

艾萨：我吃不下。

伊歇姆：不，你一定要吃点，只要吃就可以吃下去。孩子，吃点吧！不吃不行的，我去给你拿点水果。

艾萨：不用了，我不走不行。

伊歇姆：孩子，太晚了。今天在这儿住一晚，明天再走吧。我去给你拿点水果。

凯丽比努尔：艾萨，我把妈妈的三轮车弄出来，送你到医院去。

艾萨：谢谢你。

17. 艾萨家　黄昏

夕阳洒进小屋，父子三人围在小屋的地毯上，父亲正在为母亲收拾衣物。

艾萨：爸爸，我刚从姨妈家回来，妈妈的身体好点了吗？

父亲：孩子们不要担心，她在医院情况还好。

莫萨：爸爸，带我一起去吧。

父亲：孩子你不能去，你去了家里的羊谁看，还有家里的鸡、鸽子、驴。你是哥哥，要好好照顾弟弟。

（沉默）

艾萨：爸爸我想去医院！

父亲：你去了不行的，你好好在家帮你哥哥看家。

（亚森提着妻子的衣物离去，艾萨和莫萨二人沉默不语）

18. 乡间田地　黄昏

洁白的芦苇花在夕阳中摇荡，空气里散发着青草和泥土的味道，艾萨和莫萨赤脚蹲坐在田埂上。

艾萨：也不知道现在妈妈的情况怎么样了？我们在这里不能为妈妈做任何事情！

莫萨：我像你这么大的时候，每天因为妈妈的病难过。每天都在想妈妈的病什么时候才能好。

艾萨：我现在也是那么难过，如果妈妈回来后，能说一句“孩子，我回来了”，我就太高兴了，我每天都会为她祈祷。

（完）

我在故乡，找到了通往诗意的电影之路

撰文　王丽娜

塔克拉玛干沙漠边缘，八十二度经纬范围，南有尼雅，北有沙雅。

一百多年前，美国人类学家摩尔根曾在其著述的《古代社会》一书中写到：塔里木河流域是世界文明的摇篮，假如谁找到了历史老人遗留在塔克拉玛干的这把金钥匙，世界文化的大门就打开了。阿诺德·汤因比也曾说："如果生命能再来一次，我愿意出生在塔里木盆地，因为人类的四大文明都在那里交汇。"而我有幸出生在塔克拉玛干腹地的新疆沙雅。胡杨木做成独木舟，行驶在塔里木河上，驼铃声从塔克拉玛干腹地传出，千年的胡杨树叶沙沙作响，那是你从未想过的另一种生活。只有在那种河水、沙漠、戈壁、胡杨勾勒的辽阔的原野，才能感到掠过的狂风中的混沌和勃勃生机，我的童年就是从这片土地衍生出来的，它负载着旷野的无序感，但又遵循着自然的规律。

我出生在80年代末期，我的整个童年都在塔克拉玛干腹地的库木托卡依村庄度过，印象中雨后的海市蜃楼充满神秘感，我和童年玩伴躺在路边的桑葚树下，等待着一辆马车的到来，路的两边开满了红柳花，再远处是大片的棉田和戈壁荒原，空气中满是泥土和花蕾的芬芳，远远听到马蹄声，马车上的维吾尔族老人会喊一声："调皮的孩子，让我的马儿载你们一程！"遇到难过的时候，老人也会说："孩子来数我的胡子吧，人只要有事情做就不会难过。"我们认真地数老人的胡子，谁也数不清，但是一切的情绪都在数胡子的时光中被消解，末了老人会把筐中的葡萄犒赏给我们。时常也有一群壮汉手掌猎鹰骑着马儿飞驰而过，将我们和尘土抛在身后，那个时刻我们也畅想着长大骑马飞驰。现在回想，在我的童年诞生了风般自在的时光，坐在夜的沙漠上，看夜空中的流星，倾听着夜的话语以及树的言谈，畅想在树林的鸟巢中掏出红月亮，然后飘到红色的月亮上去乘凉。

回望倏然而逝的时光，童年生活中出现最多的画面是坐在父亲的自行车后座，去往每个陌生的维吾尔族乡村走家串户拍照。多年后的今天，记忆中乡间路上的拍照场景还在，而照片中的故人也从孩童变成壮年，从壮年变成老年。父亲因拍照结识的艾则孜阿洪一句“世上的人都是亲戚”，曾让我醍醐灌顶。于我而言，随父亲走家串户拍照的童年经历更像是去走访亲戚，在那个贫瘠年代，世间的温情像是一种血缘的纽带，深嵌在我的生命里，也布满了故乡的大地。

中学时期我到了县城上学，阅读让我发现了另一个世界，在县城的图书馆里我看到了塔科夫斯基的《雕刻时光》、艾特玛托夫、鲁米等大师们的作品。文学给了我另一个自由的广阔世界，但它最迷人之处恰恰在于它提供了一个视角并拉近了我和故乡的距离。因为故乡的存在，也令我在阅读的抽象中感受到触手可及的具象。

在故乡常常能听到“假如一个人没有同情心，即便他是太阳又有何用”这样的《十二木卡姆》中的诗句，也听到人在最绝望的时候骑在驴背上唱出“你的生命我的生命，本是一条命”这样的卡莱朗民谣。故乡民间艺人对音乐的热爱，超乎了我的想象。音乐为他们建立了一座和生活紧紧相连的桥梁，他们通过这座桥梁，抵达爱情，送走孤独，打败虚无，当然也倾诉内心的忧伤，洗涤自己灵魂深处的酸楚。

当我第一次在书店里看到一本《十二木卡姆》，我似懂非懂，但还是买下它，在长夜里顺手读下去，却从不曾读完。诗歌是轻盈且带有翅膀的神圣事物，流传至今的《十二木卡姆》歌词其主要来源还是诗人。到现在为止《木卡姆》给我留下的一直都是一些吉光片羽的印象："我的萨塔尔琴以生命的纽带为弦，它能慰藉不幸者，予其悲怆与凄婉，我深深投入于木卡姆使之萦回于心，若耽于爱的憧憬即弹奏于伊人尊前"。但在成年后，无数个无眠的夜里我都会想起《木卡姆》里那些带着大地上朴素哲理的诗句。它赞美大地、山峦、原野，讴歌初升的太阳、甘甜的葡萄、枝头的蓓蕾和夜莺的鸣啼、欢快的河流和永恒的沙漠，它描绘和咏赞塔克拉玛干腹地的生活，令每一个朴素的灵魂和肉身魂牵梦绕，因为那是最古老、最虔诚的生活。它的辽阔足以接纳人类所有的忧伤，并给予人和人性以新的启示。

大学时期，我有机会坐着火车去陌生之地，去感受不同的风土人情，或许只有这样一尺一尺地贴地而行，才会产生距离和思考，而所有的行走，最终都能帮助自己理解故乡。当我再次返回故乡，塔克拉玛干就像一张巨大的银幕，这块土地上每天都有关于生活、生命、自然的电影在上演。人们载歌载舞，沙漠、戈壁、草原等那些被我们熟知的意象其实只是表象，更深的东西是诗，是诗意。他们日常生活的语言也是如诗歌一般的电影台词，那是一种对生活的热爱和历经沧桑之后，由人性的坚韧和豁达提炼出来的。

电影的独到之处并不亚于文学，它有各种可能性，当我拍《第一次的离别》时并未意识到它将会是一部什么样的电影，我只是依着自身成长经验寻找童年经历，恰好这段童年的经历还在当下鲜活地涌动。

我开始进行田野调研，寻找我的人物，我在阿合巴什遇到了穿着红裙子、像精灵一样的女孩凯丽比努尔，还有他的弟弟艾力乃孜。他们家有一个院子，院子里有成片的葡萄架，有一次去正赶上凯丽和弟弟在葡萄架下写作业，凯丽比努尔边写边说：“我一哭天就亮了，我要跑到狮子的面前给狮子拍照，给白鹿拍照，给奶牛拍照，给葡萄架拍照，给穷人拍照，给富人拍照，我能用眼睛照下他们。”弟弟接着说：“太阳充满了月亮就下雨了，考试就是靠运气，我一般都是考80分，100分好像和我有仇。”凯丽比努尔又说：“如果你比我考得高的话，我会哭一晚上，如果我考得比你高的话，我会很高兴。”弟弟又说：“你哭的话爸爸妈妈会吵架。”凯丽比努尔说：“爸爸妈妈吵架，如果离婚的话，我就会变成全世界的孤儿，如果我变成孤儿的话，同学们会嘲笑我。”弟弟说：“那样的话我们就像孤儿萨拉依丁一样了。”凯丽比努尔沉默了一会儿接着说：“反正我对妈妈的爱是千分之千，她不会离开我们的。”我被这段看似杂乱无绪的对话深深地打动，它让我退回儿童时代，去了解一个孩子的世界，他们不描写世界，而是发现世界。他们很少去思考在世界面前自己的样子和声音，他们的视角是非常直观的，他们毫不注意惯例和传统，有浑然天成的率真，看待问题的方式总是给你意想不到的惊喜。

我也在克孜勒萨读到了影片主人公艾萨写给妈妈的一篇作文，他说："我是妈妈从外星空带来的，妈妈的耳朵听不见，我只能用眼睛和她交流，妈妈的心灵像泉水一样清澈，她的爱滋润着我，我只为妈妈而活。"艾萨的这篇作文深深地打动了我，我去了艾萨的家，阳光洒在木质的架子上，艾萨光着脚丫，正抱着一只小羊羔给它喂奶，小羊羔不听话，他就用自己的嘴去亲吻这只小羊羔。这个画面也唤醒了我童年时代的记忆，我们都曾双脚沾满泥巴与自然和动物亲密无间，然后不断地经历告别，最终成长。这一次返回家乡，开始不同以往地和生活的土地互动，和过去的经验互动。生命是一次体验，体验了才不会虚度，你因此才会创建自己的生活。当你创建之后你才归属于它。拍摄时凯丽比努尔和艾萨唱起民谣《小月亮》，当塔克拉玛干的民谣在千年的胡杨林中传来："妈妈说我是月亮／可月亮长在天上／如果我是月亮／妈妈就会孤单哭泣（在地上）"。我的目光越过金黄色的胡杨，千年的胡杨树叶沙沙作响，我们的童年相遇在同一棵胡杨树下，我的心是如此平静，如此辽阔和永恒。

在拍摄中我遇到了一位年轻的民间艺人，他听说我是沙雅人，便说：“你以前骑着毛驴和自行车离开沙雅，现在坐着飞机带着知识和文化回来了，还算你有点良心。”而我问科克库勒村庄的阿巴拜克日，他即将升初中的孩子有什么特长吗？他诚实地回答说，他的孩子最大的特长就是特别老实，上到高中后他才会培养自己的特长。在红旗的巴扎上我遇见了鼓手吐尔洪大叔，只要他的鼓声响起人们就情不自禁地翩翩起舞，那些我在村庄遇见的想出走的青年和愿意一生留在村庄的老人都被鼓声拉到了一起。

我的故乡，就这样为我展开了通往诗意的道路，这些具体的人让我有了拍电影的欲望并且这个欲望愈发强烈，让我感受到音乐人何力在《70亿分之一的诗与歌》中的歌唱：“每一个老人渺小的身躯，无不蕴藏着惊人的潜力，假如他一生吃过的麦子突然发芽，喝过的水突然汇聚。”他说，“地球上有70亿的人口，我是其中的一个”。正是这些普通人构成了庞大的70亿，你我都在其中。这些普通人给你的能量如此强大，我不愿意将摄影机从这些面孔里挪开。

现在回想，一年的纪录片拍摄对《第一次的离别》的诞生显得尤为重要，以拍纪录片的方式构建剧本显得极为奢侈但也弥足珍贵。电影中无法取代的珍贵之物不在日常生活之外，而是蕴藏在日常的细枝末节里。观察生活中的细节，看似朴实平淡的剧情也能成为电影，《第一次的离别》中很多细节和对话都是来自一年的观察。比如影片中家族会议的那场戏是基于故事结构必需的假定性，但最终归结为生活的真实性和具体的事实。

文学使我宏观地看待生命，但不忽略人，我总是对人的内心世界感兴趣——对我来说，展现、反映由生活、文学、文化所滋养的心灵更为重要。比如凯丽比努尔的父亲在棉花地为妻子唱起离婚时写的《我那百灵鸟一样的爱人》："我是你悲伤的百灵鸟／百灵鸟失去了它的爱人／我失去了我的爱人塔吉古丽／我那像百灵鸟一样的爱人／你宛若天仙／你的眉毛就像弯月亮／你的眼睛犹如清水／当你弃我而去／我的心在深夜里哭泣／我是如此地悲伤／花儿也为我哭泣／八个天堂都比不上你的美／我失去了我最爱的人／像百灵鸟一样的塔吉古丽"。人与人之间的牵绊，不同寻常的情感，营造出令人隐隐作痛的诗意的美感，脆弱、温暖又令人渴望，凯丽比努尔的妈妈如少女般害羞的脸庞，在电影中一闪而过，我总是被这样的时刻打动。

我一直深信好的电影是仁慈的，正如摇篮的嘎吱声和朴素的催眠曲，还有蜜蜂和蜂房，要远远胜过刺刀和枪弹。而马赫穆德·喀什噶里在周游世界之后回到故乡，写下了以下的诗句：好农民是播种恰玛古的农民，好人是在故乡变老的人。

正是这片土地上的生活本身蕴含的诗意和真谛，成了《第一次的离别》的源头。无论如何，这部影片是献给我的故乡塔克拉玛干的腹地沙雅的一份礼物，也是我和故乡献给世界的礼物。当我带着它去了柏林、东京等电影节并获得了关注，当它在联合国万国宫上演——滋养过我的故乡，也将滋养人类，以它之质朴和辽阔，深邃和悠远，正如它曾经接纳并成为人类四大文明的唯一汇聚地。

柔情史（节选）

导演：杨明明
编剧：杨明明
主演：耐安／张献民／杨明明／李勤勤／黄卫……
上映日期：2019-05-17（中国大陆）／2018-02-16（柏林国际电影节）
片长：117分钟／116分钟（中国大陆）

第一章　奶

小雾家小雾房间—母亲房间—小雾房间　夜　内

小雾在尿盆里尿了一泡尿，躺回到床上。

凌晨惊醒，她坐到写字台前检查邮件，发现工作被拒绝。

母亲几乎同时也从自己房间坐起来，看见小雾房间灯亮。

小雾在凌乱的书桌前泄气赌气分不清楚。

母亲走了进来，站在门边上。

小雾看着母亲。

母亲：人家没用你的是吧？

小雾：嗯。

母亲：你告诉妈，是不是你能力的问题？

小雾：不是。

母亲：真的？

小雾：时尚和酷是有区别的。

母亲：尿了吗？

小雾已经躺回到自己的床上。

小雾：尿过了。

母亲坐到小雾写字台前：这些妖魔鬼怪，不怕他们，爱用不用。但是我就担心他们在背后偷偷给改了，用的还是你的创意，这些开公司的都是商人，不管是不是搞文艺的。

母亲咬牙切齿，比小雾还郁闷。

小雾：你回去睡吧。

小雾伸出手把床头的灯绳一拉，屋里全黑。

母亲像一具雕像坐在凳子上一动不动。

母亲看着桌子上闪烁的Wi-Fi路由器。

母亲：又不关Wi-Fi？每次你开着它，我都失眠，网络磁场会干扰我的神经。

小雾：开着它我才能睡得好。

母亲关掉Wi-Fi。

小雾家母亲房间　日　内

母亲穿着老式白布胸衣，她坐在桌前闷闷不乐，眼睛直勾勾地盯着电饭锅上一直亮着的保温指示灯。

母亲房门被推开了，小雾提着尿盆经过饭桌，然后走进卫生间。

（画外音）小雾把尿倒进池子，涮了涮尿盆。开始洗漱。

小雾回来，坐在桌前等着母亲上饭。

母亲把电饭锅的电源关掉。

母亲：以后你起这么晚，我真的就不管你饭了，拿着尿盆晃来晃去，得撒多少尿点儿。

小雾：尿盆是带盖儿的，我又没跑着进来，怎么撒得出来。

两碗粥和一碗鸡蛋羹以及两个豆包被母亲陆续摆放在桌子上。

（天气非常热，她们拒绝开空调，穿着乳罩吃饭，一方面觉得空调对身体没有一点好处，另一方面是因为要省电。）

母亲：就是撒得出来，还有，电饭锅要一直插着电给你保温，这些你都不考虑。人晚上睡八个小时足够了，再多会有害身体。（母亲边说边入座。）

小雾：你每天晚上不到九点就睡了，我呢？

小雾喝了口粥，挖了一口咸鸭蛋放在嘴里，头上直冒汗。

母亲：我昨天一宿没睡着。

小雾：写作是有周期的，你自己也写，不是不知道。

母亲：我最多帮你付三个月房租。

小雾：国外都是一个月一个月地付，哪像这儿，一下交半年的。

母亲：你是哪国人？毕业几年了？你有过正式工作吗？

小雾：在家写字也是正式工作。

小雾用一只手拿着筷子喝粥，另一只手垂在桌子下面。

母亲：人在饭桌上永远不能这么吃饭，端不住饭碗。

小雾把另一只胳膊提起来。

母亲和小雾沉默片刻，喝着碗里的粥，身上冒着热气。

母亲一边喝粥一边凝视小雾，盯着她的肩头。

母亲：如果半年内，你还赚不到钱，就去工作，要不然就结婚。

小雾：我不想结婚。

母亲：不想和哪一个？

小雾：都不想。

母亲：他俩都不知道你住在哪儿吧？

小雾暂停片刻。

小雾：我已经解决了。

母亲：全解决了？

小雾：留了一个。

母亲：什么时候的事？

小雾：昨天。

母亲：好，早解决早踏实，每次你知道我多么提心吊胆吗？

她们沉默了一会儿。

母亲继续吃东西。

小雾：你现在嘴里吃的鸭舌还是他买给我的。

母亲咀嚼的速度放慢下来，但是不一会又正常地吃了起来。

小雾盯着母亲，母亲不在意她的眼神，无所谓地吃着。

小雾抓起了一个鸡爪子也开始吃起来，小雾看着母亲渐渐鸡贼的笑容，自己也不由地笑了起来，母亲也终于咽下了嘴里的肉，母女边吃鸭舌边对视，心照不宣。

吃完饭后，小雾拽了一张纸巾，母亲扽住纸巾的一头，两人将一片纸巾一分为二擦嘴。

3. 小雾家母亲房间　日　内

小雾在水池洗碗。

母亲从桌子上端剩下的菜，大碗换小碗，再把小碗放进冰箱里。

倒出剩菜的大碗小雾接过去继续洗。

母亲把桌子收起来，露出屋子的一侧全景。

4. 小雾家院子—小雾家门口—胡同　日　外

小雾趴在院内街门的门镜上往外看，母亲在旁边。

母亲：现在是谁坐在那儿?

小雾：收废品那个。

母亲：这个人不用打招呼，如果坐的是邻居家的老头，得打招呼，能帮咱看家。

小雾：嗯，我开门了。

母亲：开。

母亲小雾非常快地出门又锁好门。

小雾看了眼门口收废品的女人，她正在收拾一堆瓶子。

母亲：注意安全，慢点，我可以等你。

小雾：肯定是我等你。一会见!

她们分道扬镳。母亲走向大街，小雾滑入胡同。

5. 胡同里　日　外

小雾骑着滑板车穿行在胡同里。

6. 马路上　日　外

母亲戴上了墨镜行走在大街上。

7. 地铁站门口　日　外

小雾在地铁站口等着母亲。

母亲和她会合进入地铁站。

8. 地铁车厢—地铁站台　日　内

地铁内人稍多。

有一个人刚好下车，小雾冲了过去抢在另一个人前面一屁股坐在座位上。

小雾把座位让给母亲。母亲坐下后，小雾把书包摘下来放在母亲腿上。

小雾的站先到，她拿起放在母亲腿上的书包，下了车。

小雾：走了啊。

母亲：注意安全。

小雾滑向地铁站出口。

9. 地铁站出口—张宪工作室小区—公寓大厅—电梯　日　外

小雾滑出地面地铁口。

小雾在张宪工作室所在的小区滑行。

小雾滑进公寓大厅。

小雾滑出电梯。

10. 张宪工作室休息室　日　内

小雾很熟悉这个房间，她打开空调，坐在沙发上吃五花八门的零食。

吃完一波后，她打开卫生间的门，瞬间被张宪为她买的神奇澡盆逗乐了。她关上门，靠在门上乐。

小雾调整好百叶窗，脱掉衣服。（画外音是放水的声音）

小雾走进奇特的澡盆里泡澡。

11. 张宪工作室客厅—剪辑室—休息室—卫生间　日　内

张宪回来了，他在客厅喝了口水，把几份材料放到剪辑室，又把几本书放回到书架上。

张宪从剪辑室出来走进旁边的休息室，直接推开卫生间的门，看到澡盆里的小雾，二人对视，笑得很贱。

澡盆上面摆着一个水蜜桃。

张宪：喜欢吗？

小雾：不喜欢，但很适合我。

张宪：看你高兴的。

小雾：我不会高兴的。

张宪：是的，不会的，你永远不会高兴的。

小雾听了这句话，高兴了，她看了看浴盆上的桃，用眼神示意张宪自己想吃桃。

张宪走到边上，一边喂桃，一边对话——

张宪：一会儿看恐怖片？我攒了好几个，不敢一个人看。

小雾：你挑一个最恐怖的。

张宪：晚上想吃什么？

小雾：辣的，越辣越好，钵钵鸡。

张宪：钵钵鸡在胡同不好停车。

小雾和张宪各自想了两秒。（下一场炒菜声进入）

12. 爷爷家厨房　傍晚　内

（爷爷家有两间卧室一间客厅，一间卧室母亲住，一间卧室爷爷住，客厅在两间卧室的中间，母亲的卧室带阳台，仅有的一个卫生间也离母亲住的屋子更近一些。）

母亲把炒好的菜倒入盘中，刷锅。爷爷接过锅，炒另一盘菜。（制造两个人一起做饭的错觉）

13. 爷爷家客厅　夜　内

客厅内仍旧灯光昏暗。（母亲旁边立着一盏瓦数极低的灯，散发着幽暗的白光，爷爷头顶的天花板上有老式的吊灯，吊灯的灯泡显然被换成了节能灯泡，散发着绿光。）

母亲在茶几上吃饭，爷爷在饭桌上吃饭，（形成了一个对角线）两盘菜都没有一丝辣椒，他们吃了好半天，才开始说话。

母亲：你那菜热了多少回了，总吃剩菜对身体不好。

爷爷：嗨，老不死了，还怕什么。

爷爷的桌子上有一只用豆腐盒养的乌龟。

爷爷吃了一会，夹起一根肉丝儿喂乌龟。

爷爷：来，你也来点儿。

14. 爷爷家母亲卧室　夜　内

母亲在床上坐了一会，发现天花板上有一只蚊子，她站在床上用靠垫打蚊子。

靠垫不中用，母亲最后用苍蝇拍把蚊子拍死。

蚊子被打死，留了一小片血在天花板。

电视声音又大了起来。李云龙在做战前动员。

母亲弹起电子琴，但是曲调非常简单，电子琴声与爷爷电视机里传出的枪战声音（这部抗战剧贯穿全片）此起彼伏。

15. 爷爷家门楼道　日　内

母亲在防盗门前给爷爷示范“检查门是否被锁好”的动作。

母亲：听，我把门锁上时，是这个声音。（随着母亲关门的动作，防盗门发出“吧嗒”的声音。）

爷爷根本听不到母亲说的那“吧嗒”的一声。

爷爷：我听不见啊，这耳朵你又不是不知道。

母亲：那就使劲推推，推不开就是锁好了。你自己试试。

母亲在屋内，爷爷自己练习关门的动作。他像母亲那样做推门的动作。

16. 大红墙　傍晚　外

小雾坐在大红墙高台的破沙发上，滑板车靠在一边，手里攥着几个烤串正在香喷喷地吃着。她高高在上地看着低处来来回回行走的人，逐渐产生一种舒适的感觉。

吃完了羊肉串，她拿起电话。

小雾：师哥，之前你说写抗战剧，我想试试。

师哥（画外音）：你写得了吗？你不是说你不太喜欢吗？

小雾：就是读几本书的问题，我可以研究一下。

大全景，小雾在高台上打电话。

17. 小雾家母亲房间　夜　内

小雾和母亲在一盏5瓦的灯泡底下吃饭。桌子上除了馒头咸菜，还有一个插电的小钢盆，里面是沸水冒着热气，盆里泡着袋装牛奶。母亲吃着馒头和自制的腌菜，小雾拣着咸菜，在嘴里抿味道。

母亲：你俩之前好过是吧？

小雾：嗯。

母亲：国家正式在编的教授？

小雾：对。

母亲：我最近右眼总跳，还是再观察观察他为好，以你现在的年龄，不能浪费任何时间，处一个就得是一个，再撑他一段时间，不能随便同居。

小雾不愿再看母亲，她使劲转移自己的注意力，好把情绪引在别处，于是她看着灯。

小雾：换个灯泡吧，看书写字能清楚吗？

母亲：我就喜欢这种朦胧的光线。

母亲把小钢盆的插销拔掉，沸腾的水逐渐安静。

小雾用手撕着馒头皮，吃不下。

母亲：不想吃饭？

小雾：天热，不太饿。

母亲：今天来不及煮粥了。

小雾和母亲都盯着盆看。

母亲：不对，你是不是在外面吃东西了？

小雾：没有啊。

母亲把身体凑过去闻她的嘴。

小雾使劲哈气。

母亲：呦欸，真臭！嗯，哈哈哈哈，吃羊肉串了吧！也不知道给妈往回带几串。

小雾：你说的，一切烧烤都是致癌的，我敢给你吗？

母亲觉得牛奶温热以后将它们提拎出来。

小雾在母亲的注视下喝牛奶，小雾没有把牛奶袋子吸吮得很瘪。

母亲：呦欸，剩这么多你就给我扔了！怎么这样啊！

母亲拿过了小雾喝剩下的牛奶袋子，并示范了正确的关于喝袋装牛奶的标准动作。她先是把袋子放进嘴中，然后几乎一百八十度扬起脖子，用手不停地捏袋子里剩余的空气，直到所剩无几的牛奶一滴不剩地进入她的嘴中，但同时，一些牛奶顺着她的嘴角流出来，同时也顺流到她的脖子和身体里。小雾拿起纸巾递给母亲，给母亲擦嘴。

18. 小雾家母亲房间—小雾房间—院子—小雾房间　日　内/外

小雾在屋内用电脑写作。

母亲在屋内用纸笔写作。

邻居家菜下油锅的声音。

二人分别关自己屋内的窗户，窗户被关好后，母亲走到小雾房间，用尽气力闻了闻，

小雾也闻着。

母亲：这家好像换油了。

小雾回到座位上。

母亲：你的屁股最近也开始有点下垂了，坐在椅子上的时候，要把屁股的肉往后捋捋。母亲上前欲动小雾的屁股。

小雾：知道了，别碰哦，我自己弄。

小雾向后捋了捋自己屁股上的肉，再次坐在椅子上。

母亲：欸，对了。

19. 爷爷家客厅　日　内

他们三人围坐一张桌子吃饭。

爷爷：吃虾。

小雾吃了几个，后来还想多吃。

母亲：吃几个行了啊。

爷爷：你干吗啊，不让孩子吃啊。好不容易回来一次，我吃不多啊。

母亲：你做一次也不容易，眼睛不好，什么也看不见的。

小雾：我吃，爷爷才高兴，对吧爷爷！

爷爷：这就对了，傻孩子。

小雾又拣起一个油焖大虾。

爷爷的目光注视着小雾伸出筷子到放进嘴里的全过程。

爷爷（对母亲）：你也来一个吧。

母亲：我不爱吃。

爷爷：欸，我问问你，你们公司，按时给你们发工资吗？

小雾：发啊。

爷爷：听你妈说，你们公司老拖工资还老加班。

小雾：那是过年那会儿，现在好多了。

爷爷：哦。

母亲：让她下次回来给你买礼物啊！每次回家都是空着手回来。

爷爷：不要紧，你干吗这么说孩子啊，能回来看看就好。

小雾电话响了，于是去母亲卧室接电话，顺便把卧室的门关上了。（在餐桌的位置上，可以看到母亲的卧室门。）

母亲和爷爷继续在饭桌吃饭。

母亲：你的碗给我吧，我待会儿一块刷了。

爷爷没说话，继续吃饭。

爷爷撂下筷子，拿起暖壶往电饭锅底浇水，然后用铲子刮上面的锅巴，不一会，锅巴全都起来了，他把锅巴水倒进一个小碗里，全喝了。

20. 爷爷家母亲卧室—阳台—卧室—卫生间　夜　内

（母亲卧室连着阳台，也是家里唯一的阳台。）

小雾在电子琴前面用盆（不要是蓝色的盆）洗脚，边洗脚边吃葡萄，边吃葡萄边把皮吐到电子琴上面放的塑料碗里。

母亲（坐在床上看书）：把葡萄皮吃了，防癌。

小雾吃了葡萄皮，但是还有葡萄籽，她开始玩葡萄籽，把籽儿抛到1.5米远的垃圾桶里，半空中出现一道抛物线，她有一种做游戏的乐趣，居然还把自己逗乐了。

母亲：你用手搓搓你脚。

小雾把盛葡萄的碗放在琴上，脚从水里抬起，悬空甩了甩直接蹬上拖鞋。

母亲：琴底下就是擦脚布，懒成这样。

小雾：屋里这么暗，我怎么看得见！

母亲：屋就这么大，闭着眼都能找到！

小雾边说边端着洗脚盆去阳台，把水倒进涮墩布的桶里。

母亲：把盆放在蓝色的盆上面，蓝色是洗屁股用的。

小雾：我俩月才回来一次，怎么记得住这些位置。

母亲：说一遍你就得记住。

小雾爬上了床，和母亲并排卧在一起。她们听着屋外老头的电视声，陷入了沉默。

电视忽然被关掉了。

小雾：想上厕所。

母亲：他在厕所呢。

小雾：没有吧，我去看看。（说完话，她从床头拿了手纸，下床，走到卧室门前，把耳朵贴在门框上，但没听见什么，她以为爷爷没在厕所，便出去了，结果赶紧又跑了回来坐到椅子上。）

小雾：他上厕所怎么也不关门呢？

母亲：怕死呗。

（爷爷开始撒尿的画外音）

母亲：得一会儿呢。

小雾躺在床上郁闷，一动不动。

卫生间传来爷爷撒尿的声音。“哗”——一声长声，“哗”——一声短声，接着又一声长声。

小雾和母亲都听到了，小雾笑出了声。

母亲：不能笑，他会憋回去的 。

小雾还是想笑。

母亲：他撒尿都要表演，这种断断续续的就以为自己没有尿很多，所以就可以不冲厕所。

小雾停止了笑声，母女两人都在听着外面的声音。没有冲厕所的声音，听到爷爷的脚步声走进自己的房子，小雾起身拿了卫生纸出门去了厕所。

一阵冲厕所的声音，小雾从厕所回来了，但没拿回卷纸。

母亲：你又把纸放厕所！

小雾：谁家不把纸放厕所！

母亲：拿回来，去，你不知道他尿液溅在什么地方！

小雾刚想坐在床上，被母亲的脚踹了一下。只能再去拿卷纸。

小雾把纸取回来，终于躺回床上。

母亲：你听听我写的东西吧。

小雾：你破坏了氛围，明天再念吧。（一边说一边躺回到床上。）

母亲：（放下手里的本子）刚才你接电话，把门关得那么严，他八成是知道你正在交男朋友，我平时把你描述得很忙，没透露任何别的信息，他现在觉得你有依靠了，要过好日子了，也有人管我了，就更不会写遗嘱了。

小雾：是谁的过错？还不是你拆迁时财迷心窍，当初手里有钱舍不得买房子，非要跟他住在一起。现在好了，钱贬值了，别说房子，连厕所都买不起。要不然你至于受这个罪吗？

母亲：你别再说了，已经是这样了，你干吗揭别人的短，干吗非得扎我？当初有哪个男人要是肯帮我拿个主意，都不会是这样！

小雾沉默了一会。

小雾：你真决定不找老伴儿了？

母亲：现在提起男人，我就两个字：恶心！你是不是怕以后我变成你的累赘才问我？

小雾：我不是那个意思！

母亲：我想好了，我老到一定时候你不会再见到我，我不会让你知道我是怎么死的。

母亲把自己床头的灯关上了。小雾把身体扭过去，和母亲背对着背，二人置身于黑暗中。

母亲：就算你以后结了婚，也不能告诉他，要不然我就前功尽弃了，你今天为什么说发工资？我们必须要表现得惨，越惨越好。

小雾：你的思路不对，我要说我没稳定工作，他也许更觉得我们不值得托付和信任了，你我之间，必须有人扮演好人，你就是那个坏人，而我必须做那个好人，这样才有可能让他写。再说了，他除了我们也没有别的亲人。

母亲没吱声。

小雾：我觉得我们这么想他有点坏，我倒是觉得他肯定已经写了，你照顾了他这么多年。

母亲打断小雾：孩子，没有最坏，只有更坏，生活就是这样的，又没有血缘，到时怎么证明？你刚才的建议提醒了我，很有建设性，那从今往后，你也必须多回来，这才是一份正经的工作。

小雾：这是你的任务，我不管，我只会在我回来的时候好好表现！

母亲：那你给我多赚钱！我雪花膏又没了，用得太快，都不敢买好的！

21. 爷爷家客厅　日　内

母亲墩地，爷爷在客厅里把电视声音开得很大，抗日电视剧。他坐在一把藤椅上，整个脑袋快钻进了电视里面。

母亲墩过爷爷，爷爷起脚，墩布过去后立刻放下，几乎踩住墩布。

母亲涮完墩布（涮墩布的画外音）走进厨房准备做

饭。不一会儿，小雾从母亲卧室出来，经过爷爷身后小跑过去，进了厨房，不一会儿，小雾和母亲一前一后小跑回来，跑回卧室，关上门。

母亲穿着一身老派但好看的毛衣，照着镜子容光焕发。

小雾：天哪，太好看了。

母亲：这每件衣服都比你现在穿的值钱。我们那时候的质量你看看。

小雾：再试试这件。

母亲：这件衣服都比你大了。

女儿：我的妈呀，还有这两件衣服呢。

小雾翻出两件过时的大衣，款式一模一样，只是颜色不同，她们各自穿起这件大衣，在镜子前争先恐后地照自己。

母亲的电话响了，是她女朋友朱园的电话，她来不及脱下大衣，就穿着它在阳台上接了电话。

母亲：喂，昂，怎么这样啊，哎呦，真是的。那你现在就得找房了吧？哟，是嘛！真够缺德的！喂喂？？

母亲放下电话，边往卧室走边说：她电话就没一次信号好的时候。

母亲回到镜子前。

小雾：谁呀？

母亲：朱园儿，又约我。我不愿意见她，每次上完厕所不洗手就往人身上蹭。

母亲模仿朱园往小雾身上蹭 。

22. 侨福芳草地商场一优衣库试衣间（枫蓝） 日 内

母女二人在商场里，对自己身上穿的复古范儿感觉良好。

试衣间，小雾试衣服，母亲主动给她参谋，但母亲逐渐观察到小雾的头总是歪着的。

她上去动小雾的头，小雾惊觉躲开了。

小雾：干吗呀。

母亲：看你歪着头走路，我不舒服。

小雾：我舒服。

母亲：一个人歪着头走路就去掉八分人才，不自信的表现。

小雾听完话，故意把头歪得更厉害了。

母亲在后面跟着她，看她的背影。

母亲（面露绝望表情）：哎哟，完了完了。

小雾回头生气地看母亲，回身进了试衣间，母亲把脑袋伸进去。

小雾：你天天就知道盯着我的这张脸，你为什么逼别人做你喜欢的表情。你的表情也让我难受，我说过你吗？

母亲：没有，我从没让人难受。

小雾：你怎么没有，天天担心别人注意你自己的皱纹，实际上别人根本没去注意。（此刻母亲的面部表情产生丰富的变化，变化的主要目标是把眼张大，嘴也张大，做瞬间的去皱处理。）

小雾：你看，这几秒钟你变了多少下？

小雾说完，自己竟又好气又好笑。

母亲：你少来指责你的母亲，小心报应。

小雾瞬间只剩下生气。

她们分别在镜子里面看自己，看自己的形象是不是对方所说的那么糟糕。她们发现对方都说对了。

商场和她们没有关系。

23. 侨福芳草地商场外　日　外

消费区旁边。

她们坐在消费区的石阶上吃自己从家带的桃还有酸奶。（母亲喜欢出门带很多东西，包里必须装上吃的、喝的。）

渐渐地，她们不再兴奋，她们无聊地看着来往的人群。

几个身材姣好的美女从她们眼前经过。

母亲的视线从街上的人群逐渐转移到女儿身上。

母亲从小雾的腿毛到眉毛看了一溜够。

母亲：越长越丑。

小雾难受母亲一直审视她的脸。

母亲从保温杯中咽下一口水后，小雾开始攻击母亲的形象。

小雾：你那口红要涂就好好地涂，别老涂一点，或者涂完再把中间那块抹掉，为什么呀？

母亲抿了抿自己的嘴。

母亲：嗨，有点色（发音：shai）不就行了吗。

小雾：你想要的和嘴唇呈现出来的完全不是一个效果。

小雾一边说一边盯着母亲看，母亲又抿了抿嘴唇，若无其事地装笑。

小雾：不是你想要的自然的感觉，是涂坏了。

母亲已经十分不高兴了，她把保温杯打开。

母亲：给你再喝口水。

小雾：我不喝了。

母亲：再吃几颗杏仁？

小雾：不吃了。

母亲：歇够了吗？歇够了赶紧回家吧。

24. 小雾家母亲房间—院子　日　内

母亲歪倒在床上，造型很是瘆人。（院子里洗衣机水洗的声音持续。）

母亲：儿不嫌母丑，狗不嫌家贫，你连狗都不如！

小雾：你有写作天赋，化上妆还很知性。

母亲（仍旧痛哭着）：别来这套，你根本就不懂我，我在这儿辛辛苦苦地照顾你生活，你却跟驴一样对我！

小雾：不是我逼着让你来给我做饭伺候我的！

母亲：你想赶我走是吧！我早知你这么凉薄，就该生下来把你放尿盆里淹死。你妈的，两个人的家都不能团结，这世界还有什么快乐？

小雾：我也没有快乐，你对我的一切好就是为了让我产生内疚感，这是你最残忍的武器！惨的人是我！我太惨了！你一生的焦点只有我！你有朋友吗？

母亲：我操你妈的，你信不信，我一会儿就拿根绳把自己吊死！（边说边从床上下来，登上拖鞋，在抽屉里找绳子。）

小雾上前拦着母亲。

小雾：你要干吗？你要干吗你？！

（画外音：院子里的洗衣机开始发出甩干衣服的声音，无比刺耳，洗衣机开始自己位移。）

小雾看母亲缓和下来，就跑到院子里按住正在蹦的洗衣机，她几乎按不住，有点害怕。

小雾：妈，你过来帮我一下！

母亲没有出来，小雾一怒之下，把插销拔了，洗衣机停止跳动。

小雾转身回到母亲屋子。

小雾口气变软：我不会不管你，你老了我养着你，但你不能这样不信我。你不可以把每次的争吵都上升到母女感情上。

母亲哭泣的声音变小。

母亲：你没感情。

小雾：你出去走走吧，见见朋友吧。

母亲：没人配做我朋友，我不需要朋友。

25. 小雾家厨房　夜　内

母亲从冰箱里拿出一袋牛奶，自己开始吸牛奶，这次牛奶并没有流到脖子里面去。喝完，她将袋子扔进垃圾桶。（非洲鼓贯穿这一场。）

26. 小雾家母亲房间　夜　内

倚在沙发上看书，看了一会，忽然把书放下，抓起窗台上的镜子开始照自己的脸。（非洲鼓贯穿这一场）

27. 张宪工作室客厅　夜　内

非洲鼓在继续，小雾在跳舞，女性所有旺盛的生命力似乎都在这段舞蹈里。

微信响了。她停下舞步，任由微信一条条地播放出来。非洲鼓在继续。

她靠着墙，脑门和身上都带着汗，她还因为刚才跳舞喘着气，但是面容已经不再舒展，慢慢地是痛苦扭曲。（演员自行发挥空间）

母亲（微信的声音）：（被鼓声掩盖，断断续续地听到几个字。）你这样……下地狱。

小雾：（拿起手机开始发狠）我不用下地狱！我就在地狱里！

张宪进画递给她一杯红酒，关掉小雾的微信。小雾一边沉默流泪一边喝酒。

张宪关掉非洲鼓。

张宪：她这个年纪已经缺乏可能性了，她唯一的可能性就是你。

小雾不说话。

张宪：她不是也写作吗？

小雾：她是看我写她才写，不知道出于痛苦还是真的喜欢。

张宪：人不一定上过大学才能当作家。胡同环境也许太压抑了，也许我们可以带她出去郊游。

小雾：我们仨？

说到这里，小雾把头扭向一边。

张宪放旋律音乐给小雾听。

小雾：我不爱听音乐。

张宪关掉音乐。

张宪：你刚才跳舞不是有音乐吗？

小雾：那个没有旋律，只有节奏。

张宪：人难过的时候听旋律是有助于缓解的。

小雾：我现在受不了旋律那种优美的东西。

张宪：美不好吗？

小雾：美不够真实。

外面雷声响起。一场大雨即将开始下了。

窗外刮起一阵大风，小雾的头发和裙边被吹动着。

张宪起身去关窗户。

高脚杯也被吹倒，顺势往桌边滚，小雾一把接住了。

小雾抬起头，她也许是恨，她也许是想念母亲。

28. 小雾家母亲房间　夜　内

风声大作。

母亲：你这样是会有报应的，我是担心你才这么说，别人的报应我不会管的，我怕你——

她停住了，因为听见异样的声音，吱吱呜呜的像是老鼠，她开始小心翼翼地寻找声源。后来发现是暖水杯，松了口气，她把盖子拧得松了一些。

她打开微信想接着说，又找不到感觉了。于是打开笔记本，读自己刚写的东西：她是凌晨丑时被爹从被窝里叫起来到山上收粪的，牛低下头在地上啃着，将连根拔起的草牙子一块儿咽下，她听到牛咽下食物的声音肚里就咕咕地响了。她想：人要是也能吃草就好了。

29. 小雾家院子　夜　外

一朵小蔷薇被风吹得快要死了，在雷声中格外可怜。

母亲开始防风准备工作——把植物搬进屋里，打开下水道盖子，关窗。

（母亲朗读声音）那样，爹就不用捡牛粪，她也不用帮娘做饭了，全家都来山上吃草。

她想着想着，咯咯咯地笑出了声，牛的尾巴扫了她一下，她又去摸牛的脊背，踮起脚尖还是没够着，她太小了。

雨落在院子里。

30. 张宪工作室　夜　内

小雾看见外面雨下得超级大，她又听了母亲最后两条微信。（轻声的：畜生）

小雾喝着酸奶。

张宪拿起手机。

张宪：别不理她。

小雾：你想理她你理！她满嘴畜生！我要是畜生，她不也是吗！

张宪：你家漏雨吗？

小雾：啊？

张宪：我记得你说过你胡同家漏雨。

小雾：可能吧。

张宪拿起手机开始帮小雾给她母亲发文字。

小雾看着张宪，很严肃。

小雾：你写的什么？不要有任何爱意，只能用说明文，陈述句。连“妈”这个字都不能加！

张宪没理她。继续编辑短信。

小雾：你听见没有呀！

张宪：“家里漏雨了吗？严重吗？”这样可以吧？

小雾想了想，不放心，爬到张宪跟前，贴近屏幕确认了一下。

小雾：可以。

张宪：要不要再说点别的？

小雾：不要，这一句就够了。

张宪：发出去了。

31. 小雾家母亲卧室　夜　内

雨滴滴在一个小盆里叮当作响。

母亲看着小盆，又看着脱漆的墙皮，她用手去推墙，担心墙会倒塌。小雾收集的怪娃娃在雷鸣闪电中十分恐怖。

母亲拿着手机看到小雾的短信，手机信号灯一闪一闪的。母亲不想理她，把手机放到一旁。

窗外有雷声。母亲心神不宁，又拿了起来，她在微信上打字，然后关掉手机。

32. 张宪工作室休息室　夜　内

小雾和张宪并排靠在床头同时等小雾母亲发来的微信，小雾手里捧着没喝完的酸奶。

微信到了。

小雾：来了。

张宪和小雾一起低头。

手机上面写着："打雷了，快关机，小心手机爆炸。"

小雾心情稍微好了一点，冲张宪笑了笑，把手机关机了。

雷声轰鸣。

张宪：我就是那个农夫，你就是那条小蛇。是我挽救了你和你妈。

张宪：但你现在肥得是头象了。

小雾看着自己粗壮的小腿，故意在床上砸了两下，手里的酸奶喝完了，她怕浪费，把盖子揭开，继续刮上面的奶。

张宪笑。

33. 胡同区夜 外

雨夜全景，雷电轰鸣

第二章　羊蝎子（节选两场）

63. 张宪工作室阳台　日　内

小雾、张宪分别在不同房间各自工作。

张宪挂掉电话，看见小雾在阳台晾衣服。张宪看了她一会儿，走过来，帮她一起晾。

张宪：明天，我不是去那个“影评的力量”吗，他们台购片的副主任是个粉丝，说要过来听，顺便请我吃饭，我觉得你也应该出现一下。他权力非常大，每年买二三十部大剧，所有制片人都追着他，我觉得你认识他，对以后找活儿卖剧本都有帮助。

小雾：我不太想认识这样的人。

张宪：这个场合很自然的。

小雾：他请你吃什么？

张宪笑笑。两人分工晾衣服。

张宪：剧本我看了，是这样啊，抗日剧其实还是一个类型故事，你想得太多，把人物挖得也很深，但是最基本的情节和冲突力度不够，类型也不准，这肯定不是他们想要的。

小雾：那他们想要什么？

张宪：其实我觉得你该学学类型，以你的聪明，这个不是问题，如果掌握了这个，能赚很多钱。

小雾：我不会写好的，可害怕了。

小雾放下手里的衣服，回到摆有饭桌的隔间，张宪在后景处继续晾衣服。

张宪：其实很简单，你只需要适应一下，考虑下观众的感受就行了。

小雾：我不会考虑的。

张宪：那我们就结婚吧，你这样是赚不到钱的。

他们沉默了一会。

张宪：你想结婚吗？你前几年不想，现在呢？你不能总躲在这个后面，早晚都得做个女人。

小雾：我本来就是女人，（停顿）而且我妈说我29岁前不能结婚，找人算过的。

张宪：来，抻床单。

小雾和张宪抻床单。

此处略过三场

69. 栏目组门口的玻璃门—走廊 日 内

小雾走到栏目组的玻璃门前推门，门是被反锁住的。

倚在门口看门儿的佝偻小老头用严厉的神情看着她。小雾停止了推门。

后面有一些人要进去，小雾往旁边站了一些，让后面的人排在前面。

小老头用竹竿儿在密码锁的键盘上按下了四个数字。

门吧嗒一声被打开了，后来的那些人走了进去。

小雾也准备随他们进去。

小老头（用竹竿把门栏上）：欸，欸，让你进了吗？

小雾：他们怎么就能进？

小老头：人家是工作人员，你呢？

小雾：我是观众。

小老头：观众人家早就进去了，哪个栏目的？

小雾：“影评的力量”，我是嘉宾的朋友。

小老头打电话接通了内线：有一姑娘自称是观众。

小老头：你叫什么？

小雾：观众。

小老头：找事儿是吧你，问你名字！

小雾：小雾。

小老头（挂了电话）：登记一下。（他从抽屉里［他用的是一张老课桌，上面放着水杯和竹竿］拿出一个本子，上面写满了姓名电话等信息。）

小老头：在这底下写上姓名、联系电话和身份证号码。（他用自己的灰不溜秋的指甲盖戳着本子上的空白处。）

小雾不愿动，她慢慢趴在桌子前，不情愿地填写姓名和电话。但是到了身份证那一栏，她停了笔。

小老头：还有呢，身份证号。

小雾龙飞凤舞地在上面写了一些数字。

小老头：（把眼睛贴上去）蒙谁呢？

小雾：防谁啊？（小声嘀咕着）

小老头：防的就是你，那边就是摄像头，知道吗你？这是规矩懂不懂啊！

这时现场导演和张宪从里面出来。

现场导演（对着小老头）：您让她进来吧，我们自己的人。

张宪：不就签个字吗，你怎么还跟人家吵起来了！赶紧签字进来。

小雾不情愿地看着张宪。

张宪：签吧，别耽误了人家工作，影棚也是要收费的。

小雾不情愿地签了字，随张宪进了门。

小雾跟在最后面，越往里走越生气。

小雾（在走廊里使劲嚷了一句）：哎哟，这里没有地雷吧。

老头在门口听见了这句话，追到走廊里。

小老头：你说什么呢你！

小雾：你刚才说什么呢你，什么叫防我啊？

小老头：对了，不写身份证就要防你！

小雾：你防我，我还要防你呢。天哪，这里真安全啊！真的吗？怎么感觉有地雷呢（假装做出地上有地雷的惊吓表情。）

小老头（被气晕了，说话开始发抖）：我告诉你，这到处都是摄像头！信不信，我让公安局把你抓起来！

小雾：凭什么抓我！你老糊涂了吧！天天拿根棍儿吓唬谁啊你！

张宪：小雾！！别说了！我求你了好吧！（一边拽着小雾一边往里头走。）

小老头：你个姑娘年纪轻轻的，怎么那么事儿妈呢你！你再叫，再叫我就找保安！

小雾：（看着张宪）我凭什么不说！（被张宪拽着往里走。）

小雾：（回过头对老头）你这么老了……（后半句被张宪捂上了嘴。）

现场导演：行啦，少说两句吧，他从早上就不高兴，你就别惹他了！

小雾甩开张宪的胳膊，站定。张宪和现场导演也站住，看着她。

小雾：（对着现场导演）你不认识我，也不知道刚才发生了什么，没权力对我指手画脚，告诉我该怎么做。

现场导演：（非常吃惊地看着小雾，觉得她是神经病，很荒谬。）（停顿片刻，对张宪说）张老师我在里面等您！

小雾：（亢奋地看着张宪）你居然不向着我。

张宪：这种场合下，我又不能把他打一顿。

小雾：那是侮辱！

张宪：我也不喜欢这些程序。回家再说，走吧走吧！张宪拉着小雾。

小雾走了几步，甩开张宪的手。

小雾：去吧，上你的直播吧！我写电视剧，但我才是一辈子都不看电视的。

小雾转身要走。

张宪：你去哪？

小雾：胡同儿！胡同就是FASHION！

张宪愣在原地。

（完）

我不是生来为了做导演

撰文　杨明明

据母亲说，我出生的时候医院外面的马路都能听见我的哭声——声嘶力竭且不会喘气，每哭完一声要停顿很久第二声才能发出来，中间无声的过程像要把自己憋死，这个描述一方面解释了我的性格，另一方面预示了未来我在电影艺术上的审美。

但我从未想过要当导演，或者说，是电影选择了我。

因无法控制极端情绪下的早恋，我的成绩使我无法考上任何一所我想上的大学，经家庭会议，决定报考导演专业，一个“业内高人”（我以前没听说过他，现在也没听说过）在马路边儿给我讲了十分钟的课，我只记住一句——“要让别人觉得你特别！”，凭着这句话，我顺利通过三次面试，考入中国戏曲学院影视导演专业。

大学一年级，舞台基础课，往往大幕一拉开，大家先被我的舞台美术所征服。整整一年，老师对我仅有一句表扬：“这才像一个导演系学生搭的景”，貌似也不是很高的赞赏。多年以后我才体会到，与道具布景的“亲密无间”是多么有助于拍摄，我甚至会亲自去市场挑选演员的服装甚至是道具，那种快乐无与伦比，以非常低廉的价格买到合适的商品，这些东西都变成我最直接的感受来源，我要让我电影中（舞台上）的每一件物品都适得其所。

大学二年级要拍真正的电影作业，我很害怕，现在回想，是因为我惧怕电影这门艺术的操作性。

人生第一个电影作业，因为被摄影师架空而全面失控，我沮丧至极，但班里的男同学不论片子拍成什么样，都很享受这个过程。我一点也不享受，只感觉到痛苦，觉得自己根本不适合这个职业，但我从失败中逐渐体会到电影首先要“说服”别人。

后来，为了“说服”，第二个作业我身兼制片导致精力在拍摄前几乎全部耗尽，所以仍旧是一个灾难。但是通过两次灾难式的作业，我知道自己如果不想退学，就一定得在下一个作业中做出改变。这时，我仍然没有爱上电影，我认为自己是靠小聪明被误招上来的学生，比起那些真爱电影的同学，我实在太痛苦了。

我一直在想，一个人在选择职业前，首先应该了解世界上到底有多少种职业。小时候我喜欢过售票员、卖馒头的妇女，还有清洁工，我爱肢体的繁忙，爱那种熟练的劳动美感。对美感捕捉的能力我是有的，或许是因为我还没有拍好作业？连作业都拍不好怎么好意思说自己学导演？有人说，爱情中变得越来越笨，就是找对人了，专业上越来越聪明，就是选对职业了，我渴望拍好作业，哪怕成功一次，要不然就退学吧。

拍下一个作业时，我已经大学三年级，爱情已不足以让我对这个世界有满足感，也正是因为这种心态，我又拍了一部关于爱情的短片（前两个灾难作业也都是关于爱情）。

出乎意料地成功！

首先这部电影只有五分钟，是我自己演的，一天就拍完了，讲一个失恋的人故地重游重新获得爱的力量的故事。

最先的灵感出自一段音乐，多年以后，当我深刻体会到一部上乘电影本身就是音乐时，内心激动不已，当年那段音乐几乎是命运给我的启发。另外，成功之处在于我找到了独特空间与主人公情绪的精准关联。

于是我的信心一发不可收拾，我终于有一点爱上电影了。

我爱上电影的原因是它先鼓励了我，像一个被动的追求者终于被表白。和李安的观点不同，我认为学习电影是需要被鼓励的，因为思想的闪光点太容易被操作时的力不从心所掩埋，拍电影这个操作不单是人与人沟通上的，还意味着特定故事情境下整体物质现实的复原，那种巨大的灰心对脆弱的灵魂是致命的打击，而这些人中不乏敏感的心灵。因此，我将“内向”“柔软”“慢半拍”看成能拍电影的潜力。

就这样我克服了对电影“操作性”上的恐惧，开始逐渐进入创作的本质。

生活感受与电影紧密相连慢慢变成习惯，这意味着我的所见所感不仅仅与某个时刻有关，当一种构思形成，反而要与生活保持若即若离的关系，爱和冷酷兼具似乎是一种好的创作状态，但它的危险之处在于不是毁灭别人就是毁灭自己，电影拍不成，生活也被毁了。我发现，很多人只有在痛苦中才能创作，那是因为“痛苦”确实是创作的捷径。

后来我读到《泰戈尔随笔》(类似《纪德日记》)，字里行间尽是平静与智慧，没有半点狂傲与偏执。虽然和“天才”“诡才”的路数不同，但对我来说，艺术如果能与平静愉悦结伴而行，是一种幸运，也是成熟。我们应该培养的是对“痛苦”的感受力，而不是让自己真的去过心魔重重的生活只为了寻找灵感，哪怕生活的真相是以重负甚至丑陋的面貌出现。

毕业后，我拍摄电影的心情是快乐的、轻盈的、快速的。《女导演》拍摄了两个女孩和一台摄影机的故事，《柔情史》展现了一对母女的关系，这两部成熟的作品都有关于“痛苦”的展现，但它们却不是苦大仇深式的，放映过程中观众频繁的笑声让我惊觉自己难道拍的是喜剧电影？

我很感谢我的导演创作课老师杨超，他曾对我们说，“拍片，不要犹豫，因为一犹豫就可能永远失去机会”，也是到现在我才体会到那些电影作业对我个人的意义，不是比谁拍得好，比的是耐心和想法。毕业后，能有机会拍长片是何等幸运的事情。

《柔情史》正式给我建立起做导演的信心，回想我学习导演的过程，早恋时心碎的感情同时证明了心碎的能力，爱和电影都是心碎之后的产物，道具让我一直坚持着对电影的热度，音乐能带来突如其来的启示，还有《女导演》实验性的成功，我相信是电影主动选择了我。

我想起小时候撒过的谎能骗过大人，似乎这是最初导演能力的体现，我又好像不热爱生活，这反而让我的精神能够长期处于孤独自省的状态，但这并不代表我冷漠，我对所有事物保持好奇，只是不会坚持太久，也许我就是适合做这个职业的人。

送我上青云（全本）

导演：滕丛丛
编剧：滕丛丛
主演：姚晨 / 袁弘 / 李九霄 /
梁冠华 / 杨新鸣……
上映日期：2019-08-16（中国大陆） /
2019-06-17（上海电影节）
片长：99分钟

1. 日，云山镇—田野

薄雾中的田野，有片黑黢黢被烧过的痕迹。

后景麦田里立着三个稻草人，雷神、美国队长、超人，装备都是乡村混搭的。

远处山上，（后期合成）石头堆成的人脸城堡若隐若现。

有辆高级商务车沿着小路缓缓驶来。

李平（OS）：就是那儿，起火的是片芭茅杆，那天我视察景区正好路过。

2. 日，云山镇—田野

副驾驶上是毛毳。

毛毳年轻英俊，仪表堂堂，正侧着身聆听，手里拿着录音笔。

后座是李平。

李平是个五十多岁的男人，大腹便便神态慵懒，后背衣服鼓起来，露出白色的纱布。身旁放着水杯、一个餐盒，里面有两个蓝白壳的鸡蛋。

李平一边剥鸡蛋壳，一边说话，口音很重。

李平： 我这人豪气嘛，就拉着小黄（指司机）去扑火。还是小黄懂科学，烧着了往地上一滚，就没事了。我就往前跑，风是北风啊，越跑越吹，人就给燎了，吃了不懂科学的亏。

毛毳： 晚上几点？

李平： 天麻麻黑，六七点吧。

毛毳： 失火的原因是什么？

李平： 天冷草干，大概是谁扔的个烟头吧，哎呀，这查不出来的。

毛毳： 芭茅杆在当地的经济价值怎么样？

李平： 嗯，造纸有点用吧。可我们镇没有造纸厂，运出去路费都补不回来，哦，听说还能编草鞋，这年头谁穿草鞋？

毛毳： 那其实就是野草？

李平： 嗯。

毛毳： ……您为什么要豁出命去救一片野草呢？

李平： 因为天马上就黑了，烧起来美国的卫星不就拍到了嘛！让美国人笑话！国际影响不好。

毛毳保持微笑。

李平：但是你写的时候啊，别光写芭茅杆，你得说，烧的是一片原始森林，周围呢还有危及国民生计的化工厂和正在兴建的曼哈顿大街……

毛毳（为难）：我同事已经和你们县委宣传部接洽过了。

李平带着期待的微笑，伸长脖子。

李平：县里怎么说？

毛毳：让您少给冬季防火工作添乱。

李平愣了下，然后发火了。

李平：就是你这个同事！真是气人，一点都不通情理！你没来之前（问司机）她那是怎么说来？

司机：说我们镇公路修得少，哪也不通，走到这简直走进了一条盲肠。

李平：对，说我们是盲肠，谁盲肠？她才盲肠呢！公路少就不能发展旅游业了？（探身子）你看，这件事啊，我豁出去救火，付出这么大代价，我就是想把材料写大点，能上个报纸表扬表扬也行啊！我也是有头有脸的人物，在医院躺了几个月了，不能让人笑话。毛记者，帮帮忙啦。

毛毳意味深长地关上录音笔。

毛毳：李总啊，我那个同事，很难搞的……

李平明白了毛毳的暗示，他正要开口，突然一个刹车。

两人猛地前倾，看向车外。

只见一个老兵模样的人在车前跑定，正在用标准的军姿啪啪敬礼。

毛毳还没反应过来。

李平和司机已经麻利下车。

3. 日，云山镇—田野

老兵穿着军装，扎着皮带，腰间别着一根木棍，头上顶了个小铁锅。

李平利索回礼，手里还攥着鸡蛋。

老兵：报告统帅！城堡军事安全工作巡视完毕，没有敌军余党出现，我方处于安全级别！

李平：收到！（转向司机）5678！

司机：到！

李平：现在由你替班巡视！（转向老兵）同志辛苦了，同志去休息吧！

老兵：为人民服务！

老兵高兴地跑步离开。

毛毳讶异地从车里出来。

李平又恢复慵懒的模样，继续把鸡蛋吃完。

李平：我们镇上的一个老疯子。90年代练气功走火入魔，弄坏脑子，神经病了。总要保护地球，到处巡逻。疯人院来收他，一说他有病，他就打人，还把自己弄得头破血流的，我不忍心就收留了。现在每天陪他演两分钟的戏，让他去巡逻他就不惹事，特别开心！脑子正常的时候都没这么开心！

李平吃罢鸡蛋，往衣服上擦擦手，不动声色掏出一个厚信封给毛毳。

李平：就是千万别碰上较劲的，非他有病，他伸手就揍人，谁都拦不住。

毛毳接过信封，突然有些担心。

毛毳：我同事在哪？

4. 日，云山镇一旅游区门卫处

角落插线板有两支手机在充电，一支黑莓，一支iPhone，不时有信息过来。

盛男膝盖上放着电脑在打字，偶尔查看一眼手机信息。她看上去二十八九岁，让人觉得不好亲近，一副随时随地都在生气、对万事万物都很有意见的模样。

老兵快乐地跑进来找水喝。

盛男瞥了一眼他，注意到他头上的锅。

盛男：那是铁锅吗？

老兵：这是信息锅。

盛男：你顶口锅干吗？

老兵：为了可以更好地接收来自宇宙的信号！

盛男愣一下，注视老兵，老兵警惕地看着盛男。

两人对视片刻。

盛男转头向门卫。

盛男：他是个神经病吗？

门卫倒吸一口凉气。

5. 日，云山镇一 旅游区门卫处前的马路边

盛男站在路边。

她已然被打，头上、胸前带着伤和土。

一辆车子驶来，在她面前停下。

毛毳下车，一脸佩服。

盛男脊梁挺得直直的，一脸不服，还透着委屈。

盛男：君子动口不动手。

毛毳：你一动口，谁能忍住不动手？

毛毳打开后座车门，示意盛男上车。

毛毳：先去医院。

盛男没动，示意毛毳看路对面，那有家温州发廊，两边的墙壁上写着标语：

“买辆红旗车，过把首长瘾！”

“今日小姐，明日新娘。没有凤阳，不入洞房。”

“让全村怀上二胎，是村支书不可推卸的责任！”

温州发廊的招牌底下，有几对很“时髦”的青年男女出入。

盛男： 那是这个镇最大的流动人口集居地，人均消费25块钱，他们李总决定就在这前面修一条曼哈顿购物大街。（看向毛毳，他很沉默）一方水土养育一方人，多待一分钟就多一分风险变傻缺。

盛男开门上车，发现旁边坐着李平。

李平已气得说不出话。

毛毳上来副驾驶，尴尬扶额。

盛男不以为然，甚至还堂而皇之地翻了个白眼看窗外。

（音乐起，出字幕。）

6. 清晨，北京一医院附近地铁出口

人多混杂，熙熙攘攘，有发小广告的和乞讨的人。

盛男背着双肩包从地铁口出来，她脸上淤青已经消失，额头贴着纱布，看上去离她被打已经有段时间。她低头看手机，躲开发小广告、乞讨的人。

栏杆上坐着个男人（小偷接头人）在四处打量。

一对情侣嬉闹，男朋友读手机上的信息给女朋友听。

女朋友背着一个敞口单肩包，里面钱包之类物品隐隐可见。

男朋友：25—27岁的单身女性叫什么？

女朋友：剩女。

男朋友：不，叫“剩斗士”，28—30的叫“必剩客”，31—35的叫“斗战剩佛”，35岁以上的叫啥？

女朋友：啥？

男朋友：“齐天大剩”。

两人被这条段子逗乐。

一声细哨声响，盛男警觉地抬头。

一个小偷靠近女朋友，从后面朝她的背包伸手。

盛男急忙上前，戳了女朋友一下，女朋友回头。

小偷立即佯装无事，闪进人群。

女朋友：干什么？

盛男：走这条街小心点。……觉得好笑吗？

女朋友：啊？

盛男（眼神指向男朋友的手机）：去年中国新生儿男女比是1.17比1，农村单身男女比已经达到3比2。这数据意味着恐惧单身的应该是男性，舆论却给单身女性施加压力和侮辱。你还坦然接受？还能觉得好笑？

男朋友：什么呀？

女朋友：你有毛病吧？

男朋友：神经病。

情侣二人相拥离开。

盛男回头，看见刚才坐在栏杆上的男人。

他是小偷接头人，对着盛男用嘴形说了句脏话，隐约见他口中含一只细小的哨子。

小偷接头人：你给我等着。

盛男根本不当回事，她扭头离开。

镜头摇起，她去的方向是不远处的医院大楼。

7. 日，内，北京—报社—财经部

几个网络版记者抱着自己的纸箱用品进来，朝已经在的几个纸媒记者打招呼。

编辑办公室人影晃动。

纸媒记者的注意力都在编辑办公室。

网络记者A：APP部门的，我们今天搬过来。

纸媒记者B：说合并，没说工作空间也合并吧？

纸媒记者C：没吞并你就不错了。

简单寒暄后，纸媒记者们没有给新来的人过多的关注。新来的网络记者隐约觉得气氛不对劲。他们也顺着视线看向编辑办公室。

隔着磨砂玻璃，众人隐约可以看见编辑在大声训斥毛毳。

编辑将一个信封扔到毛毳身上，红包落地，露出红色人民币。

里面人影一动，大家立即分散开，假装去做自己的事情。

毛毳开门走出来，扫视四周后，仍保持一副风度翩翩、毫不在意的样子，他去收拾自己的东西。

8. 清晨，北京一医院一就诊室楼道

（一个镜头，小全缓推进）

楼道里有许多拿着挂号单和病例本的患者在等待。

男人（OS）：大夫我们是王主任介绍来的。

医生（OS）：都一样，排队，谁介绍的也得排队。先出去，别插队！等叫号！

一对夫妇陪着老人被赶出来，诊室的门被“哐哧”一声关上。

9. 清晨，北京一医院一就诊室内

医生坐回桌前打印单子。

盛男坐在对面，看上去她已经听完病情讲述，神态复杂。

医生：（稍温和）手术后，可能要安排化疗和一年的靶向治疗，做好这个准备。另外靶向这个费用医保是不能报的。资金上，你要做好准备。

盛男：知道了，30万。

医生：初步估计。（把单子给她）先去住院部登记，估计等两周会有床位，会电话通知你。家属来了吗？

盛男：没有家属，就我自己。

医生抬头看一眼盛男。

盛男故作坦然地迎上医生的目光。

10. 日，北京一医院

盛男走过医院大厅。

她面无表情。

11. 日/外，北京一光面建筑

镜面中盛男乘扶梯徐徐上升或下降，她的身影随着光影波动。

12. 日，内，报社电梯

电梯到达，盛男出来，她心里有事又故意不露，让人觉得她心不在焉。

她一路经过报社的LED屏，时事新闻里是天灾人祸的现场，墙上贴着标语——“尊重事实、诚实、公正、全面”。

12A. 日，内，报社一社会新闻部

部门里零零散散有几个人，一捆捆报纸摞在一起准备卖掉，同事A、B、男实习生和收废品的正在交涉。同事A教训年轻憨厚的男实习生。

同事A：还我管不了？什么叫我管不了，你知道我以前管什么的吗？说出来吓死你。我管不了？

盛男从他们身后走过。

盛男：这么牛，城管啊？

男实习生笑出来，跟上盛男。

同事A气急败坏，转身对另一个同事小声吐槽。

同事A：谁这么有眼力见儿啊，知道盛男欠打。

盛男没听见，继续往里面自己的位子走，实习生跟紧她。

实习生：五声之内没有接起，罚款五百。

盛男：什么事？

实习生：看今天《纽约时报》的版面了吗？摘的你的报道呢，牛大发了，怎么办到的，盛老师你翻墙吗？用的是什么搜索软件啊？

盛男拿出手机，屏幕上出现“妈妈”。

盛男：百度。

实习生：哈？

盛男：区别是你看十页，我会看到一百页。

盛男按掉电话，看向实习生，实习生没有离开的意思。

盛男（想了想）：我还会多带一个插线板，在事件突发的地方分享你的插线板会得到意想不到的信息。

实习生：就这样？

盛男：就这样。还有事？

实习生（才想起来）：哦，那个，那个，郑编找你好几次了。

盛男往编辑室去。

实习生：盛老师你别忽悠我啊，我是真心学习。

盛男听罢，转身看了实习生一眼。

盛男：我也真心教你。世界上很多看上去不平凡的事情，其过程本来就是很平凡的。

13. 日，内，报社—社会新闻部—编辑办公室

郑编辑年过四十，戴着眼镜，穿着皱巴巴的衬衫，有几分儒雅。正在看着电脑打字。

盛男敲门进来。

盛男：找我？

郑编辑：坐。

盛男在他桌前坐下，她看上去依然心不在焉的。

郑编辑对着电脑打完最后几个字。

郑编辑：你这个月的工作算是告一段落了。人事调动，上面通知我去财经部，我准备推荐你接替我。

盛男：为什么？

郑编辑：因为你跟我一样话多又欠干不了别的。

盛男：我从来不这样评价自己。

郑编辑：有辩才对一个新闻工作者来说又不是坏事。考虑一下？30岁，对一个女记者来说是个转折。

盛男：我29。

郑编辑：早过完年了。哦，（指着盛男的头）结果出来了？不影响智商吧？

盛男从书包里翻出检查单，递给郑编辑。

盛男：脑袋没事，这是胸部的检查结果。

郑编辑（戴上眼镜看结果）：能测出罩杯吗？

盛男：我告你性骚扰。

郑编辑：怀疑ca是什么？

盛男：哦，测星座的，cancer，巨蟹座，准吧？

郑编辑愣了一下，盯住盛男，明白了她今天心不在焉的背后是什么。

郑编辑：第几期？

盛男：初步怀疑是二期病变，准确的要等穿刺活检。

郑编辑：我要是现在给你个拥抱你告我性骚扰吗？

盛男：告你。

郑编辑：为什么？问过医生了吗？什么原因？

盛男：世界上的事，都有为什么吗？

郑编辑沉默一下。

盛男：除了肺癌，一切恶性肿瘤都没有放射性接触和遗传之外的确切病因。（拿回检查单，情绪略失控）一直都觉得自己特别行，什么都能改变。现在得承认，我们生而为人，在这个世界上还真是挺无力、挺渺小的，哈？

郑编辑（低头打开手机）：我有个大学同学现在是国内乳腺癌的权威，你提我的名字直接去找他。

盛男手机显示收到郑编辑发来的名片，若无其事地擦干眼泪，站起来。

盛男：谢谢，我写个假条给你。

盛男往门口走去。

郑编辑：好好治病。有什么问题随时回来找我，（顿一下）不管是心灵的还是，肉体的。

盛男回头，咬牙切齿。

盛男：我真的要告你。

14. 日，外，北京一报社大楼外

盛男出来办公大楼，试着平复心情。

切至

大楼拐角的角落，摆着几只垃圾桶。

毛毳把刚才收拾的纸箱一股脑地扔进去，一个奖杯掉出来，摔成两截。

毛毳看着奖杯顶上的球溜溜滚远，有些动容。

奖杯球在一个废品回收的脚下停了下来。

废品回收看了看毛毳，又看看球，试探着捡起来。

毛毳走过去，一脚把球踹出去老远。

废品回收躬着背动作没变，抬头看毛毳。

毛毳鄙视地回看一眼，一边离开。

毛毳来到路边，从口袋里掏出烟来点上。

他不远处，停了一辆摩托。

小偷接头人跨在摩托车上，看见目标出现后，他戴上头盔，发动摩托。

切至

盛男来到路边戴上口罩，想了想又往下摘。

一辆摩托车从她身后飞快驶过，小偷接头人用一个鼓鼓的黑塑料袋狠狠抡向盛男的头。

盛男扑地。

摩托车消失在人群。

（环境音消失）

马路上的人聚来围观。

毛毳远远地看见，他跑过来叫盛男。

盛男慢慢翻身坐起，鼻子上有血迹，她看上去彻底懵了，一脸想不明白。

15. 日，外，报社大楼外—城市建筑群

城市雾霾，人如蝼蚁。

方正的大厦矗立雾中，如墓碑。

出片名：送我上青云。

字幕音乐结束。

16. 夜 / 日，内，毛毳房间

这是个三居室其中的一个间。

书架上有一层专门摆满了《了不起的盖茨比》藏书，各种语言、各种版本。

下面是简易衣架，整齐挂满了男士服装，上面用卡片标注着功能：工作、婚庆、葬礼、商务洽谈、活力、稳重、睿智……

空地上堆满了盛着鸡蛋的箱子，上面写着“营养鸡蛋，纯绿色无污染”。

毛毳手里拿着印章，正蹲在地上给鸡蛋印商标“海蓝白”。

盛男面前有一盘鸡蛋，鼻子上有新的伤痕，她正用毛巾裹了鸡蛋揉后脑勺。

毛毳：还缺多少？

盛男：我自己存了二十万，还缺十万。

毛毳：正好，我手上有这么个工作，有个企业家想自费出钱给他父亲写个自传出版，稿酬十五万，你想干的话，我抽百分之二十，你挣十二万？

盛男：价钱挺好。

毛毳（得意）：不看是谁谈的。

盛男：两周来得及？

毛毳：我们先把十万定金拿了，你分分钟写个初稿出来，剩下的，慢慢润色呗。

盛男想了想觉得可行，她掏出手机准备搜索。

盛男：叫什么名字？企业家和他父亲。

毛毳：我不是不想借你钱，你这病有风险，我一个鸡蛋纯利润三块钱，十万就是三万三千三百三十个鸡蛋……

盛男：我不会借钱治病的！

毛毳：最欣赏你这点了，有原则，有良心。我现在也没固定收入了，你接了这工作我们俩都有钱赚。

盛男（瞪了毛毳一眼）：你被开一点都不冤枉。

毛毳把一份报纸放在盛男面前，指给她看。

毛毳：我怕连累你，都没署你名字。

盛男：我还得谢谢你呢？

毛毳：也不用这么客气。（一本正经）哎，你相不相信我能成功？

盛男：怎么算成功？

毛毳：有钱呐。

盛男：然后呢？

毛毳：活得舒服，被人尊重。

盛男看毛毳一眼，毛毳非常严肃。

毛毳：我这人一定能成功，别管我干什么，只要给我一笔钱，我就能成功。首先，我得先有一笔钱。

盛男：企业家到底叫什么！

毛毳低头默默印了个鸡蛋，又抬头看了看盛男，眼神躲闪地看一眼桌上的报纸。

盛男随着他的目光，看见报纸上的李平。

照片里，李平露出烧伤的胳膊，笑得得意又豪迈。

17. 夜／日，内，毛毳房间楼道

房间门口挂着招牌：海蓝白国际商贸公司。

盛男气冲冲从里面出来。

毛毳探出头来。

毛毳：李总的产业下面有好几家月子中心，你明白我意思吧？你知道每天一个鸡蛋对儿童的未来多么重要！你想让我们孩子输在起跑线上吗？

盛男：自己写吧！

毛毳：我要是能安静写东西我还至于被开吗？……唉？不然你去哪弄这笔钱？

18. 夜，外，便利店，内／外

微波炉时间到，盛男拿出三明治。

盛男来到门口的桌前吃三明治。

（外拍）玻璃门上映出外面来往的人群，盛男显得孤单寂寞。

手机又响，盛男掏出来，看见显示“妈妈”。

盛男犹豫一下，这次她接了起来。

19. 日，内，北三市一高铁车站一月台

一辆高铁离开，盛男背着背包走过。

19A. 日，内，北三市—高铁车站—洗手间

洗手台上放着纱布，后景有女孩在补妆。

盛男对着镜子，在用遮瑕膏遮鼻子上的淤青，然后她看着镜子里的自己。

镜中的盛男，悲伤隐忍，她缓缓地出一口气，准备好重新面对家庭。

20. 日，外，北三市—高铁车站—广场

盛男坐在广场的石墩上等，她的行李只有一个背包。后景，一辆造型可爱的粉红色私家车驶过来。

粉色私家车慢慢靠近盛男，里面的女人兴高采烈地向盛男招手。女人就是盛男的母亲梁美枝，年近半百，风韵犹存。

盛男站起来。

粉车却被另一辆车一别，错过了停车口。车子重新上了单行道，梁美枝探出头来叽叽喳喳地抗议。

盛男坐下，她有些无奈，却也习以为常。

私家车绕环岛一周，重新驶回到盛男面前。

梁美枝下车，想要给盛男一个大大的拥抱。

盛男躲开。

梁美枝拥抱不成，撒娇地跺了下脚，嘴唇臃肿地撅着。

梁美枝：这又不怪我。他别（四声）我。

盛男：你嘴怎么了？

梁美枝：……打两针赠一针，就又多打了一针……

盛男嫌弃地翻个白眼，要上车，看见副驾驶的座位上固定着一个宠物椅，转身去后座。

盛男：去我爸公司。

梁美枝：你爸找你啊？你爸找你你就回来，怎么我找你你就不搭理呢？……

盛男关车门。

21. 日，内，北三市—市区街道—私家车里

粉红车子盘过蜿蜒的水泥立交桥。

车内很多粉红色卡哇伊的装饰。

盛男看着车窗外，一脸冷漠。

梁美枝：你和你爸爸这样的人，成天不在家，在家也不说半句话，就小狗狗陪我，我生气了就教训它，它就巴巴地看着你，哄你开心，一天不见就粘着我……它一丢我心里可不好受了，空落落的……

梁美枝声情并茂地讲述狗狗丢失的经过，言语哽咽，不停地回头期待盛男的反应。

盛男感到车子晃了一下，后面有人鸣笛。

盛男：看前面好吗？妈！开车看路！

梁美枝：你说它要是被好人家捡了也行，万一碰上不安好心的欺负它虐待它，……它才两岁啊……你怎么一点都不难过？你都不知道安慰我！

盛男托起一盒抽纸，梁美枝抽两张擦眼泪。

盛男（无奈地安慰）：别哭了，不要伤心了妈。你知道非洲多少孩子活不到两岁吗？你知道在离我们不远的地方有一整个村子的人因为油田石油外漏造成地下水污染得癌症，他们所得到得补偿仅仅是每月70块人民币吗？想想这些，你还觉得丢一条狗是多么值得同情的事情吗？

梁美枝懵了，停下哭泣。

盛男收回抽纸。

盛男：这就对了，想开就好。

22. 日，内，北三市—盛父写字楼

一幢八九十年代建造的企业单位，有一股陈旧的气息。

盛男在一楼前台登记。

她身后，一个背着名牌包的中年女人和同事说笑着进来。

盛男听到声音她回头，认出那是孙经理，盛男继续填写登记信息，神态却发生了微妙的变化。

孙经理和同事分手，上了楼梯。

盛男填完登记信息，尾随她。

23. 日，内，北三市一盛父写字楼一楼道 / 办公室

孙经理先上来，盛男落后几步跟上。

楼道里寂静无人，角落堆积着陶瓷产品、废弃的办公桌椅，还有一辆保洁推车。

孙经理在一间办公室门前停下，象征性地敲了下门，推门进去。

盛男稍远点，站在她身后。

越过孙经理的肩，盛男看见，办公室里盛父在包装一个女士皮包。

孙经理：啊呀，你买它干什么，现在咱们情况又不好。

盛父：你喜欢嘛。

盛父抬头，先是看见门口的孙经理，接着看见她身后的盛男，他神色微变。

盛父：你这孩子，突然回来了，来之前不打声招呼。这种火急火燎的脾气什么时候能改改？

盛父边说着，边把名牌包连同盒子搁进洗手间。

孙经理这才发现盛男。

孙经理：好久不见啊，盛男，这么大了，都认不出来了……

盛父走到门口要给两人介绍。

盛父：还记得吧？这是小孙，比你大两届的，后来大学学的公关。

盛男：我上个洗手间。

盛男绕开两人去洗手间。

盛父和孙经理有些尴尬。

孙经理：我这人没记性，就没见过她穿校服以外的衣服。

盛父：先回去，盯一下借款的事，一会儿我打给你。

24. 日，内，北三市—盛父写字楼—盛父办公室—洗手间

盛男坐在马桶上，眼睛盯着角落里的包。

屋外传来细小的讲话声。

25. 日，内，北三市—盛父写字楼—盛父办公室

盛男从洗手间出来，盛父已经坐在沙发上点了雪茄抽。

盛父：你最近怎么样？

盛男：哪方面？

盛父：手头宽裕吗？

盛男刚要开口，盛父话就接上了。

盛父：家里房子我做了抵押，今年手头紧，你要是松一点的话，你帮爸爸把贷款还上？毕竟房子写的是你的名字。

盛男的话又咽回去。

盛男：公司贷款没批下来？

盛父：小城市里的房子，十有八九都是空着的。这行业破产的破产，银行也不给贷款了。我这挣扎着活下来很不容易了，现在小孙重新给我介绍了个信贷公司……

盛男背着书包走向窗边，站定，从那里可以看见楼下的一棵树。

旁边墙上挂着几幅山水名画的复制品，其中有《鹊华秋色图》。

盛男：又一个信贷公司，你可真是信任小孙。

盛父：她很有想法，敢做，会来事儿，是人才。

盛男（盯着窗外）：高中的时候，小孙想买一双名牌球鞋，但是她没有钱。于是她决定去跟全年级每个同学借一块钱，每人一块就是500块钱，一块钱不多，借了也不用还。最终她真的借到了300块——她向来有人缘，尤其是男人缘。拿着这钱小孙去买了一双球鞋，然后她也真的没有还给同学钱。（转身朝父亲）……她是个很有想法的人，而且想得出做得到的。只是，没什么道德观。

盛父：小孙为公司带来不少效益！人无完人，什么样的人都有他的用处，懂得使用这些人为你效力才是本事。

世界上有的是轻轻松松就能挣大钱的事儿，你非不干。你做新闻做到你们主编的份上一月才几个钱？

盛男：那你找别人借钱！

盛父：这怎么能叫借你的钱呢？养你这么多年，稍微回报一下父母为难你了？

盛男：我一月房租就四千，能存下什么钱？

盛父：房租贵就不要租那么好的房子，你一月一两千跟人合租就是了，非得自己住，不是浪费钱吗？年轻时候不吃点苦怎么行？

盛男笑了，她身体前倾，一字一顿。

盛男：我把自己的钱省下来，给你相好的买包？

盛父一愣，避开盛男的眼光，低头磕雪茄的烟灰。

盛父：很多事情，你看见了也不代表你是对的。你年轻，经历得少，还没来得及犯错……

盛男（打断）：如果是我妈，也可以被原谅吗？

盛父：她在这段婚姻里，得到的已经够多了！

盛男注视了父亲片刻，摔门离去，办公室里回荡着巨大的摔门声。

盛父望着她离开的方向，怅然若失，他想起那个包。

26. 日，内，北三市一盛父写字楼一洗手间

盛父打开门，四处寻找。

角落里，包装盒空了。

27. 日，内，北三市—盛父写字楼—楼道内

盛男怒气冲冲地走着，她来到保洁人员的推车前，挑出一瓶清洁剂看了看成分，然后拿走。

28. 日，内，北三市—盛父写字楼—二楼洗手间

盛男把有机清洁剂涂在皮包上，从口袋里掏出打火机，点上火，奋力扔出窗外。

着火的包落在外面的树上。

29. 日，外，北三市—盛父写字楼—楼外

盛男大步流星地向前走，她身后是皮包和树枝燃烧的火光。

大门跑出几个人，喊救火、泼水，用灭火器冲树。

她身后楼上的一扇窗子里，盛父出现，他注视着盛男离开。

盛男脸上那种报复的快感渐渐消失，取而代之的是她内心深处的委屈和悲伤，这让她几乎哭出来。接着她看见前面的人，停下了脚步。

30. 日，外，北三市—盛父写字楼—马路对面

私家车前，梁美枝手头烟灰已经很长，她直愣愣地看着盛男和她身后的火焰。

盛男过来，努力掩饰自己的情绪。

盛男：不是让你回去吗？

梁美枝赶紧踩灭烟，装什么也没看见。

梁美枝：我又没什么事，等你呗。说完了，那走吧，回家吃大餐，大姨都等着了。

盛男上车，她从后座看见，前面副驾驶的宠物椅已经被摘掉。

30. 夜，内，北三市—盛家—餐厅

长着青春痘的两个堂弟在客厅打游戏。

饭桌上还有叔婶、大姨和怀孕的表姐，表姐在啃猪蹄。

叔婶嫌弃堂弟打游戏，一个劲地夸赞盛男。

梁美枝已经酒醉，脸颊微红，失态地往盛男身上凑，摸盛男的头。

盛男不耐烦地推开她。

梁美枝：你们的教育方式不行，你看我们盛男，从小她爸就教她独立，靠自己。洗个盘子挣一毛钱，考前三名奖励耐克鞋。考第四名？过年连新衣服都不给买。

叔婶：就是，现在女孩都比小子争气。

梁美枝（向大家）：那时候大家条件都不好，我们家老盛可早就是万元户了，全校只有盛男穿得起名牌球鞋，而且只穿耐克。我问她为什么老穿这个牌子。她说妈，这上面可打着对号呢！哈哈，从小就要强，凡事都要争个对错。

大家哄笑。

大姨：现在还穿吗？

梁美枝：我看看、看看。（低头到桌下去扒拉盛男的腿）哟，是NB鞋，更升级了。

大家哄笑，盛男几乎忍无可忍。

梁美枝点了支烟。

盛男：掐了，不然去外面抽。

梁美枝：不去咋了？

盛男：这一桌人都不吸烟，只有你吸，你吸他们就吸二手烟。

梁美枝（尴尬地看看大家）：哈哈，又来了又来了。（看着盛男）又来了。

叔婶（附和着笑）：较劲啊，哈哈较劲呢。

表姐：……我怀着孕呢。

众人都稍许安静片刻。

梁美枝（叼着烟）：没事儿，没事儿啊。

盛男：什么叫没事儿，怀孕你听不见吗？

梁美枝：啧，你看你就不对了，妈给你讲讲吸烟的好处。第一，吸烟提高免疫力，吸烟的人一般不得感冒。你看非典那阵子，得病的都是不吸烟的。小孩更要从小培养免疫力啦。第二，吸烟杀蚊除虫。我们这……

盛男：除了遗传和放射污染，世界上大多数的癌症病因都不明确，只有吸烟导致肺癌是目前唯一被有效证实过的。吸烟十年以上的人，患肺癌的几率高达百分之七十，这才是常识。

梁美枝：那我第九年就不抽了，哈哈，这不就行了嘛。

盛男（认真地）：你蠢，那是你的事情，不要让其他人因为你的愚蠢损失健康。

大家沉默。

梁美枝的面子终于挂不住了，她微笑着将一口烟吐在盛男脸上。

梁美枝：这对一个戒烟的人来说，很难吧？

盛男努力忍着不翻脸。

31. 清晨，内，北三市—盛家—盛男房间

房间干干净净，从小到大的课本书籍整整齐齐摆放。墙上是历年的奖状。

窗外是高楼中的华不注山。

盛男坐在床上看窗外，似乎思考了很久。

她看看手表时间，起身收拾背包，拿起已经充满电的电池和手机。

32. 清晨（雾霾），外，北京—安定门／奥林匹克火炬前广场

雾霾中，古老的城墙角楼与立交桥为邻，远处的都市高楼隐约可见。

草坪上几个大爷大妈在戴着口罩练太极、舞刀。

毛毳穿着运动衣戴着专业防霾跑步口罩向镜头跑来，他小声而有节奏地喊着口号。

毛毳：成功、成功、成功……

手机响，毛毳停下脚步，摘下口罩，把耳机挂在嘴边。

盛男（OS）：我去。

毛毳露出笑容，走远。

毛毳：云山见。

33. 清晨，内，北三市—盛家大厅

盛男挂了电话离开。

梁美枝从房间出来，一个人站在空荡荡的大房子

里，她终于忍不住，哭了。

34. 日，内，火车车厢

盛男塞着耳机听音乐，从背包中找出几本书，《众病之王：癌症传》《西藏生死书》之类都与癌症和死亡有关。她准备挑选一本来读。

旁边有人在补票。

乘务员：去哪？

梁美枝：去找自己。

乘务员：好好说话，找自己是多少钱？

梁美枝：云山。

盛男听见动静抬头，正要发飙。

却见梁美枝粉黛未施，双眼红肿，少有的忧伤。

盛男默然把没发出来的火吞进肚里。

乘务员离开。

盛男：你想干什么？

梁美枝一屁股在盛男旁边坐下。

梁美枝：我跟你说件事，（神秘而小声地）我三个月没来例假了。

盛男（惊恐）：你怀孕了？

梁美枝：我绝经了！

盛男：……哦，那很正常。

梁美枝：太早了，我刚过五十啊……都是你和你爸气的我！你有自己的事，你爸有自己的事，全世界就我多余，有时候想想，觉得自己活得真没意思！

盛男：绝经之后雌性荷尔蒙分泌减少，会大大降低乳腺癌的发病率，一定程度上来讲，这是好事。

梁美枝（自说自话）：我想清楚了，从今天起我要为自己活，我也要干点自己的事，我离家出走了，我要去把自我找回来！

盛男：你自我在哪？你怎么找，来来来教教我，我也想找呢。

梁美枝：你还用找吗？你多厉害，啥都懂，啥都知道，自我这么大，这么自大。

盛男哑然。

梁美枝：我以前也很自大的，很多男人都喜欢我。我就也得找个人，我跟你说，找着了我就自大了。

盛男：我不想跟你胡扯，把自我、自大和自信混为一谈。我就告诉你，我有重要的事情，你别跟着我！下车！

盛男站起来拉梁美枝，梁美枝突然哭出来。

梁美枝：不然我跟着谁！自从生了你，我就没出家门，不跟着你，我跟着谁？我还能认识谁？把你拉扯大，现在还没叫你养老呢就不能依靠了是不是？

梁美枝成功引起乘客们的注意。

盛男尴尬坐下。

梁美枝的絮絮叨叨、哭哭啼啼一直持续。

梁美枝：我活得太失败了，这世界上就没人需要我，只有狗狗需要我，可是狗狗也丢了……

切至

窗外风景开始移动。

盛男认命。

梁美枝适时停止哭泣，擤了一把鼻涕，开始化妆。

梁美枝：把我行李箱放上去。

盛男起身去放行李。

旁边一个年轻男人看见了，站起来打算帮忙。

盛男已经举起箱子，费尽力气把梁美枝的行李箱举上行李架。

男人悄悄坐下。

梁美枝：这么能干，能找着男朋友才怪。

盛男：不是你让我放的吗？！

梁美枝：我的意思是给你个借口找个年轻小伙子帮你。

盛男要发火。

梁美枝立马软下来。

梁美枝：哎呀，你昨天那么不给面子，让妈妈特别伤心。

盛男（坐下）：对不起。

梁美枝又呜呜哭起来，抱着盛男。

盛男（不耐烦地）：差不多行了！

35. 夜，内，火车厢内

火车众生相。

有人在打牌，有人在吃泡面，有阿姨拿矿泉水瓶给小孩接尿。

梁美枝睡得鼾声震耳，衣服撩起，露出肉色丝袜。

盛男伸手给她盖好，扭头去看窗外。

窗外火车不断穿过隧道，恍然进入另一个世界。

36. 清晨，外，南方山峦与火车

火车穿过山中隧道，镜头摇上，远方连绵的南方山地中间，点缀着小镇与河流。

37. 日，外，云山镇火车站一行李寄存处

梁美枝已经换了一身同色系运动衣，背着小包撅着屁股收行李。盛男在登记寄存。

梁美枝：哎呀，火车上还那么吵，床板那么硬。人家一晚上都没睡好！（摸出两片面膜）你要吗？

盛男：不要！

盛男付钱给服务员，转身梁美枝不见了。

她一边扫视四周，一边掏出电话。

盛男：你去哪了！？

梁美枝：我在你后面，买个烧饼啊。

盛男回头看见烧饼摊前的梁美枝，简直怒火中烧。

盛男：你不刚吃了早饭嘛！

梁美枝：爬山肯定饿嘛，谁知道一会儿山上有没有吃的。你吃什么馅的？要不要再买包巧克力？

38. 日，外，渡江码头

出租车停在码头，盛男和梁美枝两人下了车，去买票。

后景是正在拍照的刘光明。

盛男：你还买韭菜的！味这么大！

梁美枝：那你又不吃白菜的！跑腿的是我，看你脾气大的！

盛男：等一下我采访人家，你别说话！一张嘴一股韭菜味！

梁美枝：你再这么多毛病，我嚼大葱给你看！

盛男看见不远处岸边围了一群人。她一边和梁美枝说着话，一边朝人群走去。

人群中间有一个老太太浑身湿漉漉，正哭得凄惨。

盛男：怎么了？

村民甲：老太太给自己买了一口棺材，运过来时船在峡谷那边翻了，山上江水太急，棺材被冲走找不到了。

盛男向远处望去，江面平静，并无异常。

老太太（哭泣着用方言说）：我一把年纪差不多到时候了，辛辛苦苦存了好几年钱买了这么一口好棺材，这下可怎么办。

梁美枝：人活着没事就好。要那么好的棺材有啥用，死了什么都不知道。

老太太：胡说！生生世世有轮回，这辈子只占弱水一瓢，饮尽就完蛋，身后的路长着呢！

围观人群中走出一个年轻男人刘光明，他脸上架着一副眼镜，脖子上挂了两台相机。他走到老太太跟前，打开钱包。

刘光明：一口棺材多少钱？

老太太：一千五。（委屈地）我攒了好几年的，我没剩下多少日子了，可没时间攒这钱了……

刘光明（给她钱）：别哭了，拿着。

老太太站起来，拿过钱千谢万谢地去了旁边。

刘光明回头看见盛男。

围观人群多是当地村民，盛男和梁美枝两个外地人在其中很显眼。

盛男佯装不经意地打量了刘光明。

刘光明胸前两台莱卡相机，一台数码，一台胶卷。

39. 日，外，峡谷

峡谷深处，众人看不见的地方，一只棺材卡在两块山石中间。

40. 日，外，渡江码头

众人继续等渡船。

老太太带着一个中年妇女回来了，妇女戴着金项链和金耳环，模样富足。

俩人来到刘光明跟前。

中年妇女（方言普通话）：这是我婆婆，刚才是您给了我婆婆一千五百块钱吗？

刘光明点点头。

中年妇女：是这样啊，我得跟您说一声，现在啊棺材涨价了，去年定做的，是一千五，今年得三千了。

刘光明愣了下。

盛男颇有兴趣地注视着刘光明。

围观人群有人幸灾乐祸，有人惊讶，有人怀疑。

刘光明没说话，低头又掏出了钱包，他看看数目，扫视四周，毫不犹豫地朝盛男走过来。

刘光明：你好，你能借我一千块钱吗？我叫刘光明，这是我身份证。

盛男一愣，看了刘光明片刻。

刘光明眼神坚定。

盛男掏出了钱包。

41. 日，江面，轮渡上

众人坐轮渡渡江，渡船简陋，乡民、自行车、山货鸡鸭堆积在一起。

刘光明在用手机转账，他与盛男挨着坐在船头，面朝船内。

镜头横摇，所有的村民们都在看着他们，摇到夹杂其中的梁美枝，她的目光与村民一致，浑然一体。

盛男根本不在乎，她对刘光明很有兴趣。

盛男：你去山上拍风景吗？

刘光明：我不拍风景，我只喜欢拍云。

盛男：为什么？

刘光明：就是……拍呗。

刘光明笑着，低头看手机，手机显示转账成功。

刘光明翻手机看到盛男的主页，有她的职业信息。

刘光明：哦，你是记者？对面有新闻吗？

盛男：不。私人工作。

刘光明若有所思地想了想。

刘光明：哎，我能问问你，你们当记者都是什么学历吗？

盛男：什么学历都有，这一行门槛很低。

刘光明：你呢？

盛男：硕士。

刘光明：……哦。那你为什么想要做记者？有意思吗？

盛男：因为……可以见很多人，去很多地方，看很多不同的人生，然后才会认识这个世界。我喜欢的作家，海明威、马尔克斯、狄更斯，都做过记者。

刘光明：……哦。

刘光明反应不热烈，盛男期待引起他更多的认同。

盛男：金庸也是记者啊。

刘光明：哦！

盛男：超人也是。

刘光明：《星球日报》！

盛男（笑）：对，《星球日报》。

刘光明：那么，你认识世界了吗？

盛男笑容僵在脸上。

盛男：并没有。

刘光明看出盛男的失落。

刘光明：那么，我告诉你我为什么拍云吧。

盛男好奇地看着刘光明。

刘光明：你认为一个人的肉眼可以看见多远？

盛男想了想，看向四周和江岸，有村民走动，有疏影晃动。

盛男：十里？二十里？

刘光明笑笑，手指天空。

刘光明（仰头看天空）：你看见那朵云了吗？它离你有1600公里。

盛男抬头看去，天气很好，天空有几朵云彩。

刘光明：你还可以看到月亮，距我们38.4万公里，太阳距离我们1.5亿公里，北极星则有434光年。这就是你肉眼所能看到的。你能看见的远比你想象得要远，你所能感知的，绝对不仅仅是这个生活的世界。

盛男被触动。

刘光明：我认识世界，从拍云开始。

盛男：你是个很有意思的人。

盛男看刘光明的眼神有了不一样的神采。

刘光明因得到认同而自信愉快。

41A. 日，江面，峡谷

轮渡在绿树黑岩的峡谷中行驶，微风徐徐，云影徘徊。

42. 日，外，云山码头

刘光明和盛男、梁美枝告别。

母女俩往山上走，盛男嘴角带笑。

梁美枝：我不喜欢他。

盛男：有你什么事！

梁美枝撒娇地跺脚，不情愿地跟在盛男身后。

43. 日，外，云山

烟云环绕。

母女穿过浓重的云雾，步行在山路上。

母女爬上又长又直的台阶。

43. 日，外，山顶院子

台阶的尽头，是一所普通的民房，三层楼高，院子里有只孔雀在闲逛。

李老先生正抄着手站在房前等着。

他是个头发花白的老人，穿着棉麻衣服，看什么都有几分不屑。

母女爬完又密又陡的台阶，筋疲力尽地来到他面前。

盛男（气喘吁吁）：我是李总找来的，为您写自传的记者。

李老（点点头，目光却停在梁美枝身上）：你哪位？

盛男：我妈。

李老：出采访还带着妈？

盛男还没喘上气说出话，李老已经朝梁美枝伸出手。

李老：是个美人啊，贵姓？

梁美枝：梁。

梁美枝十指白皙，指甲嫣红，李老很喜欢。

梁美枝：您怎么住在这种地方？这么高。

李老：我有病。

梁美枝：哈？

李老：三高、心脏病，为了多活两年，在辟谷。

梁美枝：辟谷是啥？

李老：就是二十一天不吃饭，只喝水。

梁美枝：那还行？

李老：目前还行。

李老不舍地将目光从梁美枝身上挪开，示意盛男跟他来。

李老（喃喃自语）：人生在世，不过食色二事啊。

44. 日，内，山顶民房二楼—李老房间

房内摆设清冷，只有一个石床，一条被褥，靠窗地方一张桌子。有个充满禅意的陶土花盆，里面养着狗尾巴草。

桌上搁着录音笔，盛男趴在电脑前看之前搜集整理的资料。

李老站在屋外平台往下看，可以看见楼下的梁美枝在石桌前逗孔雀。

盛男：您是一个画家。

李老：……是（食），色二事。

李老背身说话，盛男没有听清。

盛男：您是著名山水画家，1940年出生，1980年入选全国美协，先后举办个展百余次，获奖……这么多，这里面您认为哪项荣誉对您来讲是最重要的？

李老：五十万一斗方。

盛男：哈？

李老慢慢转身踱步回到桌前。

李老：一斗方就是一平方米，我荣誉的最高峰，画能卖到这个数，但是有价无市，你要是来找我买画，我还得看你是什么人，买了送给谁。虽然我们收入基本靠你们给领导送礼，但是，我也是挑人的。

盛男：……您打算让我写进书里吗？

李老在桌前坐下，看着盛男的表情慢慢变严肃。

李老：你有病吧？

盛男防备地直起身，以为他是在骂人。

只见李老审视着她的脸，伸出左手，是一个把脉的手势。

盛男迟疑着把手递给他。

李老（把脉片刻）：看你脸，就该知道你有病。可你不是美女，我还没来得及仔细看你的脸。

盛男不高兴，想抽回手，被李老按下。

李老：嗯……你的脸已经出现明显不对称，人的左部为气血上升，右部为气血下沉，可是你左脸出现下坠的现象，气血上不去。是左半部身体的问题？

盛男被说中，点了点头。

李老：心思太重，气滞血瘀。是不是对自己要求太多，有些目标达不到就内疚，习惯跟自己过不去？

盛男老实点头。

李老：肝火旺盛。看不顺眼的事情太多？脾气大，常常发火，控制不住？

盛男重重点头。

李老：觉得全世界男人都欠你的吧？你永远是对的吧？你男朋友生来就是做牛做马的吗？觉得自己是公主天生应该被人宠吧？

盛男（愣）：我没有男朋友。

李老：哦。（沉默一会儿）那你寂寞吗？孤独吗？

盛男脸色一变，气得抽回手腕。

李老：病得不轻啊，丫头，有时间你得去医院检查检查。

盛男没说话，低头看电脑。

李老明白了。

李老：查过了？

盛男：你不是知道吗？

李老：我知道啊，但是我需要你印证一下我的猜测。什么病？

盛男（小声）：乳腺癌。

李老：……啊？绝症啊！

盛男急忙看窗外怕母亲听见。

盛男：谢谢啊！

李老：你妈还不知道？

盛男：小声点行吗？

李老：嗯，看她那样也不像知道的。那你为什么告诉我？

盛男：谁想告诉你了？！跟你在这瞎扯这么多，还以为你能治呢？（嫌弃地把双手按上键盘）干正事……从1940年开始说起吧，您活这么长，要两天讲完也不容易。

李老：我能治啊。

盛男（热切地注视他）：怎么治？

李老：为什么不告诉父母？

盛男一动不动地注视着李老片刻，视线重新回到电脑上。

盛男：我怎么会相信你。

李老：（语重心长）你要知道，父母不是圣人，难免犯错。但是心里头，没有一个不为自己的孩子着想。

盛男冷笑一声。

李老：你就拿我来说吧，我年轻时候身边女人太多，小平呢是一个意外，我从来没有管过他。直到他十岁那年，我这父爱就来了，明白要为他好了。我为他做的第一件事，就是给他改了个名字，叫李平。

盛男终于抬起头。

盛男：为什么？这个名字太普通了，全国多少人都叫李平。

李老：因为他实在太蠢了，最好是能平凡地淹没在茫茫人海中，永远不被人注意。万一将来犯了罪，警察还有可能抓走另外一个李平。

盛男无言以对。

45. 日，外，山顶民房院子

水泥地小院，小桌上摆着茶具，孔雀来回晃荡。

梁美枝在喝茶。

李老从屋里出来，伸个懒腰，走到小桌前坐下，逗孔雀。

梁美枝（拿起茶杯）：这是汝窑的呢，已经开片了，养得真好。

李老：嗯。

梁美枝（拿起另一只瓶）：啊，这是冰裂纹，青瓷的。

李老：你挺懂啊，小梁。

梁美枝：我19岁的时候在陶瓷厂当学徒，有一天赶上师傅烧了一批冰裂瓷，瓷器出了窑在开片，噼里啪啦的，哎呀，特别好听。我站在那就听傻了，结果我的喇叭裤裤腿被炭火烧着了都没注意。

山林云雾，孔雀绕膝，梁美枝回忆过去，仿佛重返青春。

李老：然后呢？

梁美枝：然后那天下班，厂长就把我叫到他办公室去，拿着一条新喇叭裤往我怀里塞。什么也不说，就塞裤子给我。我只在瓷器厂上了两个月的班就嫁给他了，然后生了女儿，然后，再也没有听过开片的声音。现在，现代化嘛，我们都产强化瓷了，没有这种了。

李老：景德镇有啊，你可以和你老公一起去看看。

梁美枝（冷哼）：我可有阵子没见过他了。

李老：离婚了？

梁美枝没否认，继续摆弄茶杯。

李老越过她拿了一杯茶，摩挲着茶杯。

李老：小梁啊，不是我说，这世界上，所有美的物件啊，都得靠养。比如瓷器，比如孔雀，比如玉，比如……漂亮女人。

梁美枝愣。

46. 夜，内，山顶民房厨房

盛男和梁美枝愣傻傻地坐在桌前等着吃饭。

李老走过。

李老：你俩在干啥？

盛男：该吃饭了吧？

李老：清修之地，过午不食。

李老离开。

盛男：什么意思？

李老（OS）：没有晚饭。

切至

盛男沮丧地和梁美枝一起吃中午买的韭菜饼。

47. 夜，内，山顶民房客房

盛男在看书。

梁美枝敷着面膜躺在床上刷手机。

梁美枝：咦，这是谁啊？

盛男：嗯？

梁美枝：有人给我发了一大段……这是人生感悟吧，是不是发错了，你看看？

盛男：不要理。垃圾短信。

梁美枝放下手机，揭面膜。

梁美枝（撒娇）：你过来，妈妈想搂着你睡。

盛男看了梁美枝一眼，只见她正在一脸宠溺地看盛男。

梁美枝：来嘛。

盛男：你别这么看我！我起了一身鸡皮疙瘩！

梁美枝不情愿地翻身另一侧，关灯，钻进被窝。

盛男摇摇头，摆脱掉肉麻带来的不适感，然后她想起什么。她拿起手机，找到刘光明的个人页面。

刘光明主页有不少照片，图文皆风趣内涵。

盛男看着看着，便嘴角上扬了。

手机画面：

1，图：一个镇子上欧式小区带水池俯拍照。字：清明上河图。

2，图：一页垃圾短信截图。字：一天。

3，小视频：大街上，一团柳絮飞舞。字："好风凭借力，送我上青云"。

盛男在扇子的照片下留言：什么意思？

很快收到刘光明的回复：还没睡？

盛男发过去一个实时地图，刘光明很快加入，两人相隔不远。

刘光明：还回镇上吗？

盛男：回。

刘光明：那，我在镇上等你。

盛男没有回复，在被窝里一脸甜蜜。

梁美枝在另一边翻了个身，她睡不着，也拿出了手机。

梁美枝找出那个未知号码发来的一大段人生感悟。

她下了好几次决心，终于点开回复。

梁美枝：谁?

黑暗中，母女两张脸被各自的手机光照着。

48. 晨，外，双乳山

李老坐在山头打坐，微风习习，宛若入定。

盛男在他身后，也闭着眼盘坐，皱着眉头，非常努力地跟随李老的引导。

李老：天地万物都有其灵性，你要平心静气吸收这里的阳气，观想一道白光从顶轮进入到达你的胸部，环绕你的肿瘤，你要和它和平共处。……有没有觉得整个人很丰满?

盛男：我为什么觉得很丰满?

李老：万物有灵，缺什么补什么。

镜头拉开，两人身后山峦层叠，其中有两座山的形状宛若一对乳房。

李老：吸气，跟我做，呼气，哈哈哈!

李老冲着山间大笑三声。

盛男睁开眼，看怪物一样看他。

李老：每天大笑三声，气血通畅，百病尽消。

盛男：又没什么开心的事，为什么要笑？

李老：气都让你生了，你不长瘤谁长瘤。

盛男起身离开。

盛男（万分懊恼）：我为什么要相信你！

49. 日，内，山顶民房—李老房间

电脑文档上已经有密密麻麻许多文字。

盛男在专心工作。

李老漠然地看着她。

李老：哈！哈！哈！

盛男吓一跳，狠狠瞪他一眼。

切至

窗外李老在和梁美枝说说笑笑。

盛男一边收拾背包一边讲电话。

盛男：什么时候到的？

毛毳：昨天晚上。写了多少？

盛男：提纲八千。两天一共聊了七个小时。

毛毳：出个大纲够了。来签合同吧，三点半后，赌场见。

盛男停下动作，一脸不可思议。

盛男：哪？

50. 昏，外，李平办公室

几台电脑开着，上面是股票页面，大部分是绿色的，有一两条红色。

办公室里摆设着钱币、金蟾蜍等风水物件。

毛毳一头雾水，男人丙在向他介绍各种线。

男人丙：都是从几万开始炒起的，我这赚几千万算少的，十几年赚了七千万，前年一年就赔了一千万。

毛毳：都抛了？

男人甲：李总抛了，我留了点。大家现在把钱拿出来圈地了，做旅游。再不圈来不及了，有点景色的地方都收费了。等着吧，没几年空气也收费了。呀，涨了，看了吗？红了！红的那只是我的，其他的都绿了……

毛毳眨巴眨巴眼，没说话。

盛男看在眼里。

盛男：那支笔给我。

毛毳：哎！

毛毳如释重负地起身，把笔给盛男。

毛毳（附在她耳边）：谢了。

盛男触电一般躲开，面红耳赤。

毛毳毫无察觉，他去后面一个大茶台。

茶台那里有李平在内的三五个男人在神侃。

盛男故作平常地低头看合同。

男人乙：谱摆的大着呢。我早年找老爷子买画，还是他亲儿子——李总去帮我买，都没买到！幸亏没买到。因为我要送的那领导进去了，我这画要是送出去，我也进去了。

李平：嗯，不过这两年不行了，反腐。都没人找他，他寂寞得厉害。以前人家追在他屁股后面求题字，现在他天天追着我外孙在作业本上签名找存在感。以前人家登门拜师他闭门不见，现在碰见个女的就拉着人家聊人生，一路送到大门外。

众人笑。

毛毳：老爷子身体还硬朗吧，那么高的山，也爬得上去。

李平：那不清楚，他从来不检查身体。

李平不时回头看盛男，她读得很细致，迟迟不落笔签名。

男人丙：哎呀，我这身体，前两天去检查，说肾结石，特别疼。

李平：那好办啊，我给你找个妞，你把它射出来。

男人丙（骂人）：那是两条线！

大家嘲笑李平，李平没当回事。

盛男已经看完合同在签字。

李平走过去，接过甲方空缺的合同。

李平：条件很不错吧？

盛男：很好。

李平：小毛开这个价钱，挺高，但是我给得起，只要我想给。我们小地方，你们北京过来的我们会适当地给点尊重，我看了你的简历，觉得能力还不错，也愿意用你。但是，别得寸进尺。年轻人，上次，那都是说的什么话？我告诉你，没有你这样跑业务的。

气氛变得有些凝重，屋里的人安静了。

盛男和毛毳对视一眼。

毛毳示意盛男不要乱来。

盛男：谁是跑业务的？

李平：我这是教你一点道理……

盛男（打断）：我爹妈花那么多学费让我上最好的大学受最好的教育，要是还轮到你教我，我这辈子就白活了。

李平：出来混，给你工作的，就是你的衣食父母……

盛男：你给我工作，你的旅游区规划也是蠢的。

李平：我蠢？你知道我资产多少吗？我从几十万炒到几个亿！

盛男：道路覆盖率直接关系经济水平，要么怎么叫“要致富先修路”呢，口号喊了二十年也没喊进你这脑子里去。

盛男口齿伶俐，咄咄逼人，李平被堵得恼羞成怒。

毛毳和李平朋友们纷纷劝说，一片吵嚷。

李平：我给你这么高的价钱，你也不尊重尊重我！你说，多少钱让你服我？

盛男：据说渴望征服的男人通常会有无法克服的生理缺陷。拿破仑的棺木被打开后，人们发现他的生殖器是萎缩的，希特勒被证实只有一个睾丸。

盛男一边说着，一边夺过合同，把刚才的签字划掉，扔回给李平。

盛男：你到底是哪方面有毛病啊，要我服你？

屋里安静了。

51. 昏，内 / 外，市证券交易所外一出租车

车里安静而无聊，司机在打瞌睡。

梁美枝手机屏幕，那条人生感悟下，她已经发了许多个“谁”，然而对方再无回复。

梁美枝感到一阵空虚寂寞。

车窗外，盛男和毛毳走来。

梁美枝期待地摇下玻璃。

盛男：我妈，我同事。

毛毳：阿姨好，我叫毛毳。

梁美枝：小伙子很精神。

上车后，梁美枝以为大家会互动寒暄，结果两人彼

此谁也没说话。

梁美枝：你俩，不说说话啊？

盛男：没什么好说的。

毛毳（打圆场）：我们这是老朋友，很熟了，越熟越不需要语言交流。

梁美枝别过头去看窗外。

梁美枝：嗯。我跟她爸就这样。不交流是因为心生讨厌，又还不到撕破脸的时候，一说就吵，索性就不交流了。

盛男回头看梁美枝，却只能看到她的背影。

52. 昏，外，云山镇景区

出租车在景区门口停下，薄雾中的山石人脸，光怪陆离。盛男拖着行李和毛毳并肩前行，梁美枝有心事，磨磨蹭蹭落在后面。

盛男：我会自己付房钱的，然后买张明天的车票回去。

毛毳：别作了行吗？写自传稿酬这么高的你上哪去找第二个？时间又合适，你赚个手术费的同时我也把月子中心这条线搭好，海蓝白的生意先做起来，我也迈出成功的第一步。

盛男：你还有第二步？

毛毳：有啊。你以为我卖鸡蛋只是为了挣钱？我这是为将来做人大代表铺路！光成为企业家有钱人那能算成功吗？我还得热衷公益活动，结识人脉，会经常送鸡蛋给孤儿院、敬老院、关注弱势群体，为自己打造声势……

盛男忍不住笑出来。

毛毳：你笑什么？有什么好笑的！

盛男：比起色盲，渴望成功才是种病。

毛毳被戳中痛处，愣在原地。

盛男往前走去。

毛毳在她身后做了个要揍她的动作。

梁美枝落在后面，她手机响，是未知号码发来的一段语音。

梁美枝疑惑地接起，里面传来一段噼里啪啦清脆如铃的声音。

这是冰裂瓷开片的声音。

人脸城堡前，梁美枝露出怪嗔的笑。

53. 昏，外，轮渡码头

李平在码头等，见轮渡靠岸，他起身迎上去。李老从船上下来，走路轻飘飘，眼神是茫的。

李平：爸，怎么下山了？

李老：起心动念了。（颤抖地抓住李平的胳膊）小平啊，我想吃肉。

54. 昏，外，茶舍包间

一桌蹄髈、烧鸡，李老在大快朵颐。李平在喝茶。

李老：小平啊，我想喝酒。

李平：服务员，开瓶茅台。（对李老）喝，尽管喝。爸，人活着就是图一个痛快。你还有啥想要的，都跟我说。

李老：人生在世，食色二事。（双眼发光看女服务员）姑娘，来倒杯酒。（对李平）还有件事，得我自己办。我在这住两天。

李平：行。

55. 昏，内，云山镇景区内一宾馆

梁美枝洗过了澡，在浴室里化妆。

盛男在床上拿着手机刷火车票。

梁美枝：你呀，也别老憋在房间里，我觉得小毛很不错，对你也挺有意思的。

盛男：四毛有女朋友。

梁美枝：谁啊？

盛男：很多。

梁美枝：这女人啊，还是要有人爱。你年纪也不小了，找

个差不多的先处着。

盛男：你知道真相是什么吗？去年中国新生儿男女比是1.17比1，农村男女比例已经达到3：2，男人数量远远多于女人……

梁美枝：（不耐烦地打断）老娘就知道一个真理，那就是这世界上好男人永远比好女人少！遇到了就赶紧下手。

盛男愣了下，竟不知如何反驳。

梁美枝从卫生间出来，她已经精心打扮完毕。

梁美枝：你说你要一个人过得开心也行啊，明明你自己一个人也不开心，干吗不找个人一起相处试试呢。万一开心呢？

盛男觉得有道理。

梁美枝拿出一双高跟鞋穿。

盛男：你去哪啊？

梁美枝：约会。

盛男：跟谁？

梁美枝：管他谁呢。

盛男显得慌乱，想要制止母亲却不知如何做。

盛男：人生地不熟，万一你出点事，我怎么办？

梁美枝：你都这么大了，该怎么办怎么办！

盛男：我，我明天回北京了！

梁美枝：拜拜。

梁美枝背起小包，出门去了。

盛男一个人孤零零地坐在房间里。

56. 夜，内，云山镇景区内一宾馆

盛男一个人在吃饭。

57. 夜，内，云山镇景区内一宾馆电梯

盛男等电梯。

电梯打开，毛毳也在。

盛男进电梯。

电梯里还有两个小姑娘，其中一个染着白头发（发色明显就行），抬着一个裸体的服装模特；另外一个穿着前台的制服，模样相当漂亮。

58. 夜，内，云山镇景区内一宾馆电梯

毛毳：想好了吗？

盛男回头看毛毳，然后多看了两眼漂亮前台。

毛毳：不用急着走，明天再想一天给我回复。把你当朋友这种好活才介绍给你，你不写，多少人抢着写呢。

前台姑娘在照镜子补妆。

前台姑娘：哎呀，掉了一根睫毛，（对朋友）你帮我拿着包包，我要许个愿——（双手合十）我希望能成为

富二代。

盛男和毛毳哑然。

前台姑娘吹掉睫毛，电梯开门，四人走出。

59. 夜，内，云山镇景区内一宾馆楼下

盛男和毛毳站在对面路边看着前台姑娘和朋友告别，盛男脸上带着不明的笑意。

毛毳：你一定觉得那姑娘很傻吧？

盛男不明白地看一眼毛毳。

毛毳：你也觉得李总很傻？

盛男收起脸上的笑容，没说话。

毛毳：估计你也觉得我很傻，今天下午你也是这么笑我的。（严肃地看盛男）渴望有钱，渴望成功，这没什么错。你从小没穷过，你只知道有钱不一定幸福，可你从来不知道，这世界上绝大多数的不幸，都是没有钱造成的。

对面漂亮姑娘接过朋友的一件衣服包裹，看上去是西装，白发朋友准备告别离开。

盛男看着对面，心事涌上。

盛男：为了报复我爸，我妈去外遇了。

毛毳一愣。

盛男：我爸和我高中同学出轨十年了。（看毛毳）是，我

很确定有钱并不会很幸福，并且，我爸的生意不会好起来的，破产是迟早的事，所以我正在为治疗费奔波。所以，四毛……我当然也知道，没钱造成的不幸。

毛毳动容，靠近盛男想安慰她。

盛男：我笑，是因为我突然明白我爸当年为什么会看上我妈。

毛毳：为什么？

盛男：年轻漂亮。最重要的是，（讥笑）还够傻。

毛毳劝慰的话到嘴边，又给气回去了。

盛男仰头指向正要回宾馆的漂亮姑娘，毫不掩饰自己的不屑。

盛男：去吧。

毛毳：嗯，那你就孤独终老吧！

毛毳愤愤离开。

毛毳走到帮漂亮姑娘跟前笑着搭讪，帮她拿衣物，两人进入宾馆。

盛男一个人，倔强而孤独地站着。

60.（闪回）清晨，北京一医院一就诊室内

医生：家属来了吗？

盛男：没有家属，就我自己。

医生：父母亲戚，丈夫，男朋友也行。

盛男：就我自己。

医生抬头看一眼盛男，盛男故作坦然地迎上医生的目光。

61.（闪回）清晨，北京—医院—CT等候区

CT等候区的病人，脸上都写满了恐惧和绝望。

盛男坐在其中，她受不了，起身推门出去。

62. 夜，内，云山镇—小卖部

盛男推门进来，买了一包烟。

63.（闪回）清晨，北京—医院—花园 / 天台 / 走廊（可根据情况选择）

盛男拆烟，抬头看见扶着栏在颤抖的病人。

病人是个年纪很大的老头，他正无助而尴尬地看着盛男。

盛男视线下移，发现他裤子上一片湿黄，他控制不住地尿了。

盛男又惊讶又恐惧，她呆在原地。

护士走过来，禁止她抽烟，然后发现老人，走过去。

盛男落荒而逃。

64. 夜，内，云山镇景区内一宾馆盛男房间

房间是黑暗的。

盛男走进来坐在床边，她手抖着，点烟。

火光照亮她眉眼的那一刻，隐约看见她眼中有泪。

隔壁毛毳房间传来男女嬉笑的声音。

盛男吸着烟静静听着。

切至

隔壁房间的声音已经变成做爱的声音。

盛男躺在床上，脸被手机光照着。

手机页面，“陌陌”和“探探”之类的约炮APP正在下载中。

等待中的盛男想到什么，她打开刘光明的头像。

盛男：在干吗？

盛男吸着烟，等待着，信息回复声响，盛男一看，立马起床灭烟，冲进浴室。

65. 夜，内，云山镇一书店外

路边的新华书店，刘光明在门口等着。

盛男从公车上下来，她洗了头，化了妆，寡淡的脸上有了些许生机。

66. 夜，内，云山镇一书店内

书店大而空旷，基本没人，售货员在打瞌睡。

盛男压抑住自己内心的欲望，故作矜持，她试着用手去触碰刘光明。

刘光明抬手去拿了一本书。

盛男赶紧把手抄进口袋。

刘光明：（读腰封）生活总是让我们遍体鳞伤，但是有人可以在受伤处更加坚强。

盛男：海明威，我偶像。

刘光明：粉得好，粉得对。

盛男笑。

刘光明扫视书店。

刘光明：都没有人买书。这个县从来就没有文化。

盛男：现在都在网上买嘛。

刘光明：不，是这个镇子，这里从来没有历史。（煞有其事地）但是跟过去比起来，更可怕的是未来。

盛男：这话说得……

盛男停一下，刘光明注视她。

盛男：……很有水准。

刘光明自信地笑了。

67. 夜，内，云山镇一街道

县城的酒吧，土洋结合，奇怪的大叔和大妈在酒吧里晃荡。

刘光明和盛男两人微醺，中间堆着一摞书。

刘光明：你为什么读书？

盛男：啊？

刘光明：你比如我，我读书是为了文凭，知识散发出的伟大力量最直接表现就是文凭等级，我是为此读书的。那你呢？你又不缺文凭。

盛男认真考虑这个问题。

盛男：恐惧。……对未知世界揣摩不定，不知道怎么做才是对的，所以我很想知道那些过去的人，那些伟大的人，他们都是怎么看待这一生的，看待生活本身的。

刘光明：恐惧什么？

盛男：很多啊，比如害怕这一生活得很努力却还是没有意义，比如恐惧没有人爱，比如……恐惧死亡。

刘光明：没有什么好恐惧的。因为人生根本没有意义。

盛男愣了。

盛男：你怕死吗？

刘光明：我不怕。你如果怕，不妨试着相信灵魂永恒。

盛男：你相信？

刘光明：肉体可以生死，灵魂不会，灵魂的存在像时间一样，不可见，不可知，不可感，不可度量，但是它却时时刻刻地存在。

盛男：你怎么确定它存在？

刘光明：你相信时间这样东西的存在吗？

盛男：当然。

刘光明：那你为什么不相信灵魂存在？

盛男哑然。

68. 日，内，云山镇—马路1

刘光明脸特别红，抱着一摞书，侃侃而谈。

盛男听着充满疑惑。

刘光明：这不是唯心主义，也不是存在主义，我讲的是世界的本质。你去买一件衣服，你以为它是红色其实它根本不是红色。

盛男：那是什么颜色？

刘光明：没有颜色。你把电视机屏幕里的红色放大放大再放大，它就是一个颗粒，颗粒再放大，什么也不是。

盛男：我们说的不是衣服吗？

刘光明：没有衣服，没有电视。什么都没有。

盛男听着，眉毛都皱成一团了。

刘光明做一个手势，去路边，哇的一声吐了。

69. 日，内，云山镇一茶馆里

盛男趴在桌子上睡着了。

刘光明已经酒醒，在滔滔不绝。他一边说着，一边努力把盛男推醒。

刘光明： 你能找到一抽屉的时间吗？（推盛男）你能找到一公里的时间吗？（推盛男）一厘米，一屋子。世间万物都可以度量，唯时间不可，因为时间非物。（推盛男）哎，你听我说。

盛男终于被他折腾醒，睁眼听。

刘光明： 时间和任何物质都不一样，和原子中子也不一样，它不可以被承载。我们对时间的一切概念，比如辽阔、短促、浩瀚、扭曲都是以空间的思维进行的，而时间从本质上是空。灵魂的存在与时间是同一性质，不可见，不可知，不可度量，它像时间一样无形，但是它永恒存在，永不死亡。你承认时间存在，就该承认灵魂存在。

盛男不耐烦地伸出手腕上的表。

盛男： 就算是你说的这样，但是我们有钟表啊，我们发明了钟表，以此来表示时间的存在，或者说，“假设”了时间。

刘光明攥住盛男的表和手腕。

盛男看着他的手，突然记起自己出来的目的。

刘光明：表是不存在的啊，你还不懂吗？

盛男看着刘光明，刘光明在期待她的反应。

盛男：上床吗？

刘光明愣住了，松开盛男的表和手腕。

刘光明：……哦。

盛男：我得了乳腺癌，二期。治疗结束后，五年内的存活率是85%，这个比率算是乐观的。但是，凡是癌症都有转移的可能性，任何手术也都有并发症的可能性。术后一切都要观望，包括若是生育哺乳，也要看身体状况决定。化疗结束五年之内我是不能怀孕的。

刘光明愣住了，隔壁包间里传来碟碗打碎的声音，服务员匆匆过去看，包间里传来争吵声。混乱中，盛男和刘光明彼此相视，静止一般。

盛男：我想在手术之前，在这对乳房还是我自己的情况下，做一次。

刘光明：哦，你怕死啊。

盛男：我就是想做一次。

刘光明：你想做爱，就是因为恐惧死亡啊。

盛男恼羞成怒。

盛男：谁不恐惧？！

刘光明想了想，从自己的那摞书里拿出一本，翻开其中一页。

刘光明：看这句——“当恐惧来临时，直面它，你就会发现恐惧也不过如此。”

刘光明把书放到盛男手中，握住她。

刘光明：没什么好怕的，这世界上，知识、科学、哲学可以超越一切恐惧。

盛男注视着刘光明，眼泪几乎要出来。

片刻后，她把手抽出来，指指隔壁。

盛男：我好像听见，我妈说话的声音。

盛男起身离开。

70. 日，内，云山镇茶舍一包间

梁美枝正在和服务员争论，李老在劝说，她脚下是一只打碎的瓷器。

盛男推门进来，一脸见到鬼的模样。

盛男：你们为什么在一起？！

李老（一本正经）：我们在探讨瓷器。

服务员：这是一只乾隆年间的碗，虽然没有多大艺术价值，但是贵在是个老东西。

梁美枝：一只碗八百？你这就是坑我。这标签上写着两只一千二。

服务员：这两只碗是一对，一对买的贵，你打烂一只，我们剩下一只就得便宜卖了。

盛男：（拿出钱包掏钱）可以了妈，我们走了。（向服务员）多少钱？

梁美枝：（向李老）这是真古董吗？怎么能他们说多少就多少，我得找人鉴定鉴定。

梁美枝又是拦盛男又是冲李老比画，结果另一只碗也被她扒拉到地上，打烂了。

大家盯着双双碎掉的青花碗。

李老：是真的，古董。

盛男：（塞回钱，认命地抽出卡）可以刷卡吗？

71. 日，内，云山镇茶舍一外间柜台

梁美枝提一个装着碎碗片的塑料袋跟在盛男身后，两人出来外间柜台结账，盛男看向刚才坐过的位子。

刘光明已经不见。

盛男匆匆走出茶舍去。

72. 日，外，云山镇茶舍外的路上

梁美枝提着塑料袋跟在盛男后面。

梁美枝：哪个乳房？

盛男：左边。

梁美枝：我摸摸。

梁美枝冲上前伸手摸盛男的乳房。

盛男停下，一脸无奈。

盛男：另外一边才是左边。

梁美枝换边，摸了一阵。

梁美枝：A啊？

盛男（气地）：B啊！

梁美枝：从小不听话，老趴着睡还不吃木瓜……还不告诉我！你瞒着我干什么！你跟刚认识几天的人说，不跟我说！

梁美枝说着气得打了盛男几下。

盛男：别动！

盛男甩开梁美枝。

梁美枝娇嗔地又打了盛男几下。

盛男生气了。

盛男：你有毛病啊！？

梁美枝：就打你，欠打！看你能的，你生病是我的错吗？吼什么！

梁美枝又推搡了几下。

盛男一个不耐烦，推倒了她。

两人都愣了下。

盛男尽量控制激动的情绪，让自己平静。

盛男：我生病之后经常做一个梦，梦见小时候全家第一次坐飞机，都很高兴。但是我吐了，没坐过飞机嘛，吐了一身，隔壁坐着的嫌弃我，你们也嫌弃我，说我丢人……我不停地问自己，那时候你们难道不应该先关心我吗？为什么要说我不对？那是我能控制的吗，我身体不好你们不关心我，反而怪我……为什么不告诉你？因为我怕这是我的错，我想做正确的事，我怕你们怪我。不是你的错，不是任何人的错，是我自己……

盛男哭了。

盛男：我就是太怕做错了，太怕会让你们失望。我为什么要做对的事情？努力学习努力工作努力不让人失望有什么用！白活了！

盛男低头脱鞋，把耐克球鞋扔向远处。

盛男：去他妈的对号！

梁美枝爬起来去捡鞋。

梁美枝：扔鞋干啥，你缺心眼啊？不扎脚啊？

盛男已经走远了，梁美枝看着盛男的身影，想要鼓励她。

梁美枝：二期没有什么大不了的，你姨姥也是这个病，起码还能再活个十来年！

盛男：（远远地喊）真是让人充满希望！

盛男疾行在路上，忍受扎脚的疼，边追边拨打刘光明的语音，没人接听。

73. 日，外，云山镇街道一小商店

店外的地摊前，盛男买了双拖鞋。

切至

盛男穿着拖鞋走在街上，又一次拨打刘光明语音。

手机页面/声音，对方已经删除她好友。

盛男停下脚步，她站在原地，不知如何是好。

74. 日，外，云山镇街道闹区一公车站

盛男愣愣地等公车。

她身后一个男性在插队。

盛男：哎，不要插队。

男人假装没听见。

盛男：说你呢，不要插队。

男人：又没插你前面，关你屁事？

盛男：你插我后面了也是插队啊。

男人（低声威胁）：我插你后面你爽吗？嗯？我插得你爽吗？

一阵羞辱袭来，盛男张开口想要说什么，却不知道如何反驳。

男人居高临下地威胁盛男。

盛男突然伸手抽了男人一耳光。

男人一愣，然后狠狠地反抽了盛男一耳光。

盛男看看周围的人，周围的人也看着她。

盛男低头，离开了。

75. 日，内，云山镇宾馆—盛男房间

盛男一个人呆坐着。

76. 日，内，云山镇宾馆—毛毳房间

盛男在努力脱衣服，毛毳制止她。

盛男：我就想在我手术前做一次，你和我做一次吧，现在乳房还是完全是我自己的，你摸一下，你摸啊……

毛毳：这是随便找个人就行的吗！

盛男：反正你和任何女人都能上床！怎么，你嫌我长得不好看？我把脸挡起来，（把毛衣撸到头上）这样，你看我们这样做。

毛毳生气地一把拽掉盛男的毛衣，压住怒火，劝慰盛男。

毛毳：你这是侮辱我，你以为就凭我，我要想上你，那不是分分钟的事？

盛男：你分分钟啊？

毛毳：……（恼羞成怒）我不是说那个分分钟，我是说……

你看，你不觉得如果我们是恋人，就太浪费了吗？

盛男不明白。

毛毳：很少有恋人最后能成为朋友的，感情一结束，关系也就结束了，甚至还反目成仇。朋友就不一样，朋友可以是一辈子的。我把你当真朋友，也许将来我们会是商业上的合作伙伴，你负责实干，我负责外事……

盛男掏出钱包，拿出一沓钱。

盛男：我就这么多，不够回头我再取。

毛毳话说一半，噎在嘴里，再也说不下去。

盛男把毛毳的手放在自己的胸上，毛毳握着她的胸，安静片刻，然后一推，盛男往后退了几步，坐到了地上。

毛毳：滚。

77. 夜，内，云山镇宾馆—盛男房间

盛男一个人呆坐着。

隔壁毛毳屋里传来做爱声。

门口有人影动，几张卡片塞进来。

盛男远远看着，然后下床，开门捡起来翻看。

许多女性头像卡片当中，夹杂着一张男性半身像。

盛男盯着看了一会儿拿起电话。

盛男：喂，你好，是性感裸男吗？……我是在宾馆门口的卡片上找到你电话的……我不做你生意，我就是想告诉你们，你们卡片上有个字写错了。

78. 夜，云山镇宾馆—毛毳房间

盛男的说话声传来，黑暗中，毛毳忍不住笑了。

敲门声响，毛毳去开门。

外面站着盛男。

盛男：约一下李总吧，我给他道个歉。

盛男显得很平静，她看了一眼床上躺着前台小妹，转身走了。

毛毳欲言又止。

79. 夜，内，云山镇宾馆—盛男房间

盛男一个人呆坐着。

80. 夜，外，云山镇—街道

盛男走过来，看向街道对面的一家名品折扣店。

81. 夜，外，云山镇—名品店

店主是前台姑娘的朋友，染着白头发，门铃响，她抬眼看见盛男，过来招呼。

盛男显然记得她，但是她并不认识盛男。盛男转了一圈，指着一件西装。

盛男：这件还有别的颜色吗？

店主：您想要什么颜色？

82. 夜，内，云山镇宾馆—前台

前台放着漂亮前台的名牌，人显然不在。

盛男提着西装走过来，在抽屉附近翻看，拿了一张保洁专用的房卡。

83. 夜，云山镇宾馆—毛毳房间

毛毳和前台熟睡，盛男悄悄开门进来。她打开衣橱，找出毛毳的西装，将自己新买的换进去。

84. 夜，内，云山镇宾馆—盛男房间

盛男一个人呆坐着。

85. 清晨，内，云山镇宾馆—盛男房间

盛男睡着，突然被榨汁声吓醒。坐起来，看见梁美枝在里外忙碌。

（音乐起）

梁美枝：我榨了生土豆汁儿，这是秘方。你都喝了。

梁美枝塞一杯土豆汁儿给盛男，盛男半睡半醒地喝了一口，差点吐了。

梁美枝：怎么样？

盛男：恶心死了！

盛男扔下土豆汁去洗手间。

梁美枝：李老给的秘方，坚持喝三个月，癌细胞就都不见了。

盛男：你自己尝尝多难喝！

梁美枝：你也知道苦不好喝了，平时嫌你说话臭，你倒是老说（模仿盛男）“实话哪有好听的，说实话给你们听自己不听，还嫌难听，良药才苦口”——你自己也知道。

在梁美枝絮叨中，盛男洗脸到一半又一阵风似的回来，把生土豆汁一饮而尽，苦得她脸部极度扭曲地走了。

梁美枝感到很满足。

梁美枝：李老还介绍了一个专家博士专门针对癌症的，咱吃了饭就去看看。

86. 日，外，云山镇街道门诊外

盛男出来，梁美枝手里拿着一本小册子和李老跟在后面。

盛男：20片药5万块钱，你有钱烧的吗？

梁美枝：花再多钱能治好就行。

盛男：骗的就是你这样人的钱。书上说了，这种事儿是不存在的。

梁美枝：哪骗了？咱们又没交钱，就是聊聊，李老说好多人就是吃这个药全治好了。对不对？

盛男：我书获过普利策文学奖，李老获过吗？

李老不高兴地瞪她。

李老：人家这个大夫也是博士，你看，得过这么多奖呢？

盛男：什么博士，我还博士呢！他这么多奖你听说过吗？每个癌症的解决方法都是不一样的，他倒好，不开刀不化疗一样药吃三个疗程治全身癌细胞？这要是真的他早就获诺贝尔奖了好吗！

87. 日，外，云山镇茶舍一厨房

葱爆海参下锅，油烟四起。

梁美枝不耐烦地在炒菜。

李老在她旁边吃生黄瓜。

身后盛男走来走去，念书上的话读给他们听。

盛男："事实却是：过去的四十年里癌症病患的存活率并没有显著地增加，即使医学界引进了更进步的放疗、化疗和手术。只有血癌是令人欣慰的例外，霍金氏病（Hodgkin's）与白血病采用放疗能收到很好的效果……

梁美枝（嘟囔）：都是老人家的心意，你就不能体谅体谅别人。

李老默默点头。

盛男只顾念书。

盛男：……剩余的癌症中百分之二的病患存活率增加是因为发现得早，其他的癌症存活率几乎丝毫没有提升，乳癌的存活率比以前更低……"

梁美枝：好吧好吧，随你便吧，把玉米给我拿过来。

盛男：你没有认真听我讲？你别做出一副你不跟我吵，你让着我的模样，我们把道理讲清楚。

梁美枝：呵呵。

（音乐停）

88. 日，外，云山镇茶舍一包间

桌上是吃过的海参、玉米。

梁美枝在收拾碗筷。

盛男在看手机，手机停在刘光明删除她好友的界面。

对面李老打了个饱嗝，深吸一口气。

李老：哈！哈！哈！

盛男回头看李老。

盛男："好风凭借力，送我上青云"是哪里的诗？

李老：哦，那是一首词吧，《红楼梦》里的。

盛男看云，对面山上一如既往云雾缭绕。

李老：说有一天大观园里的男女聚会作词，词的主题是"柳絮"，大家都在写柳絮如何的轻，转瞬即逝，像是人生一样，在茫茫尘世间都是很无力而微小的。只有薛宝钗赞赏柳絮，她说"好风凭借力，送我上青云"。因为轻，所以可以借力使力，活出人生的新境界。

盛男：哦。

李老：丫头，你很喜欢掉书袋啊。

盛男没说话。

李老：可是，掉书袋是没法解决问题的。

盛男看向李老。

李老：世界上有一个问题是科学和哲学都无法解决的，就是对死亡的恐惧。

盛男：那你解决了吗？

李老：我不一样，我有信仰。

盛男若有所思。

李老伸手拿来笔墨和空白的扇面，颤抖着写下"好风"两个字，然后朝盛男扇了一下。

盛男回头接过扇子。

李老：送你了。

盛男：写得……真难看啊。

李老：老子右手中风了！写出来就不错了！

盛男：那你好歹落个款嘛，日后我转手好要的上价啊。

李老：万一我走在你前面……

盛男：你一定走在我前面！我起码还能活十来年呢。

梁美枝：这有什么好攀比的！

三人相视一眼，露出笑意，盛男伸手去帮梁美枝，被她拍掉。

梁美枝：别添乱。

梁美枝擦过桌子，端着碗筷走了，盛男望着她的背影，有些许感动。

李老：我那自传，你一定要给我一个好结局啊。人这一辈子混混沌沌，摸爬滚打，为的都是最后有个好结局。

盛男：那你好歹落个款嘛，日后我转手好要的上价啊。

李老：万一我走的早，小平要是……你能不能答应我，将来不论发生什么都把这本书写完？

盛男看李老。

李老：（悠悠叹口气）众所周知的，我儿子是个傻逼啊。

盛男呆愣一下。

盛男：哇哦。

89. 日，内，云山镇一车内

盛男签好字，把合同给毛毳。

毛毳收好。他穿着一件粉红色的西装，浑然不知。

前面司机不停地用怪异的眼光打量毛毳。

李平正在打电话。

李平：对对对，我们马上到，你们就在门口等着吧。（挂了电话，冲后面）我让我女儿女婿也过来，你们充分认识认识，好的方面就往书上写写，不好的，就算了……哎呀，估计没啥好的方面，我这个女婿啊，可是个傻逼啊。

盛男：哇哦。

毛毳踹盛男。

李平（对毛毳）：没办法，我女儿喜欢，上高中的时候就喜欢，想跟他在一起。结果小刘说不行，没考上大学怎么能结婚呢？一考就是三年，年年落榜，最后上了个大专。大专毕业的时候，我女儿说还是要嫁给他。我媳妇去得早，我就这么一个女儿。我就去找了小刘一趟，我就说，小刘啊，你跟我女儿结婚我给你找个单位，月薪5000，这单位呢，你想上班你就上，上不上班薪水照给。他就答应了，然后他们就结婚，我给他们买了房，这小子没上几年班就不干了。说大家都去深圳下海，他也要去。去呗，他就去了，三月后回来了，说要创业。我说你创什么业跟我说说，我有钱啊，给你投资。小刘说，他要去深圳开网吧。我说去什么深圳，在家门口学校开一个呗。他想想，也行。我就在学校门口给他开了家网吧。这网吧啊，简直就是给他开的，楼上小屋守着台机器天天自己打游戏。打了两年游戏，又够了，开始研究摄影。最近又买了两台相机，一台胶卷一台数码，开始捣鼓。我有时候就逗他，说，小刘啊，你挂两台相机就能拍得格外好吗？啊？

李平和毛毳哈哈大笑，盛男越听心越寒。

李平：谁年轻都折腾，老子不也是靠折腾才成现在这样吗？关键啊，他就是傻逼。哎呀，反正我女儿也不靠他养，折腾吧，老子有钱，让你折腾。

两人哈哈大笑，车子开进别墅，在大门口停下。

李平：不说了，不说了，当外人我都给他面子。

众人下车。

门口站着一个三十多岁的女人牵着一个七八岁的男孩，以及刘光明。

盛男看着刘光明，都要气哭了。

90. 日，内，云山镇—李宅—餐厅

酒酣饭饱。

李平和毛毳被几个花枝招展的女人围在中间。

刘妻和司机在唱K。

刘光明一直低头喝酒。

刘光明儿子把矿泉水的塑料纸套在自己的手腕上，宛若超级英雄的护臂。他举着手指对着盛男一通哔哔哔哔哔哔。

盛男冷眼相对。

李平：小刘，你一个大男人，老自己喝是什么事？举个杯，敬敬酒，敬这位……这位也不说话的，（指盛男）这个母的……

盛男咬牙忍住。

毛毳（圆场）：小盛。

李平：对对对，哎呀，我老记不住名字，（向刘光明）你爷爷指定的自传写手，日报的首席记者，博士生，别看人家是个母的，还挺厉害，你学习学习，交流交流。

李平坐回去和毛毳讨论月子中心的生意。

一直沉默的刘光明突然开口了。

刘光明：你不是硕士吗？

盛男：博士还没毕业。

刘光明（沉默一下）：一定很难考吧？

盛男：不难。如今的学位都不值钱。不过，（盯着刘光明）

人要是缺德，就考不上。

刘妻：就是啊，学位都不值钱，以前我爸还非要送我出国去镀金，后来一打听，什么哈佛耶鲁早稻田，那都是民办的，民办大学谁还要上啊，就这么着吧。小刘，别冷场，给人家表演那个拿手节目。

盛男：什么节目？

刘妻：背圆周率！他死记硬背贼厉害。上初中的时候他能把圆周率背到一百位，还在我们学校大会上表演，县电视台还来采访，说他是神童，一定能上清华北大。后来就只考上专科，到现在，晚上人家睡不着属羊，他就背圆周率。你背得再熟也不是本科啊，哈哈。

刘妻哈哈笑着去和毛毳笑闹。

刘光明：你是不是觉得，你是应试教育成功的产物，我是应试教育失败的产物。事实是，我们是一个硬币的两面。

盛男笑笑。

盛男：背啊。

刘光明注视着盛男背圆周率。

盛男也看着他，静静听着。

毛毳偶尔看盛男。

刘光明背完，盛男没有说话，他默默干了面前的酒，辣得面目扭曲。

盛男：再问一遍，怕死吗？

刘光明没说话。

91. 昏，内，云山镇李宅

盛男出来餐厅找东西。

玄关处在楼梯拐角处，众人的鞋脱换在这里，鞋柜上方端正地摆了一张刘光明的照片。

盛男觉得奇怪，扫视四周，看到火警警铃。

盛男按了火警警铃。

92.（闪回）日，内，医院诊室

医生在给那位有夫妇陪伴的老人治病。

盛男冲进诊室。

盛男：（对医生）如果，我不治了呢？

93. 昏，外，云山镇李宅外

火警警铃大响，人们纷纷涌出。

盛男已经在楼下站定，她静静地观看。

刘光明就夹在人群中逃窜了出来，他看见盛男，朝她走来。

盛男以为他来找自己，接着发现他的目光在自己身边的小孩——刘光明的儿子。

刘的儿子正对着盛男一通哗哗哗哗哗哗。

刘光明儿子：你害怕了吧！我要杀了你！投降吧！

盛男（对刘光明）：如果，你没有结婚，会怎么选？

刘光明：我没资格选。

刘光明要抱儿子离开。

儿子伸手给了刘光明一耳光。

刘光明儿子：走开，烦死了！

盛男愣在原地。

李平和刘妻跑过来抱起外孙，百哄千宠，抱他离开。

有人出来，说这是误警。

刘光明随着人群回别墅。

盛男看着刘光明的身影，她再也忍受不了，离开。

94. 夜，内，云山镇李宅—餐厅

保安站在电视中调出现盛男按火警的监视器画面。

李平回头看毛毳。毛毳连忙大笑几声，走向李平，企图化解尴尬。

毛毳：不影响不影响，小盛是小盛，我是我，不影响我们海蓝白的合作。李总我手上这样的人多了，我再介绍几个写手给您，价格好说……

角落里，刘光明静静看着。

95. 夜，外，云山镇广场

梁美枝和大妈们在翩翩起舞，长椅上李老在欣赏。他旁边还有个老头。

李老：很美，对不对？

老头：嗯。

李老沉浸在一派歌舞升平，春色满园的气氛中，乐得合不拢嘴。

96. 夜，外，云山镇一桥上

盛男哭着走在桥上，电话响起。

李老：我那自传，你想到结尾怎么写了吗？

盛男张嘴，没说出话。

李老：我觉得你可以这么写。

97. 夜，内，云山镇一李宅餐厅

毛毳和李平被一群女人围在中间，两人勾肩搭背喝酒。

其中一个女孩A缠着毛毳。

李平：除了自传，你还得找人给我再写个东西。

毛毳：什么东西？

李平：我那个旅游区啊，没有历史，没有人来。老蒋那个破山洞丑了吧唧的，就是王阳明待过，所以游客特别多，大家排队去看。你找人给我编个故事，就说，乾隆皇帝带着小燕子来过，下江南的时候……

毛毳：不行吧？

李平：咋不行？查得出来吗？

毛毳：小燕子是假的。

李平：哦，对，她是假的。那你就写紫薇吧！乾隆带紫薇来过……

毛毳微笑听着。

98. 夜，内，云山镇李宅—洗手间

毛毳抱着马桶一阵呕吐，双眼通红。

99. 夜，内，云山镇李宅—门厅

毛毳笑嘻嘻、醉醺醺地搂着刚才的女孩A出来。

李平送他到门口，毛毳在鞋柜前换鞋。

毛毳：怎么会在这放张照片呢，怪怪的。

李平：我女婿放的，以为别人不知道他那点小心思。

毛毳不明白。

李平上前把照片摆正，低头换下拖鞋。

李平：这样每次我回家换鞋时，感觉像是对着他的照片鞠了一躬。这是一天里，我女婿唯一能获得我尊重的时刻。

毛毳：那你还鞠躬？

李平：鞠啊，鞠。

李平说得平淡。

毛毳觉得李平并没有看上去那么蠢。

女孩A：毛总，我有个问题一直想问您。

毛毳：你问。

女孩A：您为什么会穿粉红色的西装呢？后面还写那些字，我还没见过男的穿粉红色西装呢。

李平：哎，你太土了，这是时尚，电视里男明星黄色、粉红色，大红色都穿……我也有件红西装……就是没有字。

毛毳搂着女孩A的手松开，脸上微笑显得僵硬。

毛毳：你再说一遍，我的西装是什么颜色？

100. 夜，内，云山镇宾馆外

盛男回来，宾馆门口司机小黄正开着李平的车离开。

101. 夜，内，云山镇宾馆一楼道

盛男房间门口，毛毳醉醺醺的，提着那件粉红色的西装在等着。

102. 夜，内，云山镇宾馆一楼道盛男房间

盛男开了房间门，毛毳跟在后面进来，盛男去衣柜里把他原来的灰色西装还给他。

毛毳：贱人！

盛男没说话。

毛毳：幼稚！没品！没义气！王八蛋！

盛男：对不起。

毛毳：我这么爱钱，你什么时候见我帮别人挣钱过？你凭什么觉得你可以对我呼来喝去，还欺负我？

盛男（不耐烦）：我什么时候欺负你了？

毛毳：现在！

盛男：对不起。

毛毳：补偿我。

盛男：我没有钱。

毛毳：我们做吧？

盛男：啊？

毛毳：我不喜欢傻女人，我是喜欢……贱女人。

盛男：滚开！

盛男推毛毳，被他攥住手。

毛毳眼里流露出情欲。

毛毳：你这么贱，简直有些性感。

毛毳开始脱衣服。

盛男跑，毛毳去捉她。

盛男力气很大，毛毳并不能很容易得逞，两人相扑一样僵持着。

毛毳：你不是想让我上你吗？啊，来，来，我上你。

盛男：我现在不愿意了。

毛毳：……你装什么？那天还求着我呢。

盛男：四毛，你这是强奸，你要是敢，我把你弄进派出所！

毛毳：太不公平了，你想上我不是强奸，我想上你就是了？

盛男：我征求你同意啊，你不同意就没成！

毛毳：去你的！那是你力气没我大！你要是力气有我大你早就按倒我了！还至于给我弄件粉红色衣裳报复我吗？

两人搏斗一会儿，盛男最终还是被毛毳压制在床上。

毛毳：你以为！就你这半死不活的德行，还有别的选择吗？多少女人想跟老子做呢，你赚大了！

听到这话，盛男停下挣扎，她直愣愣地看着毛毳一会儿。

毛毳冲她脸上打了个酒嗝。

盛男眼睛湿润。

盛男：那么，麻烦你，从后面来。

103. 夜，内，云山镇李宅—阁楼

房间里挂着许多云的照片，刘光明对着镜子。

刘光明：你就是个应试教育的失败者。

他看着镜中人，严肃的。

刘光明：你就是个应试教育的失败者。

镜中的刘光明哭了。

104. 夜，内，云山镇李宅—阁楼

刘光明走到窗前，把窗打开。

105. 夜，内，云山镇宾馆—盛男房间

毛毳在上面起伏，翻过趴着的盛男抱住她。

盛男看见浴室的玻璃面映出自己的样子。

玻璃倒影里的盛男慢慢侧身，托腮怜悯地注视床上的盛男。

毛毳达到高潮。

他身下的盛男没有丝毫快感，只是冷漠地看着玻璃。

106. 夜，外，峡谷

被卡住的棺材动了一下，脱离了岩石的阻绊。

高耸的峡谷中，棺材顺流而下。

107. 夜，外，江面渡口

月光下，李老站在岸边。

棺材在他前面停下。

李老爬进棺材，躺下。

李老（OS）：结尾你这样写——爱欲是生死的起点和终点，我从哪来，还从哪走。

108. 夜，内，云山镇宾馆一盛男房间

毛毳在盛男身上休息，感到盛男肩膀一抽一抽。

毛毳以为盛男哭了，打算起身安慰她。抬起头来却发现盛男是在自慰。

盛男挑衅地注视着毛毳。

盛男看见她的身体自己在下沉，沉入床中，沉入水流，坠下山崖，跳下高楼……

109. 夜，内，云山镇李宅一阁楼

主观视角，跳下阁楼。

110. 夜，外，江面渡口

月光下，棺材入水，顺流远去，进入山石构成的山影河面。

山形像是一个张开双腿的女体阴部。

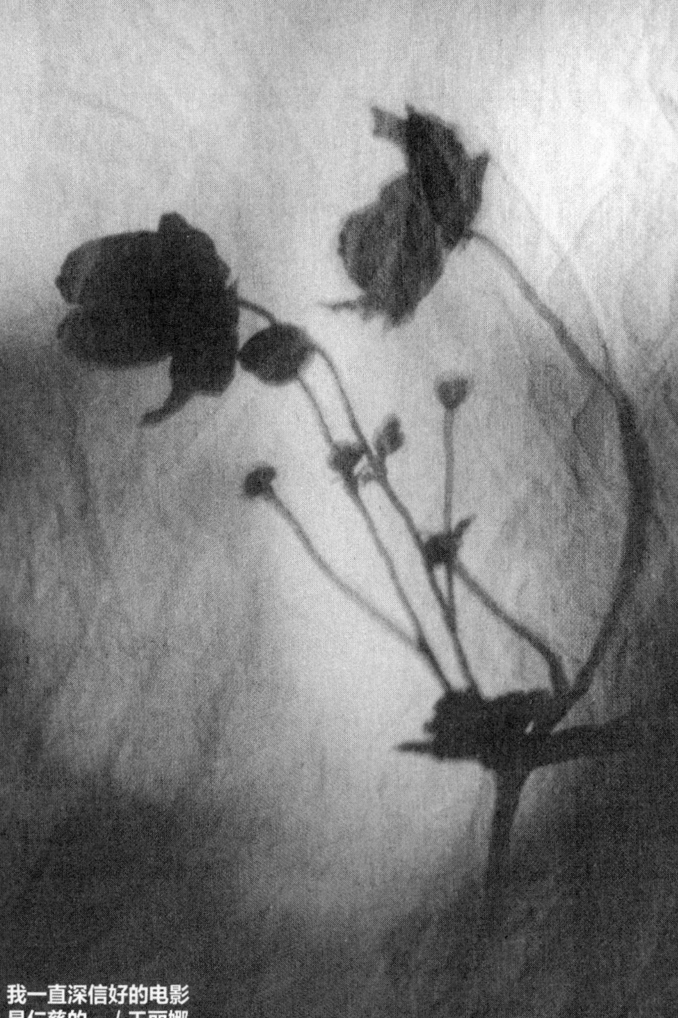

我一直深信好的电影
是仁慈的。/ 王丽娜

111. 夜，内，云山镇宾馆—盛男房间

盛男在毛毳眼下达到高潮。

毛毳感到极大侮辱。

112. 夜，外，云山镇李宅

透过窗子看见室内李平、女儿、外孙三人其乐融融。

一个人影从阁楼上一跃而下。

室内三人听到声音回头看窗外。

113. 夜，内，宾馆

电话响，显示老公。

梁美枝在床上醒来，她寻找手机，按掉电话，怕吵到身边睡的李老。

然后她觉得不对劲，用手探了李老的呼吸。

李老面带微笑，身体已经僵硬。

（音乐停）

114. 日，内，云山镇宾馆—盛男房间

阳光照在毛毳脸上，他带着微笑，沉浸在梦里。

洗手间淋雨声停，盛男头发半湿出来穿衣服，毛毳醒了。他看着盛男感到愧疚。

毛毳：我刚才，做了一个梦。

盛男没有理他。

毛毳：那个梦，是彩色的。

盛男回头看毛毳，他一脸幸福，注视着盛男。

盛男面无表情，俯身捡起那件粉红色的西装，穿上，离开。

115. 日，外，云山镇一山野（人脸城堡）中

盛男光着腿，穿着粉红色的西装，走在草甸树林里。半人高的草地里，老兵突然坐起来，盛男吓了一跳。

老兵：对不起。

盛男愣了一下。

盛男：你能再说一次吗？

老兵：到点了，我要去巡逻了。（敬礼）首长，对不起！首长再见！

老兵跑步离开。

盛男看着他的身影，感到前所未有的平静。

阳光明媚，照耀大地、草丛。

盛男闭上眼，风吹动她的头发，衣角，一双腿笔直优美，身姿柔软，有了几分女人的妩媚。

她学着李老的样子，伸出手感受周围的气场。

盛男（小声地）：哈，哈，哈。

116. 日，外，云山镇宾馆外

梁美枝的私家车停在宾馆楼下，盛父帮盛男拎行李下来。

盛父：是上了黑名单，买不了高铁票、飞机票，吃饭消费刷卡也有限制，我想算了，坐绿皮火车，不如自己开车过来。

盛男：什么时候拍卖的？

盛父：三天前。（指车）只剩下它了。

盛男：什么时候能解禁？

盛父：过两月吧。钱还完了，宣布了破产，撤销起诉，就能买票了。（从怀里拿出眼镜）检查单给我看下。

盛男拿检查单。

盛男：你近视吗？

盛父：老花。

盛男突然眼睛湿润，她注意到父亲的皱纹、汗水和斑白的鬓角。

盛父看过检查结果，收起老花镜，费劲地搬行李进后备箱，突觉得手上一轻。

盛男从后面帮他托了上去。

梁美枝和毛毳下楼。

盛父要帮梁美枝，她不让。

117. 日，外，云山镇芭茅杆地

私家车驶过。

118. 日，内，云山镇殡仪馆大厅

白色的挽联，一排排座位，最前面坐着披麻戴孝的刘妻和刘光明，刘光明的腿上打着石膏。

李平：五分钟?

主持人：对啊，就五分钟啊。

李平：（指着李老的遗照）他可活到70岁，造过反，革过命，下过乡，离过婚，进了全国美协，名誉一堆，你追悼文只讲五分钟?

主持人：哎呀，我跟您说，五分钟很长了，前市长那个也是我主持的，才三分钟。

李平：天啊，活了一辈子，你这五分钟完说完了。我包下省长级别的告别厅，你怎么也得给我把我爸一生扩到10分钟!

主持人：我们仪式还有呢，您看，毕竟您是主角。我们讲完您父亲的生平之后，我还得拿出时间介绍你上报纸的事迹。然后你上台，在这里，你把报纸烧给老先生。镇领导上来，代表你父亲来授予你锦旗。

主持人把一面写着“孝子”的锦旗给了李平。

李平拿着锦旗得意了，他骄傲地问主持人。

李平：我爸一辈子比我牛逼，从来没正眼瞧过我，老了只在一个问题上跟我商量过，我一同意，我爸就给我发锦旗了。你知道是为什么吗？

主持人：为什么？

李平：因为我给他解决了核心问题！

主持人：核心问题是什么问题？

李平：人生在世，食色二事。谁也不能免俗。

119. 日，外，云山镇

梁美枝看着窗外的风景，车内其他三人也各怀心事。

私家车驶过河流和小镇。

120. 黄昏，外，京郊收购二手车的工厂门口

毛毳和盛男站在大门口等着，脚边放着他们一行四人的行李，身后厂子里面停放着梁美枝的红色私家车。

毛毳看见旁边有个废品回收的，小推车上摆了些小玩意出售，他走了过去。

切至

推车上有半截的奖杯、钥匙环等别人不要的东西。

毛毳（居高临下）：这个多少钱？

废品回收：十块。

毛毳掏出二十块钱，不小心掉地上。

废品回收捡起来，从钱包里找了十块给毛毳。

毛毳正要去拿。

废品回收松手，十块钱掉地上。

毛毳嫌弃他一声，俯身去捡，废品回收看着他。

低头的过程中，毛毳意识到，自己的动作，就像给对方鞠了一躬。

毛毳起身正视了废品回收的脸，似曾相识。

切至

梁美枝拿着钱包和卡，从办公室里出来，把银行卡给盛男。

梁美枝：你爸呢？

盛男抬头，梁美枝顺着她的视线看过去，对面有一个养狗场。

盛父正抱着一只小狗回来。

盛父：是这个品种吧，我记得你原来那个。

梁美枝点点头。

一辆车在四人面前停下。

司机：是你们叫的车吗？

盛男：是。

大家搬行李上车。

梁美枝抱着狗，不小心扭了下脚。

盛父低头，看见梁美枝一直穿着半高的高跟鞋。

盛父：就跟你说别老穿高跟鞋，每天穷打扮给谁看啊。

盛父扶着梁美枝朝车走去。

梁美枝：我告诉你穿穿高跟鞋的秘诀吧？

盛父：告诉我干吗，我又不穿。

梁美枝：就是一个字，忍。

盛父看她一眼。

梁美枝：和婚姻一样。

梁美枝失声痛哭。

121. 昏外，北京四环

梁美枝依然在哽咽。

毛毳手里握着破碎的奖杯。

车子行驶在环路上，时值四月，柳絮纷飞。

盛男看着窗外，看漫天飞舞的柳絮，有的落进泥里，有的碾进车轮，也总有几片，能轻荡荡越飞越高，高过城市楼宇。

122. 日，内，医院—病房—卫生间

盛男惯性地把两只手机密封在塑胶袋里，想了想，

拿出来关机了。

切至

盛男洗澡。

切至

盛男已经换好病号服，将头发梳上去，有仪式感。

她注视着镜中的自己。

123. 日，内，医院—病房楼道

盛男躺上手术车，在里面把上衣脱下来递给梁美枝。

梁美枝：别怕啊，别怕。睡一觉就好了。

手术车推动，盛男看着父母离自己越来越远。

她平躺下来，闭上眼睛。

淡出淡入。

124. 日，内，医院—病房

窗外是钢铁水泥的高楼都市。

术后的盛男在窗前看书，她脸色苍白，身上插着倒流管。

梁美枝在给她扇风，盛父在看电视。

病友：小盛啊，你老看书，那是什么书啊？

盛男：《癌症传》，一本关于癌症的传记。

病友（感兴趣）：讲什么了，读到什么有用的了吗？讲给我听听。

盛男想了想，翻到一页开始念。

盛男：癌症并不是一种新型的病理，它几千年来与人类共存亡。随着医学进步，其他疑难杂症一一解决，人类生命延长，癌症作为众病之王的地位才开始显现。

梁美枝手里拿着一把“好风”的扇子轻轻为盛男扇着。

盛父把电视静音，开始认真听。

医院里病人和家属的众生相。

盛男：癌症不同于流感、肺结核和艾滋病，是外来病源入侵，癌症是我们自身的变异，是我们对青春、生命、永垂不朽的渴望的自我变异。如果我们不能选择避免它，那么我们可以选择如何生活，如何老去，以及在何时遇见它。

盛男合上书，病房陷入一片安静，她回头看窗外的城市，高楼耸立。

125. 日，病房窗外

窗后的盛男眼睛看着远方，病房落地窗的玻璃上映出的城市楼宇雾霾。

一阵风吹来，楼宇雾霾幻化成山林云海。

盛男衣服头发随之拂动，沐浴山风之中。

（完）

生命无法停止，创作永无止境

撰文　滕丛丛

《送我上青云》剧本的写作开始于2014年。那时我已从电影学院毕业好几年了，跟了几个剧组，打了几份工，攒了一点钱，准备开始写自己的第一部电影。正巧那一年谢飞教授成立了一个“新人成才计划”，旨在为学院的研究生提供第一部电影的启动资金。于是我就考了当年的研究生，研二的时候，我写完《青云》的第一稿。剧本很顺利申请到了那笔基金，但我却陷入了持续的不满足中，中间几度易稿，推翻重来。我不像很多导演是天才型选手，一起步就有自己非常完善的审美体系，我时常会因为生活磨砺带来的思想更新而推翻重来。等到电影拍摄完成已经是

2018年，我的研究生也延期到了第五年。虽然最终《青云》没有使用学院那笔基金，但它依然是这个剧本的一个源起，得益于学院的系统教学，和前辈们的经验，我也就《青云》的剧本写作，总结出一点自己的创作方法。如果你打算学习写剧本，希望对你有一点帮助。

一、表达欲

“年轻导演最大的问题是他没什么可说的。谈论你知道的。知道你正在谈论的。”

——大卫·林奇

表达欲是最重要的创作动力。写剧本也好，做导演也好，一个作品从无到有的诞生过程，是非常寂寞且要经受不断的自我怀疑和重建的。坚持走到终点并不容易，这个动力就来自于要表达的欲望。

即使故事的历史已经有千年，爱恨情仇都是老生常谈，故事类型也难以玩出新花样，但是我们依然有着我们这代人独特的人生困境与生命体验。对世界，你是不是有话要说？你看世界的角度是不是独特且有价值？是的话，那就可以开始创作了。

当然，还要多读书，多看电影，多汲取知识，打开眼界。觉得自己表达独特，有时候也有可能是见识少。

二、积累

即使原型是关于自己生活的故事，你也不可能照搬生活。你也需要对自己进行剖析，对往事进行回忆和整理，对自己生活之外的故事补充。何况你不可能永远写你的故事，你总会去写一个陌生的职业、陌生性格、陌生出生背景的人。

写剧本最怕“想当然”，“想当然”不是因为想象力丰富，而是因为懒惰。故事是杜撰的，但是都要基于真实生活。你最重要的是要让观众相信你是真的。一旦观众觉得假，你讲任何故事他都不会接受了。你必须要去搜集素材。写一个关于人的剧本，某种程度上它很像一次人类学的研究，对你的角色进行田野调查，真实生活的参考是必不可少的创作积累。

三、才华与方法创作仰仗灵感

古往今来，很多艺术家声称自己的灵感是上天给予的，自己不过是媒介。著名剧作家普契尼说：“这部歌剧（《蝴蝶夫人》）的音乐是直接由上帝口述给我的；我只不过是功能性地将它写在纸上，然后分享给大众。”

也许某些天才身上发生过这等好事吧。平凡如我，从来没得到过这种眷顾。那我是不是也有灵感乍现的时候？有，而且很多，但我不认为那是突然出现的。所谓灵感乍现，是基于基本功过硬的前提下，脑海中日积月累的素材经过突发事件催化的结果。

我认为人人都有创作才华，才华的高低也并非像智商那样天生既定，不可改变。一件作品的诞生，除了偶尔的灵光乍现，还需要漫长的自我训练，对前人经验的吸收，对世界广泛而敏感的观察，以及自身经历形成日益丰富的创作素材库，最后从素材中选择和舍弃，经过加工形成一件体现创作者个人思想、审美与价值观的作品。

至于如何能将“源于生活”的素材，加工成“高于生活”的艺术品，我向大家推荐《赖声川的创意学》这本书。书里，赖导演通过自己多年的创作经验，对创意过程中不可描绘的灵感迸发的瞬间进行了归纳。在这里，我不做赘述了。赖导演在书中采用的金字塔图形，也常会让我想到冰山理论。即创作者作品所展露出来的晶莹夺目的作品，是海面上的冰山。在海面之下，是不可见的大于所见十倍甚至百倍的工作为基础，这个基础足够扎实和深厚，才有浮出海面的冰山一角。

四、选择一个适合自己的创作方法，然后开始动笔

你可以像海明威一样酗酒，你也可以像村上春树一样跑步。无所谓对与错，只有是否适合自己。

对我个人而言，先天体质无法适应酒精，非常被动地

避免了酗酒。我就选择了跑步，结果前阵子半月板损伤了。我去医院看医生，医生倒是非常乐观，说都用了三十多年了，损伤也是正常的，没有什么好办法，接着跑吧，五十岁的时候再来找我，给你换个铁膝盖。

也行吧，哪个行业没点工伤。

我和我的电影远称不上成熟，以上，只是我个人这些年的一点创作心得，与大家共勉。

很怀念写《青云》剧本的那段时光，那时候还没有工伤。年轻又贫穷，懵懂又自由，对生活充满了愤怒，对未来充满了向往。

另外要感谢阿乙老师，《青云》从阿乙老师的小说中汲取了很多灵感，事后也针对使用的段落向阿乙老师购买了影视素材改编权，但是并不包括出版权。现在剧本要发表，把别人的文字放在我的名下，让我深感不安。感谢阿乙老师的大度，给《单读》授权同意，这个剧本的发表才得以落实。

生命是一场无法停止的积累，创作之旅也永无止境。

愿每一位创作者都拥有敏锐的洞察力、悲悯的胸怀和直视人生的勇气。

一九九九（短片）

导演：韩帅

编剧：韩帅

主演：刘爱雯／李昊宇／郭华丽／项洪

上映时间：2013年

片长：35分钟（完整版）／30分钟（电影节版）

人物小传

晾影，女，13岁，小学六年级毕业，正在等待暑假后开始的初中生活。家住海滨小城某军区部队干休所，父母离异，性格叛逆。

蚂蚁，男，20岁，原名马宇，幼年时候母亲得了癌症，父亲抛弃他和母亲，杳无音讯，母亲去世后他进入修车厂工作。玩世不恭，有活力，爱调侃，受女性欢迎。

姥姥，女，79岁，58岁第一次血栓，心脏一直不好，后来陆续栓过几次，又患上糖尿病和慢性白血病，身体左侧瘫痪，脑子已经有些糊涂，几乎从不说话。

妈妈，女，42岁，某银行职员，晾影姥爷去世后，继承了干休所的这栋复式小楼。为了照顾晾影姥姥而与从部队转业去了外地的丈夫离婚。

“干妈”：女，33岁，家住晾影隔壁，丈夫常常出差，她有一辆轻骑木兰，修车时认识了蚂蚁，从此两人常在家中幽会。

文学剧本

1. 日 外 小院

透过窗子，可以看到晾影妈妈清早给姥姥准备药片的身影，姥姥正看着窗外房顶上的晾影。

妈妈（走进院子抬头）："影儿！影儿！"妈妈说着抬头看二楼阳台，却发现晾影正站在储藏间的房顶上抱着兔子。"又上房！又上房！药在桌子上啊！中午给姥姥喂了！听见没有！"说着出门了。

晾影没搭理妈妈，待她走出院门边，故意学着妈妈的口气冲兔子嘟囔两句"听见没有！听见没有！"

一阵滑轮的声音传来，晾影远远看见院外胡同里的妈妈跟隔壁叔叔打招呼。叔叔的行李箱滑轮不好用，不时踹上两脚，拖拖拉拉走过来。这时隔壁家一个光着上身、拎着衬衫的小伙子突然冲出一楼阳台，想往门口走又赶紧退了回来去翻墙，在隔壁叔叔开门的瞬间，跳进了晾影家的院子。

小伙子躲在墙根底下，看到墙上划一排排身高线和测量的时间，窗子里的姥姥和他面对面对视。

姥姥（冲着楼上）："影儿！"

小伙子猛一抬头，发现楼上的晾影正看着他。

2. 日　内　客厅

电风扇被开到最大挡位，呼呼地转起来，蚂蚁对着电扇吹风，晾影坐在沙发背上歪头看着他，拽着手里的一枝竹子。

蚂蚁："哎，你刚才看见我也不叫唤啊？不怕是小偷翻墙啊？"

晾影："我见过你啊，你不就在大院前面的修车厂么？他们老喊'蚂蚁''蚂蚁'的。"

蚂蚁："啧，我叫马宇，宇宙大爆炸的宇，他们净瞎叫，叫成蚂蚁了。"嚼着泡泡糖向姥姥卧室望一眼："不过，你姥姥反应挺快哈，呵呵，你说她怎么这么老啊。"说着四仰八叉地坐在沙发上。

晾影："不知道，小时候她就这么老了，老成这样应该也没办法再老了吧。"

蚂蚁（盯着晾影打量一番）："你可以啊，敢穿这么短的裙子。"

晾影（不好意思，一直不看蚂蚁）："你怎么还不走啊？"

蚂蚁："你叫什么来着？啧，哎，你说话怎么不看人啊！你妈没跟你说过啊，跟人说话要看着别人。"说着拍拍沙发，"坐下呗！"

晾影（拽了拽裙子坐在对面的沙发上，依然不看他）："你在隔壁干吗呢？"

蚂蚁（想了片刻）："我去看我'干妈'啊。那是我'干妈'。"

晾影："那你跑什么啊？"

蚂蚁（讪笑）："因为我'干爹'不喜欢我啊。"

晾影（揪着自己手里的树枝上的叶子）："你认干妈干啥？我就没有干妈。"

蚂蚁："我家里没人啊，爹跑啦，娘死啦，需要人关心嘛！"

晾影没说话，心里琢磨着他的话是真是假。

蚂蚁："你姥爷呢？"

晾影："这儿呢。"晾影用下巴指了指墙上挂着的姥爷的遗像，相片里的他穿着老式军装。

蚂蚁："这么年轻！"蚂蚁说着凑到照片墙边去看。

晾影（也站起来，两人面对一墙的老照片）："那是他抗美援朝时候照的，前些年死了。我爸妈……他们离婚了，我爸在外地。"

蚂蚁："我就说嘛，这个房子里阴了吧唧的，一看就是没有男人的地方。"说着吹了个泡泡，"那你呢，有男朋友没啊？"说着伸手把晾影的脸掰过来，"哎！看着我说话！"

晾影（看着蚂蚁的时候愣了一下，转瞬挣脱开他的手走到窗边）："你还不走啊，我妈快回来了啊。"

蚂蚁："哈哈，没事儿，以后哥陪你玩，啊！"说罢想了一会，站起来，从兜里掏出两盒大大卷递给晾影。“喏，贿赂贿赂你，以后就给我放哨吧。”

晾影：“放啥哨？”

蚂蚁：“以后我来‘干妈’家，你要是看见我‘干爹’回来或者有什么人来，就给我喊暗号。”说着又撕了一截新的大大卷。

晾影：“什么暗号？”

蚂蚁（想了一下，刚要自己吃大大卷，又转而送到晾影嘴边）：“你就喊，‘大大卷没了’。”

晾影看着嘴边的大大卷，嘴唇微微动了一下，但没吃，转身跳到沙发上去够橱子顶上自己贴满画纸的大大泡泡糖罐。

蚂蚁（又自己吃了大大卷）：“那就这么说定了，啊！”

晾影：“谁跟你说定了。”晾影打开自己的泡泡糖，一口填到嘴里。

3. 日　外　小院

晾影踩着砖趴在墙头看着隔壁的院子，院子中间停了一辆紫色的轻骑木兰，卧室的帘子拉着，什么也看不见；侧着耳朵听也听不清什么。

晾影在墙根量量身高，用毛笔在线上标着“1999年7月”的字样，姥姥在窗子里看着她。晾影看着姥姥，把毛笔扔到一边焦躁地走来走去，一截一截吃着大大卷，直到全部吃完。

晾影（想了一想，朝着隔壁大喊）："大大卷没了！"

姥姥（惊了一下，不知所以）："影儿！"

晾影（见隔壁没动静，便又大喊）："大大卷没了！"

姥姥："影儿！"

晾影："大—大—卷—没—啦！"

姥姥："影儿！"

在两人一声声的喊叫里，蚂蚁冲了出来，慌张地翻过墙头，跳到晾影身边。

蚂蚁（低声）："谁啊？谁来了？"

晾影（顿了一会儿）："没谁，没人来。"

蚂蚁："那你乱喊什么呢！"

晾影（亮了亮手中的空盒子）："大大卷真的没了啊！"

姥姥："影儿！影儿！"

蚂蚁（气呼呼地冲着姥姥）："别喊啦！"

姥姥停止了叫声，蚂蚁拿自己手里的背心擦擦汗，拨开瓜藤走远几步，晾影赶紧从铁丝上拉下一条湿毛巾。

晾影："你在里面干什么呢？"

蚂蚁："帮我干妈修车啊。"

晾影（用毛巾擦擦他的肩膀）："车不是在院子里么？"

蚂蚁没搭理晾影，拿过毛巾自己呼啦啦擦身子，转身往瓜藤走。

晾影：“哎……你还要翻回去啊？”

蚂蚁（望了望墙头，突然笑了一下）：“算了，反正已经修完了。”说着把毛巾盖在晾影脸上，开始往门外走，见晾影没动弹，回头问了句：“你不走啊？”

晾影把毛巾扯下来往铁丝上一搭，高兴地跟出去。

姥姥（在屋里看着他们）：“影儿！”话音未落，院门被“啪”一声关上。

4. 蒙太奇

A. 日　内　修车厂

修车厂里，洗车、修车的声音很嘈杂，晾影捂着耳朵跟在蚂蚁旁边看他修车，蚂蚁从车底钻出来，抹了晾影一脸机油，被晾影一顿乱打。

B. 日　内　客厅

妈妈给晾影和姥姥照相，晾影抱着白兔子一副老大不乐意的样子离姥姥很远，妈妈示意她靠拢过来，晾影才挪几步，皱着眉头看着别处，姥姥则一脸微笑地看着镜头。妈妈举着相机拍下这一幕。

C. 日　外　旧海港

蚂蚁骑着摩托带着晾影一拐一拐地来到小海港。

D. 日　外　旧海港

蚂蚁和晾影与港边的小鸭子戏水。

E. 日　外　旧海港 / 礁石滩

逆光下，蚂蚁和晾影一前一后地走在礁石滩上。

F. 日　内　客厅

晾影、妈妈、姥姥一家人敞着门坐在矮桌前吃饭，兔子们在一边吃草，三个人没有话讲，边吃饭边无聊地看着兔子们。

G. 日　外　干休所大院

发电厂的几个大烟囱里冒着滚滚白烟，蚂蚁骑摩托车载着晾影，晾影倒坐在后座上，两人大叫着从一群正在乘凉的老人们面前穿过，老人们纷纷惊慌地回头看着他们。

5. 日　外　某马路

傍晚，蚂蚁飞快地骑着摩托车带着晾影，晾影伸手抱着蚂蚁的腰。蚂蚁伸出一只手将她的手拉到一边。

蚂蚁：“痒痒。”

晾影（迎着风）：“什么？”

蚂蚁：“我说痒痒！”

晾影不太高兴，想了一会坏笑一下，直接将手伸进蚂蚁的衬衣抱着他的腰挠他的痒，蚂蚁赶紧伸手去拦，忍不住笑起来。

途经某部队医院的门前的时候，与拎着两袋子菜的晾影妈妈擦肩而过，妈妈被车速吓得趔趄一下，扶着门边之类，惊异地回头。

妈妈（大叫一声）："晾影！"

蚂蚁闻声赶紧刹车停下，晾影怔怔地看着黑着脸的妈妈。

妈妈："滚下来！"

晾影不情愿地下车跟在妈妈屁股后头往回走。

6. 日　外　小院 / 隔壁小院

晾影在二楼阳台上看到隔壁的"干妈"穿着一件红裙子，正在和蚂蚁低声吵着什么，"干妈"将蚂蚁一个劲往门外推，蚂蚁也气极了，将一个带花坠的钥匙扔给干妈，摔门而去，晾影看了赶紧下楼要出门。

妈妈："干吗去？"

晾影（脚下急停）："倒垃圾不行么。"

妈妈："不行！倒什么垃圾！今天你就不能出门！都玩成疯子了！留在家里陪你姥姥，中午给她把药吃了！"

妈妈说着自己把垃圾拎出门，晾影还试图往门口走，妈妈一把把门带上，将院门反锁。

姥姥在床上坐着，透过窗子向外看着。

姥姥："影儿！"

晾影回头看到她就觉得很讨厌，在压水井边猛压几下，接着水喝了两口，姥姥看不见她，又叫起来。

姥姥："影儿！"

晾影听了更烦，索性坐到藤椅上玩卷尺，直勾勾地和姥姥对视。随后晾影开始向藤椅底下出溜，出溜一下，姥姥的脖子就抬高一点，晾影坏笑一下，一直出溜到姥姥抻着脖子也看不见的位置。姥姥开始叫晾影的名字，晾影躺着不答应。

不一会姥姥不叫了，阳光透过树荫照在晾影脸上，她闭上眼睡着了。

7.（梦境　升格）日　外　海滩

蚂蚁骑着车从海里冲过来，晾影化了妆，穿了件跟"干妈"一模一样的红裙子，冲蚂蚁打招呼。

晾影："看看我！看我！哎！"

蚂蚁却没有看见她似的骑车与其擦肩而过。晾影嚼着大大卷，吹起一个泡泡，泡泡越来越大，变成白色气球在蚂蚁眼前飞过，蚂蚁看着气球停下车，又顺着气球的来路回头看到晾影，冲她笑笑，喊她的名字。

"影儿！影儿！"

8.（接第6场）日　外　小院

姥姥："影儿！影儿！"

晾影在姥姥的叫声中醒来，猛地睁开眼，直起身来看着窗子，发现姥姥不见了，慌忙向屋里跑。

9. 日　内　姥姥卧室

姥姥："影儿！影儿！"

晾影跑进屋，发现姥姥歪歪地躺在床上，觉得虚惊一场。

晾影："你怎么自己躺下了啊？叫我干吗？"见姥姥没说话，又问一遍："叫我干吗？"

姥姥眼神一低，拽了拽床单。晾影顺着她的目光望去，明白她要解手，不耐烦地在床底拿出便盆来，掀起姥姥的被子，抱着姥姥的脖子用力将她翻过身去，却恍然发现垫在腰上的毯子已湿了一片，她看着姥姥，姥姥把脸别了过去。

晾影扯出湿掉的床单，拿起湿毛巾给姥姥擦腿，姥姥的腿肌肉萎缩了，晾影摸着她又细又白的腿，有些害怕，姥姥像做错事似的看着窗外，两个人都不说话。

倒完了水，晾影看到桌上的药片，在自己的衣服上擦擦湿手，把水和药端到姥姥面前，姥姥怎么也不张嘴。

10. 夜　内　姥姥卧室

晾影坐在藤椅上漫不经心地看着电视里的《还珠格格》，手里卷着尺子。姥姥的鼾声传来，晾影回头望了望她，窗外的妈妈正在压水泵前洗姥姥白天尿湿的床单。

晾影悄悄地站起来，小心翼翼地抽出卷尺，量量姥姥的小腿围。

11. 日　内　晾影卧室

晾影穿着短裤和小背心站在阳台上，看着隔壁的"干妈"穿着吊带睡衣在院子里晾着洗好的红裙子。

妈妈："过来！听见没有！"

晾影被妈妈拉进屋里量着胸围和腿围。

妈妈："啧，别动。"量完在一块布料上标记一下。

晾影："干吗用那个颜色啊，难看死了。做个红色的不行么？就是……就是那种红色……那种的……"妈妈没理她，顺手拆了她常穿的那条短裙。

晾影（想去拦）："哎！你干吗呀！"

妈妈（接着拆）："行了吧你，都小成这样了，你窜得比高粱都快，盖不住屁股了还穿！"妈妈说着拿着料子坐在缝纫机前。

晾影只能拿着妈妈的卷尺慢慢踱回阳台，院子里晾着姥姥的床单，晾影看着床单，拔一棵花盆里的四叶草放在嘴里嚼一嚼，突然回头看着妈妈。

晾影："妈，为什么我越变越大，姥姥却越变越小了呢？"

晾影的声音淹没在缝纫机的转动声里，妈妈停下动作。

妈妈："什么？"

晾影："没什么。"

12. 日　外　海边公路

解放牌大卡车的后斗棚里坐了零散几个正在吹游泳圈的家属和孩子，晾影听见一阵摩托车发动机的声音，掀开侧面的帘子看到蚂蚁骑着摩托车跟在大卡的旁边。

晾影（兴奋地挥挥手）："蚂蚁！这儿呢！蚂蚁！"

蚂蚁没有说话，抬起头向车里望望，却没有看晾影。晾影顺着他的目光看了眼坐在自己对面的"干妈"，"干妈"低头捡起一串钥匙，丰满的胸部被泳衣勾勒得更加明显，"干妈"见晾影正盯着她看，拽了一下披在身上的外套直起身子，甩了甩头发看向一边。

13. 日　外　海滩

晾影披着浴巾从海中一路跑来，哆哆嗦嗦地坐在蚂蚁身边。

晾影："你怎么不下水啊？"

蚂蚁（兴味索然）："天凉了，不想碰水。"

晾影看着自己的腿，用毛巾擦擦腿上的水。

晾影："你想摸摸吗？"

蚂蚁愣了一下，没有动。

晾影："我姥姥的腿现在都缩成一点点儿了。你说，我以后会不会也变成那样？"

蚂蚁："无所谓啊，没什么以后。"停顿了片刻，望着大海继续说："我小时候，看见我妈的X光片，你知道X光片么？她是卵巢癌……最后一个月的时候，上面全是癌点儿，缩成两个瓣儿，像个菜花一样。"蚂蚁边说着边比画一下，苦苦地笑着："我问她以后咋办？她说，没事儿，没以后了。"

晾影："……不可能，你以后别老这么说。"

蚂蚁："呵呵，跟你说了，没有以后。你不看电视么？有个姓诺的人说过，1999年就是世界末日，2000年根本就没有。"

晾影："那……那世界末日的时候什么样儿？"

蚂蚁："那谁知道，我也没见过啊！"说着深吸一口气，换了个心情，"没事儿，世界末日的时候哥陪着你。"

晾影："你说话算话啊！"

蚂蚁没有回答，将目光转向远处女更衣室旁边的“干妈”，晾影顺着他的目光望去，眼见“干妈”正与几个同行的大院家属打招呼，晾影看回蚂蚁，蚂蚁只用后脑勺对着她。晾影突然把自己的小腿搭在蚂蚁的腿上。

晾影：“什么感觉？”

蚂蚁一直盯着远处的“干妈”，“干妈”也望了蚂蚁一眼，伸手转了两圈钥匙，转身进了更衣室，蚂蚁突然一笑。

蚂蚁（拍拍晾影的小腿起身）：“挺结实的。”说着向更衣室的方向走去。

晾影：“哎？”晾影看着蚂蚁的背影，眼见他消失在活动板房式的更衣室后面，自己皱着眉头站起来，伸脚踹了踹沙子，愤懑又失落地回过头来面对着大海。

一阵脚步传来，晾影再次回头，看见蚂蚁甩着一串带花坠的钥匙跑过来，脸上的表情好似换了一个人。

蚂蚁（得意地笑着）：“走吧！你们院儿里的车要走了。”

晾影（盯着他手指上不断转着的钥匙）：“我还没换衣服呢！”

蚂蚁：“赶紧换啊！”

晾影：“我也要去更衣室换。”

蚂蚁：“你小屁孩儿的去什么更衣室啊？就在这儿换吧。”

说着将目光转向正在爬上解放车的“干妈”。

晾影：“我……你骑车带我不行么？着什么急啊？”

蚂蚁：“行了！你快点换。”说着拿过晾影手上的浴巾，举在头顶上，形成一个帘子，看晾影还在犹豫，接着催：“赶紧换吧！没人看！”

晾影扭扭捏捏地开始脱身上的泳衣。

晾影：“我的衣服在外面的塑料袋里。”

蚂蚁：“拿啊，周围没人看你，赶紧的！”说着望望远处正在吹哨集合的司机。

晾影（蹲下身拿过浴巾外的塑料袋）：“你知道么，那个短裙让我妈给拆了。”

蚂蚁：“你们的车要走了！”

晾影：“不过我妈要给我做个新的，那种连衣裙，你知道么？”

蚂蚁（眼看着军车发动起来）：“我还有事儿呢，你少废话了，快点！”

晾影（穿上内裤，手里拿着背心）：“红色的那种，你是不是就爱看穿红裙子的女的？”

蚂蚁没应声，看着远处穿着红裙子的“干妈”露出头来，拉一个家属上车，晾影直勾勾地看着心不在焉的蚂蚁。

晾影（木讷地直着身子）：“我问你呢！蚂蚁！”

蚂蚁看着“干妈”的身影消失在后车斗的棚子里，皱起眉头来。

晾影（始终盯着蚂蚁，低声地）：“我跟你说话呢，蚂蚁。”

蚂蚁（还是攥着浴巾，没有看她）：“一会追都不好追……你们的车……”

晾影没等他说完，突然一把将蚂蚁手中的浴巾扯下来，蚂蚁手上的钥匙也掉在了沙滩上。晾影赤条条的上身裸露在蚂蚁眼前，蚂蚁看了一眼晾影的身体，愣住了。

晾影（红着眼大吼一声）：“我跟你说话呢！你说过说话要看着别人的，要看着别人的！你凭什么不看我？凭什么不看我！”

蚂蚁愣愣地看着晾影，解放车再次发动起来，在沙滩上兜了个圈离开，蚂蚁也慌忙去推摩托车，跟着解放车出发。黄昏的海滩上只剩晾影一个人裸着上身呆呆立着，马达声渐渐远去，晾影慢慢蹲下，抱着膝盖哭起来。

14. 夜　内　姥姥卧室

屋里漆黑一片，晾影拎着盛着湿泳衣的塑料袋，失神地走进家门，到姥姥的卧室打开灯，发现空无一人。

15. 夜　内　医院病房

妈妈：“按说这个天不应该发烧啊。最近一直觉得精神不大好，大便也不好。”

医生：“换季嘛，天凉了，而且今年太干燥。”

妈妈：“上次新开的药一直都在吃，怎么就是不见好呢？”

晾影披着秋季校服坐在病床边，头发依旧湿漉漉的。

医生（不太耐烦地）：“老太太都快八十了，里面的零件都不管用了，这都是老出来的病，不过现在不还是稳定的么……”医生说着向门外走，妈妈也跟出去听。

晾影吸一口气，疲惫地趴在床边，近距离看看正在昏睡的姥姥，慢慢闭上眼睛。

16. 日　外　小院

晾影穿着秋季校服，蹲在房顶喂兔子，远远看到蚂蚁哼着小曲，手里拿个包装好的小礼物走过来，一阵紧张地站起来，下意识地伸手摸摸口袋里的钥匙。蚂蚁向上瞟一眼却装作没看见，走到隔壁门口，想了想还是进了晾影家小院。晾影从房顶下来，刚想跟蚂蚁说话，蚂蚁却径直走到了墙边翻到隔壁去，不想礼物却失手掉到墙根底下。晾影本来在尴尬中想拿起保温桶出门，被蚂蚁叫住了。

蚂蚁（撑着墙）:“哎！”说着点点头示意她把礼物捡起来递给自己，晾影愣了一下，蚂蚁立刻皱起眉头，“啧啧，快点儿啊！”晾影这才放下保温桶走过去，捡起礼物还给蚂蚁，低头伸手在口袋里摸出钥匙，想一起还给蚂蚁，谁知刚一抬头，蚂蚁就拿过礼物跳下了围墙。

晾影:“哎！”听着蚂蚁在隔壁进门的声音，愣愣地把钥匙握在手心里，拿起保温桶出门。

17. 日　外　干妈家

晾影走到隔壁门口，用钥匙打开门走进干妈家的院子，打量着走近复式小楼的门，慢慢地将钥匙放在窗台上，手刚一落下，便听到楼上一阵响动，晾影猛抬起头，看到二层的卧室窗前闪烁着两个人影，蚂蚁抱着“干妈”在亲吻着，将她的身子压在窗子的玻璃上，“干妈”伸出一只手扯着窗帘，“哗啦”一把拉上。

晾影仰着头，半张着嘴傻傻看着这一幕，突然懵了，慢慢退了几步走出院子。

18. 日　外　干休所大院 / 干妈家

晾影失神地走出胡同，抬头看见门口停着一辆出租车，隔壁家叔叔拎着行李下车，行李箱的轮子还是那样不好用，被他踹了几脚。晾影瞪大眼睛喘息着，突然眉头攒在一起，一个急转身奔回小院，拿起窗台上的钥匙将门反锁两圈，楼上立刻传来两人警觉的声音。

"干妈"："谁？"

晾影没有理会，拔下钥匙快步离开，任凭身后传来蚂蚁冲到楼下拍着门叫嚷的声音。

19. 日　外　干休所大院、门口马路

晾影拎着保温桶快速跑着，与拖着行李的隔壁叔叔擦肩而过。门口的几个小战士正挂着"热烈庆祝建国50周年"的红色横幅，对面一个老人正抱着树干踢腿锻炼。晾影跑着跑着，突然听到身后一阵急促的脚步，手里的保温桶被飞奔而来的蚂蚁撞掉，晾影惊异地停下回头，见"干爸"在身后一路咒骂着追跑。蚂蚁骑上停在路边的摩托车发动起来，可骑了十几米便熄了火，蚂蚁徒劳地滑行发动着，"干爸"追了上去拉扯着摩托车的后座，蚂蚁连同摩托车一起歪倒在地上，"干爸"拖着蚂蚁的领子踢打着，蚂蚁想伸手够摩托车却够不着，"干爸"将他拽了起来，蚂蚁借力狠狠推了"干爸"一把，趁

“干爸”歪倒在地迅速向拐弯处跑去，“干爸”也立刻起身追出去。晾影怔怔地望着蚂蚁和“干爸”消失在路的尽头，身后的老人也停止了动作，抱着树干呆看着。马路上只剩下横卧在中央的摩托车。

20. 日　内　修车厂

修车厂嘈杂的叮当声、电焊声和洗车冲水的声音此起彼伏，蚂蚁嚼着泡泡糖，戴着墨镜遮掩，可依然能看出胳膊和脸上带着的伤，工友们纷纷抬头看着他，低声议论。蚂蚁抱着七八袋零零散散的行李，穿过正在干活的人们，不堪重负地将行李一股脑堆在修车厂门口，眼镜也滑了下来。抬眼一看，晾影正在修车厂的门槛上看着他。

蚂蚁拿起一袋行李，拨开晾影的身子出门，将行李放在门口的摩托车上，又回来拿两袋，又放到车上系起来。

晾影（看着他在眼前反复穿梭）：“哎……哎，你……你要去哪儿啊？”

蚂蚁将最后一袋行李放好，晾影跟了出去。

21. 日　外　修车厂门口马路

晾影：“哎！”说着从裤袋里掏出那串带花坠的钥匙递给蚂

蚁。蚂蚁看看钥匙，又嫌厌地看了眼晾影，突然冷笑了一下，将钥匙抛进马路边的垃圾桶，转身开始发动摩托车。

晾影："你……你为什么要走啊？"

蚂蚁听了这句，猛地回头看了她一眼，晾影也心虚了，逃避了他的目光。蚂蚁继续发动摩托车，晾影不由得凑到蚂蚁身边。

晾影："你要去哪儿啊？你别走了！你说过你过了新年才走呢！你赖皮！"

蚂蚁发动不起来，索性推着车子向前走，晾影伸手抓着后座，被蚂蚁推开，晾影着急了，抓住了后座的栏杆，蹲下身子耍赖皮似的拉着。

晾影（话里带起了哭腔）："你去哪儿啊？告诉我不行么？求求你别走不行么……为什么要走啊？"蚂蚁用力掰开了她的手，推了一把，晾影一下子跌坐在地上，哭了起来。

蚂蚁烦闷地向前走了几步，再次尝试发动摩托车，刚刚发动起来的那刻，晾影从后面扑了过来，紧紧地抱着蚂蚁的腰，在发动机的声响里呜咽着。

晾影："你别走行不行，我错了，以后再也不这样了，以后再也不了。"

蚂蚁木然地站了几秒钟，慢慢、慢慢地将晾影的手松开，转身掏出一盒大大卷放在晾影的手心里。

蚂蚁："没有新年，也没有以后了。"

随后转身上了摩托车，一路远去。

22. 日　内　医院病房

晾影趴在病房的窗前发呆，一阵摩托车发动机的声音传来（接上场摩托声），晾影慌忙向外张望，却发现只是一对年轻夫妇抱着孩子骑车离开。

晾影神情黯淡地走到床边，举着一勺稀饭放在姥姥嘴边，姥姥始终闭着眼睛闭着嘴巴。

晾影（喃喃地）："姥姥，别睡了！吃饭吧。一天没吃了。"

姥姥依旧丝毫没有反应，晾影试着把稀饭喂到她嘴里，却都流了出来，只好无力地用毛巾给她擦干，把铝饭盒和餐具放在桌上，结果没有放好，连同稀饭一起撒到了地上。晾影烦闷地蹲在地上拣，突然感觉一只干枯的手放在自己的头上，晾影惊异地抬头一看，姥姥正睁着大大的眼睛看着她。

姥姥："影儿。"

晾影："你醒啦！你是不是好啦？你喝不喝稀饭？"

姥姥："你妈呢？跟你妈说一声，我带你们回朝鲜吧……哈齐玛是大嫂子，翁巴是老大哥……"

晾影："姥姥，你……你喝不喝稀饭？我再去食堂打一碗。"

姥姥："去朝鲜看你姥爷吧！他在地道里管粮食的，饿不着啊……今年又灾害了，等明年就好了，明年就好了……"

晾影："姥姥，你饿了吧？……想吃点什么吗？"

姥姥："吃桃儿啊！吃桃。"

晾影："桃儿啊！我出去买。你等等啊！等等我……"说着跑向门外。

姥姥："影儿！"晾影停下回头，看着她。"别光挑好看的，要闻一闻，有桃子味儿的那种才好吃。"

23. 日　外　市场

晾影在市场买桃子，一个个凑在鼻子前面闻。

24. 日　内　医院病房

晾影拎着桃子在走廊走着，看见门口围着一团人影，一个小护士推着呼吸机、心电监护仪、心脏按压泵一大堆东西进来，在门口卡住了。

姥姥的病床前围了一堆人，手忙脚乱地接上心电监护仪，屏幕上显示平平的一条线。

一只手拨开了晾影挡在门口的身子，是妈妈。她彷徨地走进病房，看着心电图，一下子软在旁边，想哭没哭出来。

妈妈（看着姥姥）:“怎么搞的呀，妈妈！妈妈……我还没有伺候够啊。”

小护士拿了一卷卫生纸走过来，递给妈妈。

护士:“病人临终前脱粪了，麻烦家属清理一下，我们再接着给她擦洗。”

一直傻站在旁边的晾影默默走过去接了卫生纸，塑料袋里的桃子滚了一地。

25. 日　外　病房楼外小路

晾影和妈妈推着病床往太平间走，天阴得厉害，北风刮起床单，姥姥的腿露了出来，晾影给姥姥盖上，表情始终很呆滞。到了太平间门口，看守员大爷打开大铁门。

26. 日　内　太平间

太平间是一座灰色的小平房，妈妈和晾影把病床推进去，发现里面有三个瓷砖砌成的炕，其中一个上面已经放着一个老头，用白单子盖着。

晾影（伸手摸摸冰凉的瓷砖）:“怎么没有垫子呢？”看守员和妈妈都愣了，没有说话。

妈妈把姥姥的金戒指和耳环摘下来，抱着姥姥的脚和腰，准备把姥姥从病床挪到水泥炕上。

妈妈："你抱着你姥姥的头！"

晾影将双手环放到姥姥的脖颈上，突然停止了动作，抬头看着妈妈。

晾影："妈妈。"

妈妈（低头没看她）："小心点儿，抱住了。"

晾影："妈妈。"

妈妈："怎么了？"

晾影（一直望着妈妈）："姥姥的脖子还是热的。"

妈妈皱着眉头哭了，看守员甩着钥匙走过来。

看守员（不太耐烦地）："哎呀，都是这样的，哪能凉得那么快啊！"

妈妈（收起难过）："你抱好了，跟我一块儿使把劲儿。"

晾影（立在原地无法动弹）："姥姥的脖子还是热的啊，还是热的啊。妈妈，你摸摸，还是热的啊！"

妈妈（眼泪流下来）："我知道啊。"

晾影（冷冷地，却结结巴巴地说着）："就把还热着的……放在石头上啊？为什么没有床单、没有垫子呢？她怎么会不硌呢？怎么能不冷呢？"

看守员见母女俩僵持着，便拎着钥匙和铁锁走过来。

看守员："哎呀，来我跟你搭把手吧。"

晾影（没有让开地方）："不行啊！不行！怎么就没有垫子呢？怎么会不冷呢？不行啊！"

看守员："哎呀，人都死了，哪还知道冷啊！"

晾影不说话了，被看守员推到一边去，呆呆看着看守员和妈妈把姥姥放在冰冷的停尸床上。

27. 日　外　太平间外

妈妈和等在门口的护士开始推空床回去，看守员大爷在拿着大铁锁关门，第一个出门的晾影僵直地背对着忙碌的人们，镜头拉远，太平间大门缓缓地关上。

28. 夜　内　姥姥卧室

夏天结束了，秋天也过去了。已经是新年冬夜，妈妈坐在藤椅上织着毛衣睡着了，镜头自窗外缓缓推进，可以看到晾影穿着棉袄坐在姥姥的床上，像从前的姥姥一样向窗外看着。钟表指示着十一点五十五，电视上直播着元旦晚会，主持人出场说着迎接千禧年云云的吉祥话。

晾影听着千禧年的话，回头看看电视，下了床向门口走去，刚走出门，电话突然响了起来，她望望楼上喊声妈妈，妈妈没回答，于是自己走进来接起电话。

晾影："喂？喂喂？"

电话中是一片杂音，什么也听不清楚。

晾影："喂？"

杂音渐渐消失，却没有人说话。晾影愣了许久，抬头看着墙上的日历牌，上面是1999年12月30日的字样，她突然感觉到什么。

晾影："蚂蚁？"

电话那头依然没有回答，杂音又响了起来，不一会被挂断了，只剩"嘟嘟"的忙音。

晾影慢慢放下电话，撕掉门口的旧日历的最后一页，露出2000年1月1日的字样，走出了门。

29. 夜　内　客厅

客厅的老钟咔嗒咔嗒响着，姥姥年轻时的黑白照片被裱成遗照，与姥爷的军装照并排挂在墙上，两个人犹如重新年轻了起来。晾影走到挂满老照片的墙边，伸手抚摸着那张自己与姥姥的合影，照片里的她抱着兔子看向别处，而姥姥则满脸微笑地看着镜头。

晾影慢慢放回照片，走出了门。

30. 夜　外　小院

晾影走进小院，坐在藤椅上，拿出一盒大大卷来。

里面只剩下很短的一小截，晾影将它吃下去嚼着。她看着姥姥卧室空空的窗户，想要吹个泡泡，却怎么也吹不起来，叹了一口气闭上眼睛。

周围寂静无声，时间犹如进入真空一般沉默。几秒钟之后，零点的钟声突然从客厅传来。明晃晃的光焰照亮了晾影的脸，她睁开眼睛，看见一颗颗巨大的烟花倏忽间升起，在天空中散放开来。

（完）

2012年7月5日定稿

一切刚刚开始

撰文　韩帅

《一九九九》是我大学本科的毕业作品。中央戏剧学院有个传统，入学第一年要进行整整两学期的叙事散文训练，《一九九九》的灵感就来自我的散文《童年往事》。短片中关于外婆的一条线索70%都是真实的，另一条爱情戏则是虚构的。在这个创作中，我面临的第一关就是怎么去面对自己。我一直对外婆的去世耿耿于怀，不敢去触碰一些记忆，直到最后拍了太平间那段戏。短片里的女孩一直说“外婆的脖子还是热的”，那是我挣扎很久后才面对的时刻。

死亡和爱情是对成长故事中的母题。之所以在外婆线索的基础上加入一个小女孩的爱情的萌发，是因为爱情是讲人的欲望，是“生”的表现。除此之外，我觉得女人是希望被关注的，因为被注视我才存在，这是之前的性别教育决定的，这也是我片子中对女性的思考。

创作中最大的难题是如何把两条线索并置到一起。爱情线索作为一条显性的情节线，要想不抢掉姥姥的线索是非常难的。最终我删掉了几场戏，并且在剪接上想了很多办法，加入了部分旁白来起到一些统领作用。当时我的剪辑老师希望我把所有的戏都用便笺贴到墙上，然后去数一下到底每条线索和时长有多少，然后重新平衡两条线索。现在看来，我觉得最大的问题还是如何去统一这两条线索，当然我没法代替观众去感受，但希望把它们统一到一九九九年这个时间意象中。那个所谓的“世界末日”里，一切仿佛已经结束，又刚刚开始。这个时间同时承载着生与死，爱与痛，它是我对这个世界产生最初认识的时刻。有了这个认识之后，我的童年就正式结束了。

在之后的创作里，我尝试带着自己对世界的认识，去面对他人的故事，期待着一切重新开始。

金都（全本）

又名：我的爱德华王子

导演：黄绮琳

编剧：黄绮琳

主演：邓丽欣／朱栢康／鲍起静／
金楷杰／林二汶……

上映日期：2020-06-11（中国香港）／
2019-11-17（香港亚洲电影节）

片长：91分钟

第1场

时：日

景：洗衣店

人：张莉芳、洗衣店职员、环境人物

洗衣店，白茫茫一片，几袭蓬松、累赘的婚纱放在柜台上，站在柜台后的是婚纱店员张莉芳——素颜、衣着毫不讲究，看起来是一个不起眼的普通少妇。

洗衣店职员（点数）：一、二、三、四、……齐啦……

洗衣店职员示意张莉芳检查，但她没有检查的意图。

张莉芳（害羞）：Okay……

镜头一转，那几件婚纱已放好在胶袋内，由张莉芳捧着走出洗衣店。

第1A场

时：日

景：太子区街／街牌附近

人：张莉芳、环境人物

太子区街，张莉芳捧着婚纱行走，对这项工作有点厌倦。

婚纱的裙摆挡着张莉芳视线，令她看不清面前的路，走得有点笨拙，蹒跚地走过了“太子道西 Prince Edward West”的街牌。

第2场

时：日

景：水族店外

人物：张莉芳、水族店员

（注：张莉芳不特别喜欢自己的工作，每次外出拿婚纱的路程都是她可以放松的时刻，所以会分心看沿路的事物。）

张莉芳出神地捧着婚纱经过一间水族店，视线落在水族店外展示的一堆小龟上。

其中一只挣扎中的小龟吸引了张莉芳的注意。尽管她捧着几袭婚纱，行动不便，却也停下了脚步细心观察。

只见那只小龟，不知在何时翻转了身，龟壳着地，水花四溅，四肢乱挥也未能成功恢复原状。

张莉芳（害羞）：不好意思……不好意思……不好意思……它翻过去了……

张莉芳想叫店员帮助小龟翻身，害羞的性格却令她害怕跟陌生人说话，习惯逃避别人的眼神，未能获得店员的注意。

张莉芳：不好意思。

店员：怎么了？

张莉芳：你有一只龟翻过来了……

店员：要哪只？

店员熟练地伸手把反转的龟放好，张莉芳松了一口气，本想离开，但又有点不好意思。

店员（追问）：要哪只？这只呀？

张莉芳：呃……刚刚翻过去的那只……

店员随手拿起了一只龟，放进了一个小缸。

张莉芳（小声）：呃……刚刚不是这一只……

店员：这只花纹好看！

张莉芳：哦，好呀……

张莉芳想买的不是现在那只，却不作澄清，接受现况，看着那只刚才翻转了、现在“重获自由”的小龟。

第3场

时：日

景：金都商场

人：环境人物

（注：此阶段的金都环境较客观，纪录片式）

金都商场内尽是林林总总与婚庆有关的店铺：礼服店、裙褂店、金饰店、花店、鞋店、婚摄店……俨如一个婚庆森林。

婚庆用品包括中式的裙褂、寿球、红鞋，也有西式的婚纱、花球。

店面都展示着各样婚庆用品，可是人流冷清，店铺内坐着发呆的大妈，给人市井及廉价的感觉，与喜气洋洋的气氛形成了有趣的对比。

出工作人员Credit、片名《金都》

第3A场

时：日

景：金都商场一地下／扶手电梯

人：张莉芳

张莉芳双手捧着几袭干洗完的婚纱，手中又拿着那缸新买的小龟及装在胶袋内的一大罐龟粮，行动笨拙地踏进了金都商场。

张莉芳登上商场扶手电梯，由地下登上一楼。

第3B场

时：日

景：金都商场——楼走廊

人：张莉芳、殷俊荣（Edward）、环境人物

（注：此阶段张莉芳根据主流价值想跟Edward结婚，处于等求婚的状态。）

张莉芳捧着婚纱，有点笨拙、艰辛地越过横放在走廊的一箱箱的婚庆用品、挂着姊妹裙的衣架，犹如在参与障碍赛。

Edward（34岁，张莉芳的男友）刚好拖着摄影器材从婚摄店出来，与张莉芳在一楼走廊相遇。

张莉芳：出来迎接我呀？

Edward见张莉芳因拿东西导致衣领露出了大半个肩膀及内衣带，马上紧张地放下手上的器材，上前帮张莉芳拉好衣领。

Edward一手拉着器材，一手企图抢过张莉芳手上的婚纱。

Edward：给我。

张莉芳：我okay。

Edward没有理会张莉芳的拒绝，接过她手上的婚纱，转身走回店内方向，二人边走边说。

Edward（看到她手上的小龟，惊讶）：这哪里来的？

张莉芳：刚刚买的。

Edward对女朋友做出自己不了解的举动时总有些不自觉的恐惧。

Edward：怎么忽然买一只龟？

张莉芳：我经过看到它翻转了，一直翻不回去。

Edward（了解原因后释怀）：真是乐而忘"反"。

张莉芳：其实不是这只。

Edward（没有听懂她的意思）：你成功把它从一个缸困到另外一个缸，真厉害……（见到张莉芳又露出了内衣带）你把这衣服扔掉吧，肩带总露出来！

张莉芳：你不懂晾衣服才把领口弄松了……

Edward的电话突然响起，Edward一手捧着婚纱，一手接电话。

Edward（跟客户讲电话）：喂？是的，何先生……我不在电脑前，你先等等……明白，我正在回去……

Edward边捧着婚纱边讲电话，急步走回婚摄公司，遗下了器材箱在走廊。

张莉芳见状，帮他拉着器材箱跟上。

第4场

时：日

景：金都商场—婚摄公司

人：张莉芳、Edward、强仔（25岁）

（注：此阶段张莉芳因为自己离了婚，所以担心自己将来的证书上留下记录。）

Edward边讲电话，边把婚纱随手放在了桌上，张莉芳跟在他身后，把器材拉进了公司。

正在电脑前剪片的强仔见二人步入，向张莉芳打个招呼。

强仔：Hi芳姐。

张莉芳点头回应，放下器材后，走近桌子，想拿回婚纱。

Edward在电脑上打开了一个婚礼相册。

Edward（讲电话）：看到了，是不是3065和3066两张？没问题，我叫同事帮你拿走。不会不会，很简单的……好，没问题，bye bye。

Edward挂线。

Edward（对强仔）：何先生何太太有两张照片需要整理，

你把结婚证书“离婚人士”这行字修掉……

强仔：哈？怎么修？

Edward：过来啊。

强仔走向Edward的电脑，Edward指着一张近拍新人签署证书的照片解释，证书上“结婚前婚姻状况”写着“divorced person”（离婚人士）。

Edward：何先生结过婚……结婚证书拍得太清楚，长辈看到的话不太好……你帮忙修掉……

强仔：哦哦……明白了……

张莉芳在旁听到，好奇地探头看看照片，有点惊讶。

张莉芳（担忧）：原来结过婚的人结婚证书会不一样？

Edward：就是，我之前也没有注意……

张莉芳：不能叫他别这么打印吗？

Edward：不知道……

张莉芳显得有点不安，视线离不开电脑屏幕上的结婚证书。

Edward没有留意到她的表情，匆忙把电脑窗口关掉，拖着器材，准备外出拍摄。

Edward：我走啦…

张莉芳/强仔：bye bye……

Edward走过张莉芳身旁，望向强仔，怕他看到张莉芳的内衣带，又拉了一拉她的衣领。

第5场

时：日

景：金都商场—婚纱租赁店

人：张莉芳、陈太、阿怡、Mabel

婚纱租赁店店主陈太（60岁）正与中性打扮的女儿阿怡（31岁）兴高采烈地招呼阿怡与张莉芳的中学同学Mabel（31岁）。

Mabel穿起了一条婚纱裙，阿怡正帮她绑背后的带子。陈太也走过来凑热闹。

陈太：哗，中学的时候你是小肥妹。

Mabel（赔笑）：我特意减肥的！

阿怡：现在法例规定结婚要减肥的，肥妈。

陈太（对阿怡说）：那你说你怎么办？

阿怡：什么怎么办？

陈太：人家全都结婚了，只有你一个嫁不出去……

阿怡：结婚这么开心，你怎么天天跟老爸吵架？

陈太：有架吵总比没架吵好！

阿怡：急什么，你给我几年时间，当我事业有成，多娶10个男人回来给你慢慢享受！

陈太：神经病！

陈太不想再谈，走向柜台，找事忙。

阿怡：搞定！

阿怡指示Mabel到镜子前，阿怡拿起Mabel的手机帮她拍照。

阿怡：要不要试试开始珍珠色那条？

Mabel：问下老公意见先。

陈太（搭讪）：老人家不喜欢珍珠色。

Mabel：这样吗？

陈太（故作轻声）：白色代表新娘是处女，珍珠色不是的！

Mabel：有没有做过爱呢？

阿怡（笑）：有没有做过爱也要写在婚纱上？那我们的白色婚纱肯定滞销了！

阿怡把衣架上的珍珠色婚纱递给Mabel。

阿怡：你试试吧。

Mabel（有点为难）：不太好啦。

阿怡（惊讶）：喂，别这么做作！

Mabel（想了想）：这不太好……长辈看到的话不太好……

阿怡：你是要结婚还是要去敬老院表演啊？

阿怡把手中的婚纱塞给 Mabel，硬把她推向试衣室。

阿怡：装处女可耻！（把试衣室的帘拉好）进去吧你！

阿怡把试衣室关好。

张莉芳提着干洗完的裙子（连上场）回到店铺，迫不及待细声向阿怡诉苦。

张莉芳：死了……

阿怡：什么？

张莉芳：原来离过婚会写在证书上的！

阿怡：什么证书？

张莉芳：你不是说没问题吗？怎么办？

阿怡：嘘……（指指试衣室）Mabel正在试婚纱……

张莉芳面色一变。

阿怡：唏……工作……工作……

张莉芳：这么多婚纱店为什么硬是要来这里？

Mabel从更衣室出来，与张莉芳对上视线，二人都有点尴尬。

Mabel（故作大方）：Hello，好久不见。

张莉芳：好漂亮啊，恭喜。

Mabel（向张莉芳）：多谢……

Mabel见张莉芳把拿回来的裙子放好，逃避她的视线。

Mabel（想打开话匣子）：你还在租以前那房子吗？

张莉芳：没有，我现在跟我男朋友住。

Mabel：那什么时候结婚？

张莉芳（冷冷）：结过了……

Mabel（一怔，想了想）：我说真结婚。

张莉芳：有人求婚就结婚吧……

Mabel：你为人还真的没所谓？

阿怡急忙过去打圆场。

阿怡（推着Mabel要她转身）：唏……我来帮你系带子……

第6场

时：昏

景：金都外墙

人：/

天色转暗，金都外墙“金都商场”四个大字的橙红色霓虹灯亮起。

第6A场

时：夜

景：Edward家—睡房/厨房

人：张莉芳

金都商场楼上商住单位Edward家，年轻夫妇装潢，简约但不算时尚，小缸内的小龟缓慢地爬行着。

睡房，被窗外的霓虹灯照得通红。

张莉芳走近窗边，霓虹光管发出微弱的“吱吱”声，她把窗帘关上。

张莉芳把那件“领口太宽”的衣服换下来，换上家居服。

* * *

厨房，隔离邻舍嘈杂的装修声响起。

张莉芳本想把衣服丢进垃圾筒，踩开了垃圾桶临丢弃前举起衣服看了几眼，又不舍得，最后决定不丢。

张莉芳在厨房一角的胶袋、纸袋收集处拿了一个纸袋。

* * *

睡房，张莉芳把衣服放进纸袋，把纸袋偷偷收藏在衣柜的深处。

突然，开门声响，她马上急忙关掉衣柜门。

第7场

时：夜

景：Edward家—客厅

人：张莉芳、殷母（58岁）、业主阿Ben

张莉芳走出客厅，本以为是Edward，见是Edward的母亲与一个中年人（业主），有点惊讶。对于自己穿着家居服有点不好意思，随手拿起放置在椅背上的Edward的外套穿上。

殷母：阿芳，你这么早就放工？这位是业主阿Ben……（对业主说）这是我媳妇。

张莉芳：Hello阿Ben（尴尬向业主解释）其实我们还没结婚……

殷母未待张莉芳说完，便带业主到客厅一角察看，二人完全无视她的解释。

殷母：来，你过来看，就是这里，你看看，经常渗水……有没有看到水渍？时不时就漏水……

地上放了一条毛巾用来吸水。

业主：哦，这里之前修过一次。

张莉芳：其实楼上已经装修很久了，时不时把水管钻烂了……

业主拿手机拍下单位一些破损的照片。

殷母（对业主说）：老老实实，你卖不卖？

业主：这里大有升值潜力，我又不急着用钱……

殷母：你不稀罕吧，你看这单位这么残旧，而且是咸水楼。看我儿子上班方便，我才不想他搬家而已。

业主：我再考虑，好吗？

殷母（对张莉芳）：你放心，我帮你们问过银行了，首期我付……

业主：真是一位好婆婆！

张莉芳（惊讶）：我之前跟Edward去看过何文田的新楼盘……我以为他跟你说过。

殷母（没理会张莉芳，问业主）：怎样？卖不卖？

业主：让我考虑一下好吗……有喝的吗？

殷母：有有有……你看我只顾说话，忘记了请你喝东西……

殷母匆忙走进厨房。

殷母（从厨房）：阿芳……怎么冰箱里都是些乱七八糟的东西！

装修声巨响，张莉芳与业主尴尬对望。

客厅一角，用来吸水的毛巾旁，原来新楼盘的资料也作了吸水之用，水滴滴在华丽虚假的楼盘合成照上。

嘈杂装修声又再响起。

第7A场　金都吉镜

时：昏

景：金都外墙

人：/

天色转暗，金都外墙“金都商场”四个大字的橙红色霓虹灯亮起。

第8场

时：夜

景：Edward家—睡房

人：张莉芳、Edward

（注：此阶段张莉芳想跟Edward坦白她结过婚，但怕坦白会影响关系。）

紧接上场嘈杂装修声，静夜。

张莉芳与Edward准备进睡，Edward坐在双人床上剪指甲，张莉芳走进被窝，睡比较靠墙的位置。

张莉芳：今天我一个中学同学来了陈太的店试婚纱……

Edward：谁？我认识的吗？

张莉芳：Mabel……你不认识的。

Edward：……是不是想说老同学们都结婚生孩子了……

张莉芳：以前Mabel跟我和阿怡三个最要好，好到一起租房子搬出来住……

Edward（不喜欢阿怡，没心情听她说）：我有没有跟你说过我有个小学同学叫李洁冰？

张莉芳：没有听你说过。

Edward：那你知道李洁冰的妹妹叫什么名字吗？

张莉芳沉默片刻，气馁地叹了口气。

Edward：喂，你知道李洁冰的妹妹叫什么名字吗？

张莉芳：不知道……

Edward（自己笑）：叫李洁芬呀！

张莉芳：哦。

Edward：那你知道李洁芬的哥哥叫什么名字吗？

Edward剪完指甲，走去关掉房灯后，爬进被窝。

窗外的霓虹灯把房间照得通红，二人躺着。

张莉芳：你会不会介意娶一个结过婚的女人？

Edward：那个Mabel结过婚吗？

张莉芳：我想起今天你的客户要修掉证书上的字。

Edward：那如果我结过婚你介意吗？

张莉芳（思考）：不介意吧……

Edward：你不是说不想住二手楼吗！

张莉芳：但你妈说买这里，让我们结婚后住。

Edward：业主肯卖了吗？

张莉芳：不知道。

Edward：肯就好了，不用搬家了！

张莉芳：你真的想一直住在金都吗？

Edward：金都很对不起你吗？

张莉芳：那你之前又说要找新楼盘？

Edward（想缓和气氛，又刻意搞笑）：新楼很chemistry的……

张莉芳沉默。

Edward：chemistry呀！化学呀！新楼有很多化学物质，住着不舒服。

张莉芳：随便你吧。

Edward挨近张莉芳，伸手摸她。

张莉芳有心事，不在状态，自然反应稍微缩开。

张莉芳：别搞我。

Edward（无辜）：我不搞你搞谁？

张莉芳：但我在睡觉，你睡觉时我也不会这样搞你。

二人沉默片刻，Edward见张莉芳的身体瑟缩在一角，忍不住关心她。

Edward：你贴着墙睡，不觉得墙壁很冷吗？太冷了亲爱的，睡过来一点吧。

张莉芳被Edward哄到有点想笑，把身体稍稍挪出一点，转身背向Edward睡。

Edward：我们没跟我妈说就同居，她还在生闷气……

张莉芳：那现在要怎样？

Edward：她想让我们快点结婚。

张莉芳：我也想啊……如果可以搬新家就好了……

Edward：不然你别去上班了，我让你做老板娘……

张莉芳：又想让我做义工……

Edward：买房不要钱吗？现在的年轻人整天只想着不劳而获……

张莉芳：不让我上班，又要帮你做事情，还不给工资，真是神经病……

Edward：结婚就不神经病，我们失业啦……

二人拥着入睡。

第9场

时：日

景：家事法庭

人：张莉芳、职员、环境人物

柜台窗口，人头涌动，有拖着小孩的父母，有不懂填表插队问问题的女人。

排在队伍中间的张莉芳看着面前的景象，有点茫然。

张莉芳：不好意思，我想问一下离婚多久之后才可以再婚啊？

职员（人多、烦躁）：没规定。

张莉芳：我听说如果离过婚再婚的话，结婚证书会注明，是吗？

职员：是。

张莉芳：可不可以选择不注明？

职员：你去问婚姻登记处吧。

张莉芳：那怎样可以查到自己什么时候离的婚？

职员（有点不耐烦）：想申请离婚证明？给我身份证！

张莉芳递上身份证。

职员打资料，一脸疑惑，张莉芳愈来愈紧张，排在张莉芳后面的人也开始不耐烦。

职员：没有你的离婚资料……暂准判令批出了没有？申请了吗？

张莉芳不懂应对，伸手想拿回身份证。

张莉芳：哦……我想我搞错了，我先问清楚。

第10场

时：日

景：婚姻登记处

人：张莉芳、职员

出说明文字“婚姻登记处”

柜台窗口，张莉芳显得彷徨。

张莉芳：不好意思，请问怎样才能查到自己的婚姻状况？

职员（友善）：是不是想查结婚记录呀？

张莉芳：是的……

职员：那你填表了吗？

张莉芳：还没有……

职员把表格及一支笔递上，张莉芳本想拿走慢慢填，但见笔尾被锁链连着。

职员：你在这里慢慢填……不要紧的……

张莉芳在职员面前填写表格，先把女方资料填写完，到男方资料一项，她犹豫着迟迟未落笔，最后苦苦在姓上写了个“杨”字。

职员看着她写不出男方的资料，开始起疑。

职员：你忘记了老公的名字？

张莉芳（狡辩）：他的名字很难写……

职员：那你有他的身份证号码吗？

张莉芳：他是大陆人……（思考）就用我的资料可以吗？

职员静静看着张莉芳，左顾右盼确认周遭没有别人。

职员（鬼祟、嘴唇不动地说）：你是不是假结婚？

张莉芳（大惊、强装镇定）：不是，不是。

职员（奸笑）：那你老公叫什么名字？

张莉芳紧张，拔腿想走。

职员：你不用走，你过来（叫停张莉芳）我帮你补领张结婚证书，上面有写对方的名字。（鬼祟、嘴唇不动地说）我怕摄像头拍到我，平常我不会这么讲话的……用你的数据也可以查到的……

第11场

时：日

景：太子休憩公园

人：张莉芳、阿怡（VO）、Edward（VO）、环境人物

警车声响，张莉芳呆坐在太子闹市警署对面的一个休憩公园看着证书，一时不知所措。

结婚证书副本，上面印着“张莉芳”与“杨树伟”，住址一栏，男女两边都写着“Ho Man Tin”的一个公屋单位，是张莉芳父母的地址。

张莉芳的手机响起，是Edward传来多个短讯：“BB where?”（宝贝你在哪里?）“这么久了还没回来?”“Where?”

张莉芳看着讯息，更是惆怅。

第12场

时：日

景：金都商场一入口

人：张莉芳、阿怡

阿怡在金都入口等候着张莉芳，笑脸盈盈地迎上前。

阿怡（边行边讲、又帮张莉芳整理头发、衣服）：你怎么

这么憔悴？

张莉芳（急着说出口）：我完了……你那个中介没有替我办离婚……

阿怡（惊讶）：什么？

张莉芳：我怎么找回那个大陆男的？

阿怡：我帮你找回中介问问……你先搞定Edward。

第12A场

时：日

景：金都商场一入口

人：张莉芳、Edward、陈太、阿怡、强仔、金都商户、顾客众

强仔在扶手电梯口一手拿着对讲机，表情有点焦急。

强仔（对讲机）：standby（准备）……（大叫）芳姐。

张莉芳（疑惑）：这么巧在这里碰上？

强仔：老大找你。

张莉芳有点不祥预兆。

强仔：（对讲机）Cue灯！

走廊的灯突然熄灭，引起了商户们起哄，纷纷出来了解情况。

顾客／商户（碎嘴）：停电呀？／怎么回事？

张莉芳望向走廊尽头，见到一些闪亮的灯牌写着“Marry Me”（嫁给我），原来是Edward准备了求婚戏码。

强仔拿着相机边拍照，边催促着张莉芳走向走廊尽头的婚纱租赁店外，稍微打扮了的Edward手中拿着一大束鲜花，跪下。

陈太与几个商户都想来凑热闹。

陈太（对阿怡说）：哗……你看阿芳多高兴。

阿怡（跟围观的人说）：看什么看！八婆！要看走近点嘛！那么远看得到什么？

Edward手中拿着钻戒，递上。

Edward：张莉芳，嫁给我。

现场人士起哄，有搞气氛的，有看热闹的，也有埋怨被打扰的。

顾客／商户（碎嘴）：原来荣少求婚呀／熄灯先说一声呀……／还以为停电了……

顾客／商户（碎嘴）：这么搞笑的求婚吗？／开灯啊……／还要搞多久？／求婚大典哦？

张莉芳觉得呼吸困难，深深地吸了一口气。

张莉芳扫视围观的人群，觉得他们的眼神有点超现实，有点疯狂，Edward也泪眼汪汪地望着她。

张莉芳：（埋怨）为什么是今天？

Edward：牵手六周年纪念日嘛！

张莉芳不知如何拒绝，急得眼湿湿。

Edward：张莉芳！嫁给我！

张莉芳苦笑并没有回应。

突然有人起哄拍手。

众：恭喜！／哗！

Edward：是的！

众人拍手欢呼，Edward把戒指套进张莉芳的无名指，张莉芳百口莫辩。

强仔：亲她！亲她！

Edward要张莉芳跟他在众人面前热吻，朋友们在旁起哄倒数。

陈太／强仔：十、九、八、七……

热吻中的张莉芳忍不住睁开了双眼，望向镜头，向阿怡流露出了求助的眼神。

第13场

时：夜

景：Edward家一厅

人：张莉芳、Edward、殷母

张莉芳捧着鲜花，挤出微笑，Edward在她的身旁，殷母拿着手机为二人合照，一直高兴得笑不拢嘴。

殷母：Edward整理一下头发！真帅！阿芳，戒指拍不到……

张莉芳把戴了钻戒的手稍稍举起。

Edward：妈，你的手指挡镜头了。

殷母：真的吗？好，一二三！

Edward（叫张莉芳）：我传给你，马上发帖……

Edward兴高采烈地按着电话，发布求婚的消息。

张莉芳还未回过神来，心神恍惚。

张莉芳：伯母你要拍照吗？

殷母：你们两个结婚，我拍来做什么？不过真的要约你父母吃饭。谈谈酒席、礼金、到底要摆多少酒席，我要预先通知亲戚朋友……我有很多东西要准备。

张莉芳：伯母，我们打算旅行结婚。

殷母：不摆酒？你父母没有意见吗？

Edward（解围）：妈，我跟你说过了，阿芳的父母很潇洒的。

殷母：那我们的亲戚朋友也要吃顿饭吧。

张莉芳：哦，好呀。

殷母走进厨房。

张莉芳看着雀跃不已的Edward有点心虚。

张莉芳：Edward……

Edward：嗯？

Edward走近张莉芳。

张莉芳：我想跟你说点事……

Edward：怎么了？

张莉芳（犹豫，看看厨房）：……嗯……等你妈妈走了再说……

殷母（大声打断）：阿芳呀，我上次给你的花旗参有没有煲给他喝？

殷母边说边从厨房走出。

张莉芳（不好意思）：没有……最近下班晚……

殷母：今晚做吧，他要喝花旗参。

Edward（帮张莉芳解围）：吃了花旗参生病是不是就叫花旗骰？

殷母（边走出厨房边说）：你们两个也是，不要整天在外面吃垃圾食物……阿芳，你要学做饭了……

张莉芳：Edward说他在英国读书自己做饭的。

殷母：你靠他做饭的话会饿死。

Edward（帮殷母拿手袋、送客）：别说啦，这么晚了，你快回去吧……

殷母（殷母接过手袋，又放下）：你知道他很懒的，很不靠谱，去年没交保险费都不知道。所以阿芳你要留意他，多多帮助他。

张莉芳（暗忖）：我知道，看他的银行户口也跟你联名我就知道。

殷母（意识不到暗忖的意思）：对，这样方便……要不是我，他能存到钱吗……（滔滔不绝）你偶尔帮他看看脚底有没有长疮。你知不知道他几年前左脚长了好大一个疮，又不说，走路一瘸一拐的。我拍了照片，给你看……（拿出手机）还要去医院做手术……

Edward（一边在旁边想阻止他母亲说话）：走吧走吧……下次再聊……

张莉芳听着Edward及殷母的唠叨有点出神，滔滔不绝的人声紧接下场。

第14场

时：日

景：金都商场—婚纱租赁店—试衣室

人：张莉芳、陈太、律师楼职员（VO）、新娘A

（注：此阶段张莉芳想自行处理跟杨的离婚，之后再向Edward坦白，心情烦躁。）

紧接上场，一片宁静，张莉芳独自躲在店内的试衣室，一手拿着律师楼的卡片，一手拿着电话查询着。

张莉芳（压低声音讲电话）：我想问问单方面离婚要多久？

律师楼职员（VO）：需要较长时间……对方是不同意还是怎样？

张莉芳：对方失踪了……很久了……

律师楼职员（VO）：你们何时结婚的？

张莉芳：十年前……

律师楼职员（VO）：可以用遗弃的理由单方面申请离婚……但单方面离婚很多变量，保守估计要两年左右吧……

张莉芳：这么久？

律师楼职员（VO）：如果找到人就容易多了……

突然，试衣室的布帘被扯开，张莉芳吓得叫了出来。

陈太：喂！

张莉芳：干吗？

张莉芳马上挂掉电话，并把通话记录删除。

陈太：还婚纱。

一位女顾客（新娘A）交还婚纱，陈太打开婚纱袋，熟手地检查婚纱。

新娘A揭起了婚纱底层，指出屁股位置陈旧的经血迹。

新娘A：这条裙子好脏。

陈太（故作惊讶）：哗，怎么搞的？

新娘A：喂，不是我弄的……

陈太拿起单据，用荧光笔highlight（高光标记）了上面的小字。

陈太：借裙子的时候我同事和你确认过没问题的……这里写得清清楚楚，如果裙子被损坏、弄脏，要收取清洁费。

新娘A（生气）：神经病，不是我弄的！

陈太：不好意思，要收你三百元清洁费。

新娘A（更生气）：你看清楚，我怀孕了，怎么可能会弄上血迹？

陈太（叫张莉芳）：阿芳呀。

张莉芳：怎么了？

陈太：阿芳呀，是你帮她检查婚纱的吗？裙子弄脏了。

张莉芳（望一望新娘A）：好像是。

陈太：你有跟她检查清楚吗？有告诉她要收三百元清洁费吗？

张莉芳：有呀……

新娘A：没有，我没听过什么清洁费……

陈太：人家说没有，整天说话说不清楚。

张莉芳没有回答，走向自己手袋拿出现金。

张莉芳：不要紧，我帮她付吧……

陈太（对新娘）：要不这样吧……我伙计帮你付一百五，

你自己付一百五。

新娘A（不耐烦）：唉，随便你吧……

陈太：好，我在你的押金扣除，找你三百五。

陈太把三百五十元找给新娘A。

新娘A（不满）：……没事了吧？

陈太：没事了，下次借裙子检查清楚哦。

新娘A转身离开。

张莉芳拿着牙刷试着把裙上的污迹刷走。

陈太：都说了洗不掉……苏打粉也试过了。

张莉芳没有理会，仍然执着地洗刷着污迹。

陈太（心虚）：谁叫她借东西不看清楚。

张莉芳突然拿起剪刀把污迹剪走，露出胜利的暗笑。

陈太：你做什么？……

张莉芳：这位置看不到的，我帮你缝好。

陈太（没好气）：懒鬼。

张莉芳：人家结婚开开心心，为什么要这样？

陈太（讽刺）：快嫁给Edward吧，就不用做这些粗活了。

张莉芳：没关系，结了婚也可以工作。

二人再没有说话，气氛有点僵。

第15场

时：日

景：金都商场—婚摄公司

人：Edward、强仔、谦、Stella

Edward正在听一对准新人（谦、Stella）讲述爱情故事，并故作认真地抄着笔记，旁边的计算机播放着他公司拍摄的“幸福微电影”。

谦：我喜欢她为人直接，什么都跟我说……

Edward：哦……（问Stella）那Stella呢？

Stella：……他没什么优点，他最大的优点就是家人买了房子给我们结婚。

谦：你把我说成靠房子才娶到你一样！

Edward：她说笑而已……（心虚）新房子还是旧房子？

Stella（自豪）：当然是新房子！

Edward：真厉害（转移话题）。好，说一下他怎么追求你的。

Stella：他没追我。

谦：等你下班不算吗？

Stella（没有回应男友，继续跟Edward说）：那时候我们一起做一个项目，帮一些网店做网上钱包，可是第一天推出就出事了，他当然要负责善后，他加班，我等他下班然后买酒到他家喝。

谦听着皱眉。

谦：我哪有加班。

Stella：什么？光头佬那个项目。

谦：我知道，我没加班呀。我肠胃炎。

Edward：（打圆场）不要紧，我们不会拍到这些细节的……

谦：我肠胃炎你说煮粥给我吃的，你忘了吗？

Stella：又好像是……

谦：那你加班跟谁喝酒？

Stella（思考）：那可能不是加班那次，可能是“大哥大”那次，买酒到我家喝？

谦：买酒到家里喝？

Stella：对。

谦：我们从来都没有下班后买酒到家喝。

Stella：是吗？随便啦……

Edward（打圆场）：真的不要紧，我们真的不会拍得这么仔细……（对Stella讲）不如我们说一下求婚过程吧？

Stella：你说吧，你记性这么好，免得又说我记错。

强仔突然走近，递上一张刚打印好的单据给两位准新人。

强仔：好，两位，单据准备好了，你们看一下价钱，订金你们想付现金还是信用卡？

Stella看着单据上的数字。

Stella：套餐两P—V什么意思？

Edward：套餐包含婚礼当天两个照相的、一个录像的，总共三个人。

Stella：哦，能不能再加一个人做网络直播？

谦：直播什么？

强仔（搭讪）：可以呀，多请个PA啰，叫芳姐帮手都可以的，直播挺好的，其实我们多请一个助手就可以了，不然叫芳姐帮忙就行了。

Edward（有点尴尬）：直播的事我们再想想……拍幸福微电影比较有趣，你们进场前的成长片段如果只有照片就比较闷。

Stella：是你妈说要摆酒。

谦：现在在讨论拍片，又说什么摆酒？

Stella：那拍片不是因为摆酒要放吗？（对Edward说）不好意思，我们再想想。

谦：我们出去聊，别碍着人家。

谦站起离开，Stella也跟着出去。

Edward站起还未来得及送走他们，二人已然离开，Edward万分无奈。

第16场

时：夜

景：金都商场—婚纱租赁店外／金都商场

人：张莉芳、阿怡、陈太

张莉芳与陈太从铺内出来，准备落闸关铺，陈太站在一旁等候，二人下午吵过小架，互相黑着脸。

阿怡出现，马上上前接力帮忙张莉芳锁门。

阿怡（知二人有小争吵，缓和气氛）：我这种太子女当然是下班才出现……

陈太：你整天去了哪里？

阿怡：我今天去离婚了……

陈太（惊讶）：你说什么？

阿怡锁好门，站起。

阿怡（摸摸母亲的头）：你长大后就会明白，肥妈乖！（然后跟张莉芳耳语）我查过了，我几年前离婚了，是你倒霉而已。

张莉芳：那我怎么办？我今天问过了，如果单方面离婚要一两年。

阿怡：那你登报寻人。

张莉芳：律师说单方面也要登报寻人。

阿怡：那你就说两年后再结婚吧。

张莉芳（细声）：我怎么跟他解释我离过婚？

阿怡：直说呀，有什么问题？

第17场

时：夜

景：Edward家

人：张莉芳、Edward

（注：此阶段张莉芳想跟Edward坦白结婚的事，但不够勇气。）

二人在床上睡觉，窗外的橙红色霓虹灯照得满房通红。

张莉芳听着窗外交通灯重复的“哒哒”声响，久久不能入睡。

张莉芳：我十年前跟一个大陆人假结婚，当时想避开家人，搬出来住，但没有钱，阿怡说可以赚快钱没有后果。

Edward已然入睡没有反应。

张莉芳：我一直都不敢跟你说，怕你生气。

Edward突如其来提高的鼻鼾声浪打断了她的自白。

第18场

时：晨

景：金都附近公园

人：张莉芳、Edward

（注：此阶段张莉芳自行处理跟杨的离婚。）

张莉芳刚刚买了一份报纸，急不可待边走边抽开不相关的版面。来到金都附近的公园长凳，马上手忙脚乱地摊开报纸要找出分类广告的版面。

张莉芳终于找到自己刊登的寻夫广告，拍下照片，并抽起收好，觉得安慰。

Edward（OS）：你在干吗？

原来准备回金都开工的Edward经过看到，张莉芳大惊，连忙把报纸收起。

Edward：忽然看报纸？兑奖券吗？

张莉芳望着他，一时不知如何回答。

Edward：中没中？

张莉芳：没中……

张莉芳拿起报纸与Edward向金都方向走去，张莉芳刻意加快步伐，上前拖着Edward的手。

第19场

时：日

景：香港公园

人：谦、Stella、Edward、强仔

沙沙的水帘声响，一对本来拖着的手，突然松开，

原来是黑着脸的谦及Stella穿上了轻便款的婚纱、礼服在公园的水帘下拍摄“幸福微电影”。

Edward及强仔正在帮他们拍摄，Edward在摄影机旁，强仔也拿反光板为二人补光。

Edward的镜头下是两名准新人互相厌恶的表情。

谦（责怪、扬声）：喂，别把我往水推，行吗？……

Stella：我哪有推你？水本来就会溅过来，你看我的裙子都湿透了！

谦：你看谁湿透了？

Stella：你神经病……

Edward与强仔眼神交流，表示这两个顾客难拍。

Edward：好，先停一下……我还没说停你们不要自己停……

强仔（跟Edward说）：不如我们换个地方拍吧……

Edward：好，换个地方……

话未说完Stella已径自气冲冲急步行走，强仔、Edward有点无奈。

* * *

公园另一风景位，强仔与Edward示范着，肩并肩，十指紧扣，举起手，对望。

Edward：拖住、举手、望，okay？

站在不远处的谦、Stella刚吵完架，木无表情地看着。

Edward示范完毕回到摄影机旁，强仔也拿反光板为二人补光。

强仔（问Edward补光效果）：可以吗？

Edward：打在脸上，脸那么臭。

强仔调整反光板方向。

Edward（指示新人）：女生从后摸上来，男生慢慢地……

谦、Stella听从指示拖手、对望，二人由本来的黑面，勉强地挤出笑容。

Edward：好，保持住……笑甜一点……

谦、Stella根据Edward的指示演出甜蜜的拥抱，但有点貌合神离。

Edward：好，先停一下……拍对话部分。

谦跪下，重演向Stella求婚的一幕。

谦：Stella我爱你

Stella：阿谦，我也爱你。

Edward在摄影机后指导着。

Edward：很好……很好……笑得开心点……

第20场

时：日

景：地产铺外/街

人：张莉芳、地产经纪

张莉芳提着干洗完的衣服走着走着，电话响起，见是陌生的内地电话，挂掉。

张莉芳走着经过地产铺外，停下看看最近的楼价。

一个地产经纪从店内走出，打算招呼张莉芳。

地产经纪：小姐，想找房子吗？租还是买？

张莉芳（没想过要对话，有点不好意思）：买……

地产经纪：想要什么类型的？

张莉芳：小一点的，两个人住，越便宜越好。

地产经纪：现在首次置业的楼盘，旧房价钱不到四五百万，预算首期四至五成。

张莉芳：再小一点的，一个人住呢？

地产经纪：这个？现在一个人住、两个人住也差不多……

张莉芳：……嗯……那楼价什么时候会跌？

地产经纪（失笑）：这……楼价不会跌的，小姐。

张莉芳：（笑）不好意思。

张莉芳提着衣服继续走，地产经纪回到店内。

第21场

时：日

景：金都商场扶手电梯／后巷

人：张莉芳、杨树伟（35岁）

（注：此阶段张莉芳想跟杨马上离婚，以赶及跟Edward结婚。）

张莉芳捧着婚纱步进金都。

张莉芳踏上扶手电梯，与正在落扶手电梯、准备下去抽烟、一身文青打扮的杨树伟擦身而过。

杨树伟看着张莉芳，认出了她，但张莉芳没有看到他。

杨树伟（普通话）：张莉芳！张莉芳！

张莉芳听到有人叫她，回头向下望，是一个陌生的男人。

杨树伟（普通话）：我呀！杨树伟呀！

张莉芳扫视杨树伟，突然意识到对方是谁，开心又紧张。

杨树伟一落完扶手电梯马上重新登上向上的扶手电梯。张莉芳却已同时踏上了向下的扶手电梯，二人兜转了一圈。

杨树伟：下面等！下面等！

张莉芳：上面等！上面等！

杨树伟：下面吧，我正好去抽根烟。

二人在扶手电梯下集合，张莉芳一贯怕陌生人，没有直视杨树伟。

杨树伟指示张莉芳走出去抽烟位置。

* * *

后巷。

杨树伟（兴奋）：终于找到你了，我女朋友叫我放弃，幸好我坚持要找。

张莉芳怕杨呼出的香烟会弄得婚纱有气味，有点厌恶地站开一点。

张莉芳：那我们现在可以去离婚吗？

杨树伟：离婚？你要帮我弄单程证。

张莉芳（怯懦、犹豫）：什么单程证？

杨树伟（热烈、催逼）：张小姐，我跟你假结婚就是为单程证！当时中介不是说好四年后再见面吗？你人却不见了！

二人沉默。

张莉芳：你到底要多少钱才肯离婚？

杨树伟：不不不，我要拿到身份证才能离婚，之前中介已经收了我十万，我再补五万给你，微信钱包有吗？现在转。

张莉芳：我没有微信呀！（普通话）我跟男朋友真的要结婚了，麻烦你帮帮忙。

杨树伟（戏谑）：我的单程证真的要去办了，麻烦你帮帮忙。

二人僵持、沉默。

杨树伟：你这个人真矛盾！你这么想结婚，当年就不要跟我结婚呀！

张莉芳：我当初没有想过自己要不要结婚。

杨树伟：你自己想不清楚是你的问题，不要连累我。

张莉芳（没好气）：随你的便，反正我正在办单方面离婚。

杨树伟（语气肯定、不慌不忙）：单方面离婚很慢的，你知道吗？我这边，双方签名、公安局交表、批证，两星期内搞定！

张莉芳有点心软。

杨树伟：你乖乖帮我办证，办好之后马上离婚，我们结婚十年，分数早就够了！

张莉芳：什么分数？

杨树伟：结婚之后一天零点一分，一百五十分才可以申请。

张莉芳：那是不是搞定就可以离婚？

杨树伟：是！

张莉芳（思考）：两个星期？

杨树伟：每天批一百五十人呀，（广东话）很快的。

张莉芳：不了，我还是先回去跟男朋友商量一下……

张莉芳拿着婚纱转身就走。

第22场

时：夜

景：Edward家

人：张莉芳、Edward

（注：此阶段张莉芳想自行处理跟杨的离婚，尽量向Edward拖延结婚日子。）

张莉芳在用地拖拖地，拖至厕所附近，突然嗅到臭味，望向正在厕所开着门大便的Edward。

张莉芳：喂，你的屎很臭！

Edward：你的屎香的吗？

张莉芳（走近想把门关上）：好臭呀……

Edward（顶着门不让她关上）：就是臭才不关门！

张莉芳：关门吧！

Edward：喂啊，关门氏菌。

张莉芳与Edward一个想关门一个想开门，双方争持着，最后张莉芳不再纠缠，离去，Edward露出胜利的笑容。

第23场

时：夜

景：Edward家

人：张莉芳、Edward

张莉芳喂小龟吃龟粮，Edward大完便出来，走向厅，戴上耳筒准备打游戏机。

Edward（对队友说）：行了，我准备好了！

张莉芳：你妈挑好日子了没？

Edward放下手柄，极速在柜面，取了一本通胜（指旧时的皇历）递给张莉芳，又回到打游戏状态。

Edward：我妈叫我买了通胜。

张莉芳揭着面前的通胜，装模作样地看着。

Edward（有点惊讶）：亲爱的，你看得懂吗？

张莉芳：不如我们两年后再结婚吧。

Edward：我妈好像说明年九月！

张莉芳：这么急？

Edward：对，她想明年。

张莉芳（有点烦躁）：现在是你想结婚还是你妈想结婚？

Edward：两个都想。

张莉芳：我们现在都同居了，结不结婚有什么分别？

Edward：我不跟你说了吗？她对我们同居又不结婚有点小意见……要不你自己跟我妈说……

张莉芳：阿怡替我问了风水师傅，他说明年结婚的话我会克死老公！

Edward（打游戏、对队友说）：唉，死了！

张莉芳拉开他的耳筒，认真地望着他。

Edward（有点害怕）：其实……我妈想约你家人谈一下酒席。

张莉芳：酒席？我们摆酒吗？上次不是说你们那边吃顿饭吗？

Edward：一开始是说吃饭，之后就要派喜帖，之后又说要换裙褂，之后又说要换衣服……

张莉芳（有点不满）：那就是摆酒。

Edward：你跟你家人谈谈吧……

第24场

时：夜

景：Edward家

人：张莉芳、张父（VO）

张莉芳站在家里一角，拿起手提电话，鼓起勇气打给父亲，双方已很久没有联系。

芳爸（VO）：喂？

张莉芳（讲电话）：喂？爸，我是阿芳……

芳爸（VO）：什么事？

张莉芳：没什么……我要结婚了……

芳爸（VO）：真的吗……什么人？是大陆仔吗？

张莉芳：不是，不是，是香港人，他叫Edward……不过应该两年后才结婚……

芳爸（VO）：那你干吗这么早打来？

张莉芳：应该会摆酒。

芳爸（VO）：你自己做主吧。没什么事了吧？

张莉芳：那你们来吗？

芳爸（VO）：到时候再说吧，我怎么知道自己两年后有没有空……

张莉芳：那如果明年九月呢？

芳爸（VO）：你很想见到我们吗？

芳爸挂断电话，话筒嘟一声断线，张莉芳茫然。

第25场

时：日

景：金都外

人：杨树伟、张莉芳

（注：此阶段张莉芳为了家人及下年九月的酒席想加速离婚，答应帮杨，此场后杨成为她对自由及追求自我的榜样／幻想。）

张莉芳步出金都，与文青打扮的杨树伟会合。

张莉芳一贯怕羞，不敢直视杨树伟。

杨树伟一见面就掏出了一卷圆筒形的人民币，塞给张莉芳。

杨树伟（不慌不忙）：这个是你帮我的报酬。

张莉芳看着人民币，没有接下，有点无奈。

杨树伟：你拿着，结婚很花钱。

张莉芳：我结婚也没打算要铺张。

杨树伟拉开她的手袋，把钱放进去给她。

张莉芳（拉开手袋偷看）：你以为这里真的很多钱吗？人民币最大也只就100元？

杨树伟：现在中国没有人用现金的，你没有微信钱包我有什么办法？

杨树伟说罢就爽快地转身带路，张莉芳急急跟上。

* * *

后楼梯大垃圾桶旁，Edward把热裤放在垃圾袋内，扔掉。

Edward拿出电话发信息给张莉芳。

Edward（录音）：宝贝你在哪里呀？

Edward（录音）：你这条裤子什么时候买的？为什么我不知道？太短了吧，我帮你扔了好不好？

说罢离开垃圾桶。

第25A场

时：日

景：家具店

人：杨树伟、张莉芳、环境人物

杨树伟与张莉芳坐在沙发用旧数码相机（2006—2010年款）合照。

原来是在家具店一角。

杨树伟：笑得开心点。

* * *

杨树伟把抹布套递向张莉芳要她拿着，指示她装作在打扫家务。

杨树伟：你演一下，抹抹东西之类的……

张莉芳毫不情愿地拿着手套，冷冷反抗。

张莉芳（小声）：为什么要我洗碗、抹地呀……房子又不是我一个人的。

杨树伟：因为我要上班，你整天待在家。

张莉芳：什么？我也要上班的。

杨树伟：因为房子是我买的，所以你要负责清洁。

张莉芳：打工换宿呀？

杨树伟：真烦！这么计较！随便你，那我来抹吧，你拍。

杨树伟从张莉芳手中接过抹布，张莉芳接过数码相机。

二人摆好姿势，成功拍了一张生活照。

* * *

二人继续逛家具店，张莉芳突然想起什么，带杨树伟走。

张莉芳：你过来看下呀……

张莉芳带着杨树伟走到某处，二人驻足，定睛看着一张大餐桌。

张莉芳：好看吗？

杨树伟：okay啦。

张莉芳：不好看吗？

杨树伟：喜欢就买呀。

张莉芳：哪放得下？桌子这么大。

杨树伟：香港的房子真的太小了。

张莉芳：那你为什么还要单程证？香港已经挤死了！

杨树伟：我没说要住在香港，我要移民去美国，香港只是我的中转站，你去过美国吗？

张莉芳：（摇头）没有。

杨树伟：难怪你不理解自由，来，拍张照片当自己买了吧！

二人在餐桌前拍照。

* * *

家具店一角，杨树伟在地柜前蹲了下来，张莉芳站在身旁，看着他蹲着。

杨树伟：这里拍一张。

张莉芳：要不要在这里拍一张？

杨树伟（自信）：喂，你看，看到我的脚后跟了吗？我蹲着的时候脚跟可以着地。

张莉芳：那又怎样？

杨树伟：内地人可以这样蹲，香港人不行，美国人也不行，不信你试试看。

张莉芳有点好奇，想试半蹲，又不好意思。

杨树伟：世界上只有中国人可以这样，因为我们是从一种不会飞的鸟类进化而来的，这种小鸟特别想追求自由。

张莉芳听着，一知半解，站直身来。

张莉芳：拍完了吗？

杨树伟（自信满满）：拍够了，现在就欠一封你寄给我的信了。

张莉芳：这么多事？两星期之后真的可以离婚吗？

杨树伟：你不觉得急着结婚很无聊吗？结婚证书有屁用呀？

张莉芳（觉得被冒犯）：那你要香港身份证有屁用？

杨树伟：香港相对来说还是自由一点。

张莉芳：只要有钱就有自由。

杨树伟：香港护照方便，去旅行买套机票就行了。

张莉芳：你搞这么多麻烦，就为了去旅行方便一点？

张莉芳的电话一直响，忍不住站起，拿出一看，是Edward发来的讯息，不敢点开。

张莉芳电话持续响着，已累积超过100个，全是“BB”“AA”等没意义的讯息。

杨树伟（偷看）：哗，他神经病呀？不是骗你，他这是神经病。你确定要跟这个人结婚吗？

张莉芳：关你什么事呀？

张莉芳点开讯息，Edward马上传来了一张照片，图中是一条热裤。

Edward又传来了一条语音信息。

Edward（VO）：你这条裤子什么时候买的？为什么我不知道？太短了吧，我帮你扔了好不好？

张莉芳输入回复“Why”之后又删除了改为“OK”。在旁的杨树伟催促着。

杨树伟：对了，你赶快APP下载微信……我回家了只能用微信。

张莉芳：你知道微信的对话内容会被监控的吗？

杨树伟：你现在也被男朋友监控呀……结婚之后就更加没自由。

张莉芳：总之我九个月后就要结婚。

杨树伟：都什么年头了，还急着结婚，香港人真的很老土。

张莉芳：你是男人，当然不急着结婚。

杨树伟：成功结婚又怎样？很牛逼吗？你知道现在离婚率有多高吗？你知道降低离婚率最有效的方法是什么吗？

张莉芳（想了想）：不知道。

杨树伟：就是不要结婚。

张莉芳（没好气）：总之两个星期，搞定马上离婚。

杨树伟：放心，一拿到香港身份证就离婚，谢谢你。

张莉芳：Bye bye。

张莉芳转身就走。

第26场

时：日

景：锁婚纱店 / 不同空间

人：杨树伟、张莉芳

太子板间房空镜对比张莉芳在金都家。

蒙太奇：杨树伟跟张莉芳在不同空间蹲下，系鞋带、锁婚纱店铁闸，张莉芳开始练下蹲，脚跟愈来愈贴近地面。

杨树伟（VO）：忘了说，写信要用黑色墨水笔，原子笔不行。

张莉芳（VO）：要写什么？我不会写。

杨树伟（VO）：我发给你，你照抄就行。

杨树伟（VO）：之后你要到福州公安局面试，大巴过来很方便。

张莉芳（VO）：什么？我要上福州？福州在哪？一定要去的吗？

杨树伟（VO）：什么什么？面试呀……

张莉芳（VO）：什么面试？你那时又说两星期就搞定？

杨树伟（VO）：得啦，面试之后很快就批证的了，你上来一天就好。

张莉芳（VO）：什么？可我不知道怎么去。

杨树伟（VO）：到时候我来接你。

杨树伟（VO）：我们赶紧互相认识一下，讲一下你家里有什么人。

张莉芳（VO）：不就是爸妈，还有一个哥哥，不过我搬出来住以后就很少联系了。

杨树伟（VO）：为什么要搬出来？

张莉芳（VO）：上高中的时候跟一个同学拍拖，他们不喜欢，不想吵架就搬出来了。

杨树伟（VO）：住在哪里？

张莉芳（VO）：太子的分租房，比金都还要差很多。

杨树伟（VO）：太子，香港的地名真好听，Prince Edward，爱德华王子，不爱江山爱美人讲的就是他的故事。

张莉芳（VO）：你知道我男朋友就叫Edward吗？所以很多人都说他就是我的王子 。

第27场

时：日

景：Edward家—客厅

人：Edward、张莉芳

透明的大桶龟粮，一粒粒龟粮之间露出了小部分红色的人民币，小胶匙勺进龟粮。

原来是张莉芳在家中喂龟。

Edward：（OS）起这么早，搞什么？

原来Edward不知从何时步出了客厅，一开口吓了张莉芳一大跳。

张莉芳：没什么，来得及吃个早餐……

Edward：（睡眼惺忪）怎么不多睡一会，吃个下午茶……

张莉芳：我打算跟阿怡去福州旅行。

Edward坐下，边与张莉芳说话，边打开PS4打游戏。

Edward：福州？大陆那个福州吗？

张莉芳：是的。

Edward：这么特别？有什么好玩？

张莉芳：她有个朋友邀请我们去玩两天。

Edward：什么时候？

张莉芳：月底……

Edward：你们去吧，我没有回乡证。

张莉芳：本来也没想带你！

张莉芳得到Edward的同意，松了一口气。

Edward：喂，你跟阿怡分房睡……

张莉芳：什么？

Edward：我有个朋友的女朋友就是这样给一个拉拉泡走了……

张莉芳：神经病！恐同！

Edward：“恐同”让梨……

张莉芳习惯了不理会Edward的冷笑话。

Edward：喂，我们结婚，是不是一定要让阿怡做伴娘？

张莉芳：我没想过，怎么了？

Edward：那她穿裙子还是穿裤子？

张莉芳：都说没想过了……

Edward：不然你另外找个女朋友吧，我不想伴娘比我还man（男人）……

张莉芳有种莫名的愤怒，看着专心打游戏、戴着耳筒的Edward强忍着不要爆发。

张莉芳：那是你不够man（男人）！

Edward（打游戏）：你啦！（望张莉芳）不是跟你说，（突然想起）我妈原来有个朋友已经帮我们订了酒席，9月10……9月十几号吧……

张莉芳：你怎么能完全不问问我？

Edward：我现在不就跟你说吗？你可以吧？

张莉芳：我有的选吗？

Edward没有回应，继续打游戏。

张莉芳：还有，你叫你妈来我们家之前跟我说一声。

Edward：她有来过吗？

张莉芳：她常常自己上来，有时带业主，有时带装修师傅……

Edward：哦，可能她有跟我说，我忘了跟你说。

张莉芳看着一头乱发、一起床就打游戏的Edward有点生气，随手抓起个靠垫向他丢去。

张莉芳：去死啦你！

Edward顺理成章把靠垫放在手肘下继续打游戏。

第28场

时：日

景：金都商场—走廊

人：张莉芳、Edward、殷母、店员数人

Edward带着殷母参观金都商场，张莉芳悻悻然跟在二人身后。

店员们殷勤热情地向殷母推销产品。

Edward：（销售口吻，向母亲介绍）这里西装、裙褂、印帖……一站式一条龙。还有什么没找的吗？美女。

张莉芳：（在二人身后搭讪）老公呀。

殷母：你们两个都是专业的，现在又有这些朋友帮忙……其实不用我多给意见吧。

张莉芳看着眼前的热闹，觉得有点抽离。

第28A场

时：日

景：金都商场—中式裙褂店

人：张莉芳、Edward、殷母、裙褂店店员

张莉芳在店员的协助下穿上了中式裙褂，在旁的殷母看着。

殷母：这是“大五福”还是什么“中五福”？

店员：这是“中五福”，很够体面了。

殷母（问张莉芳）：你喜欢吗？

张莉芳：我不懂，伯母你做主吧。

殷母（问店员）：那婆婆要穿些什么？

店员：婆婆穿这些……

店员招呼殷母看奶奶褂。

Edward（叫张莉芳）：小露宝！小露宝！

张莉芳望向在一旁帮她拿着手袋的Edward，见他闷得在发呆。

张莉芳：嗯？

Edward：不如你们试吧，我想回去打游戏……

殷母：阿芳！阿芳！

张莉芳望向店内的殷母，见她表现雀跃。

张莉芳：嗯？

殷母：阿芳呀，要替你妈妈挑一件吗？

张莉芳：我妈妈很怕麻烦的，我先问问她……

殷母（没有专心听张莉芳说）：我喜欢这件……

店员继续招呼殷母。

张莉芳（问店员）：可以帮我脱掉吗？

店员：你要先拍张照片吗？

张莉芳：哦，好呀。

张莉芳发现手机不在身上，放了在手袋内，望向Edward。

张莉芳：电话。

回过神来，翻张莉芳手袋拿她的电话，笨笨地递向她。

张莉芳：帮我拍呀……

Edward：哦……

Edward帮她拍了照片。

Edward：行了。

张莉芳：可以脱了吧……

店员帮张莉芳脱下裙褂外套，突然听到Edward颤抖的声线。

Edward：（OS）张莉芳……

张莉芳回头，只见Edward手中正拿着一张文件，眼定定地看着，一脸惨白。

张莉芳看到这情形，也像被电掣中般惊惶失措。Edward手中的正是她折好放在手袋一角、之前补领的那张结婚证书副本，丈夫的名字是“杨树伟”。

Edward：谁是杨树伟？

张莉芳：你怎么翻我的手袋啊？

Edward（气急败坏、有点口齿不清）：干！这张是什么？真的吗？做什么的？

殷母（非常担心）：怎么了？

张莉芳看一看注视着他们的店员及殷母，觉得非常尴尬。

张莉芳：去你公司进行不行？

Edward走过去一把拉着她的手，举动吓到殷母及店员。Edward把她从中式裙褂店拉走，张莉芳还未及把裙褂的下半脱下。

Edward拉着张莉芳行过走廊，踏上扶手电梯去另一层的婚摄公司。

张莉芳（无奈）：你冷静点，这么多人。

Edward板着面，没有说什么，只是再用力扯了张莉芳一下，沿途一直抓着张莉芳的手，没有放开过。

第29场

时：日

景：金都商场——楼走廊／婚摄公司

人：张莉芳、Edward、强仔

Edward情绪不稳，把张莉芳拉进自己的店铺，见强仔正在剪接一条婚庆片段。

Edward：喂，你出去抽根烟。

强仔：我早戒烟了。

Edward（有怒气）：走呀！

强仔这才识趣地急急离开店铺。

Edward：杨树伟是谁？（把手中的结婚证书递给张莉芳）这张是真的还是假的？

张莉芳：假的，假结婚！

Edward（怒气稍消）：什么意思？这张东西是假的？

张莉芳：证书是真的，结婚是假的。

Edward：你跟另外一个男人结了婚？什么人啊？怎么认识的？

张莉芳：不认识的，中介介绍的……

Edward：你神经病吗？你不是说想跟我结婚吗？

张莉芳：很久之前的事了，十年了……

Edward：你跟他结婚十年？

张莉芳：他们说我什么都不用理会，会自动帮我办离婚，我以为早就处理好了，结果那中介被人抓了，我什么都问不到。

Edward：你没跟我说啊，你没有跟我说过！

张莉芳：那时候阿怡跟Mabel说要搬出来住……

Edward：你和那男的上过床吗？

张莉芳：你说什么？

Edward：你有没有跟那大陆人上过床？

张莉芳（有点烦躁）：神经病，我不认识他的。

Edward：我哪知道？你不是说你缺钱嘛！

张莉芳：神经病！

Edward：你想骗我骗到什么时候？

张莉芳：我怎么跟你说？你这么冲动，我怎么跟你说？

Edward（伤心）：你是不是想分手？

强仔敲门打断。

强仔：不好意思，我处理一下片段，按个键就走……我走了！

强仔迅速地走进去按一下电脑，又离开。

Edward、张莉芳二人沉默了一会儿。

张莉芳：我们照样结婚，没有影响的……

Edward：我怎么跟我妈说？

张莉芳：你就别跟她说了。

Edward（沮丧）：你到底想不想跟我结婚？

张莉芳：不想跟你结婚就不用这么麻烦。把手续办完，很快的。放心吧。

Edward：我不想其他人知道你结过婚。

张莉芳：你不说就没有人知道……（看着自己身上的褂）我去把衣服还给人家……

张莉芳离开婚摄店。

Edward沉默，振作起来离开婚摄店，走向裙褂店与她们会合。

第30场

时：日

景：金都商场—地下扶手电梯

人：张莉芳、Edward、殷母

扶手电梯往下，Edward板着脸站前，殷母不知就里，只知二人吵架，觉得疑惑，张莉芳站在二人身后。

三人到了地下。

张莉芳（跟前面两人说）：我忘了还有工作未完成。

殷母（跟张莉芳）：一起吃点东西吧？

张莉芳：还要工作，我不吃了……

殷母：你没事吧？

张莉芳：没事，我先回去了。

Edward没有回头，径自离开了，殷母跟着儿子走。

张莉芳叹了口气又搭上扶手电梯回去。

第31场

时：夜

景：Edward家—睡房

人：Edward、张莉芳

张莉芳、Edward躺在床上，二人都睡不着。

Edward拿起了张莉芳放在床头柜充电的电话。

Edward检查她的电话，打开张莉芳的电话“设定”内的“定位服务”，找到了常用位置，里面记录了张莉芳去过的地点，除了“太子”、“金都”、“洗衣街”外，在一周前开始出现一个在“湾仔”的纪录。

Edward又启动“Find my iPhone”的功能。

张莉芳知道自己的电话正被检查，却装睡。

Edward起床走出厅。

张莉芳待了一会，也跟着走出厅，见Edward对着电视打PS4，坐得离电视很近。

张莉芳：别坐得离电视太近啦。

Edward没有回应。

张莉芳：Edward。

Edward：嗯。

张莉芳走近一看，Edward似在哭。

张莉芳：我们正在办离婚了。

Edward：大陆人都没有信用的，他现在有你的把柄，一定会勒索你。

张莉芳：哪有？我跟他到福州办完手续就可以。

Edward：你为什么要帮他？跟他非亲非故。

张莉芳：我也只是想快点跟你结婚。

张莉芳坐下看他打游戏。

Edward：你喜欢他？

张莉芳：没有。

电视机光映照在二人面上。

张莉芳挨着Edward，二人呆呆地看着电视，Edward主动吻张莉芳，张莉芳苦笑迎接，Edward觉得她冷漠，有点生气。

张莉芳主动地吻回他，Edward开始原谅。

第32场

时：晨

景：金都商场外墙／Edward家一睡房、客厅

人：Edward、张莉芳

金都商场的灯牌由亮着转为熄灭。

Edward赤裸上身、盖着被睡得死死，暗示昨晚二人做过爱。

张莉芳吹头的声音吵醒了床上的Edward。张莉芳已穿好准备出门的衣服，穿得比平时稍微讲究，准备出门。

Edward：起这么早？

Edward睁眼见张莉芳在照镜打扮、戴耳环，地上放着张莉芳前往福州的行李。

Edward（怀疑）：你穿得这么漂亮要去哪里？

Edward挣扎着坐起，穿衣服。

婴儿哭闹声及邻居夫妇的吵架声响起，隔离邻舍嘈吵的装修声响加入。

张莉芳：什么？

Edward：我问你穿得这么漂亮要去哪里？

张莉芳：很漂亮吗？你不是总说我平常穿得太随意？

Edward：你那是跟我出去的时候穿得随意，你穿得这么漂亮去见他？

张莉芳：去见公安。

环境吵闹，二人要提高声线才听到对方说话。

Edward：你说什么？

张莉芳：去见公安，面试。（噪音令她很烦躁）你确定要买那个单位呀？

Edward：那你有什么好建议？

张莉芳：我们可以先看看其他选择，为什么要这么着急？

Edward：再不买的话买不起了！

张莉芳：租房子也可以结婚的。

Edward：女人不都想找个有房子的男人结婚吗？

张莉芳：租房子可以随便，买房子要想清楚吧，你拍拖的时候可以随意些没所谓，结婚不用想清楚吗？

Edward：你的意思是当初跟我一起是因为没所谓？

张莉芳：你爱怎么想就怎么想……

噪音又再大声了一点。

Edward：钱是我妈的，她喜欢买什么就买什么。

张莉芳：那你们就不要假装问我意见……

Edward：你不着急买房子，不着急结婚吗？

张莉芳：我不知道你们在着急什么？

Edward：你记住如果有一天你嫁不出去的话，是你自己的问题！

Edward觉得自己语气重了，张莉芳没说什么就转身离开。

第33场

时：日

景：金都外

人：杨树伟、张莉芳、Edward

张莉芳与杨树伟会合，张莉芳站着等杨树伟抽烟。

Edward从金都中心（住宅出入口）出来赶到，看到杨树伟的外形比他想象中长得英俊，反应甚大，下意识挡在二人的中间。

杨树伟：你好。（想握手）杨树伟！

Edward（问张莉芳）：你怎么不跟我说？

张莉芳：说什么？

Edward：这么年轻。

杨树伟（听得懂广东话）：我不年轻呀，快四十了。

Edward忧心忡忡拉着她。

Edward：你等我，我跟你一起去，我今天去办回乡证。

张莉芳：别闹了，公安局不知道能不能改期……

杨树伟：不能改期呀！我等了这么多年，你别搞砸了！

杨树伟看看时间，把烟头随手丢在地上，拉着张莉芳要走。Edward不想让她离开，三方有点拉扯。

杨树伟：走！跟我去！

Edward：喂！你别动手动脚的，报警，告你非礼呀……

杨树伟：现在谁是她老公呀？

张莉芳（对杨树伟）：嘘！（对Edward）我时刻跟你报到，可以吧？

Edward：我不想你跟他去！

张莉芳：时间到了，我们走吧……

Edward：你叫阿怡陪你啦！

杨树伟：走啦！

张莉芳：好啦……

Edward：我怕他吃了你！

第34场

时：日

景：高铁

人：张莉芳、杨树伟、环境人物

上场三人吵闹声紧接安静车厢。

张莉芳、杨树伟坐高铁，二人面对面坐，都显得有点疲累。

杨树伟坐到张莉芳身旁，把一只戒指递给她。

杨树伟：戴上。

张莉芳戴上戒指，一看，有点满足。

杨树伟：我们是不是应该把握时间了解一下对方，如果面试的时候穿帮就麻烦了。

张莉芳：什么？

杨树伟：我们准备一下面试。

张莉芳：面试应该不会很久吧？

杨树伟：不会，他们就是想问几道问题，见见面，如果有怀疑才会分开问吧。

张莉芳：好的。

杨树伟与张莉芳的话语配合高铁窗外的风景。

第35场

时：日

景：内地

人：—

内地城市空镜。

第36场

时：日

景：福州面店

人：张莉芳、杨树伟、伙计

（注：此阶段张莉芳首次感受没有Edward的轻松。）

杨树伟带张莉芳到一间面店吃东西，二人对坐等待食物。

张莉芳对环境有新鲜感，有点去旅行的小兴奋。

杨树伟：这里的面好吃，香港吃不到。

张莉芳：香港有，只是你不知道。

张莉芳顺手拿出电话看看，看了才想起自己的电话在大陆收不到。

张莉芳（笑）：习惯了一坐下来就看电话，都忘了我的电话没有漫游。

杨树伟：噢，你要打电话给男朋友吗？电话借你！

张莉芳：不用不用……很久没试过不用看电话讯息，挺自由的。

杨树伟：怎么也得跟你男朋友说声你到了吧，报个平安。

张莉芳：我一上线就不能好好吃饭了。

杨树伟：什么意思？

张莉芳：他比较……怎么说……广东话叫“痴线”，就是他会传很多讯息给我。

杨树伟：我一早就说了他有神经病，而且病得不轻。（广东话）神经病！

伙计把两碗面送上。

张莉芳吃面，面果然很好吃，她有点惊讶。

张莉芳：这个面真的好吃，鸡汤味道很好。

张莉芳说着喝了两口汤。

杨树伟（奸笑）：我劝你还是不要喝太多，你听过一滴香吗？

张莉芳（一惊）：真的吗？

杨树伟：骗你的，现在没有店在用了。

张莉芳再次放心吃了起来。

杨树伟（奸笑）：应该是用地沟油吧。

张莉芳白了他一眼。

第37场

时：日

景：福州公安局一房

人：张莉芳、杨树伟、公安局人员

杨树伟与张莉芳在公安局一间房内会见。

公安局人员：身份证、回乡证、户口本。

二人把证件呈上，都显得有点紧张。

公安局人员：杨树伟（抬头看一看他）。

杨树伟：对。

公安局人员：张莉芳（抬头看一看她）。

张莉芳：对。

公安局人员：结婚几年了？

杨树伟/张莉芳（同时）：十年。

公安局人员：杨树伟职业是？

杨树伟：新媒体项目策划，也搞小生意开网店，代购一些香港的产品。

公安局人员：去香港之后有什么打算……

杨树伟：去香港……

公安局人员（打断）：太太说吧，会说中文吧。

张莉芳（有点紧张）：会……呃……（尽量说自己知道的事）他……本来想当记者的，可是在内地记者不好当，就没当了，去广州打工……

公安局人员（打断）：我是问将来，去香港之后要干吗，没听懂吗？（跟杨树伟）你翻译一下。

杨树伟（尽量试用广东话）：他是问我去香港之后打算做什么工作，（说出最有信心的广东话）神经病……

杨树伟轻轻握着张莉芳的手想她放松。

张莉芳：哦……他来香港打算去我现在工作的婚庆商场，金都商场工作，可能开一家婚摄……（不懂普通话发音）帮别人拍照拍片那种，（广东话）婚摄公司……怎么说！（撞一下杨树伟、怪责）翻译一下。

杨树伟：婚摄。

张莉芳：对对……拍“幸福微电影”……把新郎新娘的爱情故事拍出来。

公安局人员把二人的互动看在眼内，觉得二人的婚姻关系可信。

二人也感觉到自己过关了。

第38场

时：日

景：福州杨树伟家外／家内一厅

人：张莉芳、杨树伟、吴小玖

张莉芳、杨树伟二人并肩行走在斜路上。

二人肩并肩走得很近，走在通往杨树伟家的路上。

杨树伟带张莉芳回家，准备用锁匙开门时，门抢先进内打开了。开门的是一个女生（吴小玖，26岁）。

吴小玖：姐姐你好！

杨树伟（有点惊讶）：哦……你怎么来了？谁让你过来？

吴小玖（没理会杨树伟）：我叫小玖。

张莉芳（客气）：你好！

吴小玖：你们顺利吗？

杨树伟：还行……

吴小玖：过关了？

杨树伟：怎样？很失望呀？

吴小玖嘟嘟嘴，没有回应杨树伟，抢着帮张莉芳提行李，招呼她进去坐。

吴小玖：喝茶吗？

张莉芳：okay……不用啦……谢谢……

吴小玖：Wifi密码你要吗？

张莉芳（想一想）：不用了。

吴小玖：树伟说你有男朋友对吧？

张莉芳：嗯。

吴小玖：那你跟男朋友报个平安吧……

张莉芳：不用了……

第39场

时：夜

景：福州杨树伟家内一睡房

人：张莉芳、杨树伟、吴小玖

张莉芳独自躺在床上，听到邻房二人吵架的声音，二人说着方言。

吴小玖（OS）：我有了你的孩子。

杨树伟（OS）：你是故意的吧？

吴小玖（OS）：不是，你不相信我也没办法！

杨树伟（OS）：你是在整我吗？你到底明不明白，我拿身份证不一定要待在香港！

吴小玖（OS）：我没有不喜欢香港，是你自己一直说香港房子又小又贵……

杨树伟（OS）：那现在你说怎么办？

一阵沉默，张莉芳侧着耳朵偷听。

杨树伟（OS）：打掉吧！我为了这个证折腾了这么多年，不可能现在放弃。

吴小玖（OS）：你听你自己说什么？你要杀了我们的孩子？自私！

杨树伟（OS）：你让孩子当黑户，不也是自私。

吴小玖（OS）：黑户就黑户呀，过两年人口普查就可以上户口了，怕什么呀？

杨树伟（OS）：我有朋友的老婆被抓去人流了，你知道吗？

张莉芳听见吵声停了，离开床铺，开门出去，上厕所。

第40场

时：夜

景：福州杨树伟家内—厕所外

人：张莉芳、杨树伟、吴小玖

张莉芳上完厕所，从厕所出来，遇到了从房间出来的杨树伟。

杨树伟：我们吵到你了？

张莉芳：不是呀。

杨树伟：床生睡不着？

张莉芳：没有。

吴小玖也从房里走出来。

吴小玖：开会呀？

杨树伟（故意跟张莉芳说）：文件批下来我就去香港，租个房，要待七年才能转永居。

吴小玖：面试还没有结果呀，可能不批呢……

杨树伟：你也一直说我不可能找回莉芳，我也找到了。

张莉芳（不想卷入二人的争拗）：那我们什么时候可以离婚？

吴小玖（搭讪）：很快，放心，他比你还焦急，搞不好他现在死了遗产全归你了。

杨树伟：说什么呀你？你说谁死呀？

张莉芳无奈一笑，离去，杨树伟也推着吴小玖回到房中。

第41场

时：昏

景：高铁

人：张莉芳、环境人物

张莉芳独自坐铁路回香港，香港路段。

张莉芳坐在手上的电话讯息响个不停，全是来自Edward的“aaa”“bbb”“where”等讯息，已累积至五百多个。

第42场

时：夜

景：太子街

人：张莉芳

张莉芳拿着从福州回来的行李，横过弥敦道，背景是亮了霓虹灯的“金都商场”及“联合广场”。

第43场

时：夜

景：Edward家—客厅

人：张莉芳、Edward

张莉芳坐在饭桌，离远看着小龟，它似乎想爬出去。Edward一抬头，挡着了她看龟的视线。

原来，桌面放满了喜帖及信封，两人分工合作：Edward负责把十元纸币放进回礼的小利是封（小红包），张莉芳把饼卡（一种可以兑换点心的食品券）夹进喜帖。

两人之间有种隔膜、尴尬的气氛，张莉芳尝试打开话题，视线落在桌上一角的几张excel嘉宾名单。

张莉芳：你妈的朋友还挺多的……

Edward：对，她的朋友才是主要观众群。

张莉芳：很划算，给一千块就可以现场看我们表演结婚。

Edward（拿起名单递给张莉芳）：你写信封啦。

张莉芳：我写呀？

Edward：你写啦，你写字比较漂亮。

张莉芳拿起上次她帮杨树伟写信的那支墨水笔，对着名单，准备把名字抄写在信封上。

正要下笔时。

Edward（紧张叫停）：喂喂喂……圆珠笔好吗？

张莉芳：这不是圆珠笔，这是墨水笔。

Edward：没有更好的吗？

张莉芳：墨水笔才写得好！

Edward鼓起勇气说真正想说的话。

Edward：我帮你申请了漫游，下次你到大陆可以用WhatsApp。

张莉芳：不用再去了。

Edward：你以后可以别再跟那个大陆人联络吗？

张莉芳：嗯。

第44场

时：日

景：金都商场—婚纱租赁店

人：张莉芳、阿怡

张莉芳在工作，电话放在柜面，响起，是杨树伟传来的讯息，阿怡见状。

阿怡：喂，你老公找你……

张莉芳：哦。

阿怡：假的那个！

张莉芳放下工作，过去看电话。

杨树伟（传来讯息）："你有没有穿婚纱的照片？发我好吗？"

张莉芳（回复）："为什么？"然后又熟手地删除了讯息。

杨树伟没有再回复，张莉芳边看电话边心不在焉地工作，最后还是忍不住选了一件婚纱。

张莉芳穿上了婚纱，看着镜中的自己，感觉有点怪怪，阿怡凑近她身旁。

阿怡：发骚吗？

张莉芳（递婚纱给她）：对，你要试试看吗？

阿怡：才不，没有这些幻想！

张莉芳：其实你也可以结婚，台湾现在也可以同性结婚。

阿怡：就算要结婚也去荷兰吧……

张莉芳：可能将来香港也有呢。

阿怡：你放心吧，那可比取消异性婚姻更难。

张莉芳（疑虑）：你觉得是不是事业有成……或者是同性恋的女生才不用结婚？

阿怡（思考）：也是，主要还是让身边的人闭嘴。怎么了？早就说你喜欢女生。Edward比你更像女人。

张莉芳：帮我拍张照片吧。

阿怡帮张莉芳拍照。

张莉芳把自己试穿婚纱的照片发了给杨树伟。

想了想，又把穿婚纱的照片传给Edward。

第45场

时：日

景：红棉道婚姻登记处外

人：Edward、强仔、新娘Creamy、新郎、亲友数

红棉道婚姻登记处外，强仔正在替一对新人与亲友拍照，准备拍摄，但负责录像的Edward则频频低头看电话。

强仔（精神奕奕）：新郎把新娘抱紧一点！对了对了！爸爸出来一点，好了，很帅！（轻声提示）Edward……Edward……

Edward抬头，只见新人与亲友们已移步到另一个拍照位置，他那架在脚架上的摄像机正拍着无人的景物。

Edward急急忙忙抬起脚架跟着众人转换位置。

新郎：（问新娘）是不是该进去啦？

强仔：（笑面迎人）还没到时间，再拍两张去刚刚好，放心放心……

Edward放下了脚架，打给张莉芳，但对方没有接听。

强仔替新人拍完照，继续主持大局。

强仔：行了，这么多人差不多了。进去行完礼有时间再出来拍几张！

众人向婚姻注册处方向移动。

突然，Edward把摄录机塞向强仔，并抛下一句说话。

Edward：你先顶住（说罢拔腿就跑）。

强仔愕然，还未及反应，Edward已然走远。

强仔跟着众人走向婚姻注册处，又不安地回头寻找Edward的踪影。

第46场

时：夜

景：金都商场—婚纱租赁店外／二楼走廊

人：Edward、张莉芳、阿怡

张莉芳与阿怡从铺内出来，准备落闸关铺。

阿怡见是Edward来接，识趣地先行两步。

阿怡：先走啦。

张莉芳：Bye bye。

阿怡离开，张莉芳准备把闸门拉好上锁时，Edward来到接她下班。

Edward（上前）：我帮你。

张莉芳：谢谢。

Edward（有点错愕）：怎么突然说谢谢？

张莉芳（错愕）：什么？

Edward：突然这么客气？

张莉芳（想一笑置之）：我不是一直都很有礼貌吗？

张莉芳锁好铁闸站起。

Edward：为什么突然试婚纱？

张莉芳：下午有客人试，我也跟着试一下。

Edward：妈妈不是说你穿露背的不好看吗？

张莉芳：哦，随便吧，再挑一挑……

入夜的金都商场，关了灯的橱窗内放着穿上了婚庆服饰的人形模特儿公仔，感觉分外阴森。

张莉芳斜眼看到，心下不寒而愠，马上加快脚步离开现场。

第47场

时：夜

景：Edward家—客厅

人：张莉芳、Edward、杨树伟（VO）、邻居

客厅一角，张莉芳的电话突然收到讯息，响起，是杨树伟传来的讯息。

一只手入镜拿起电话，是Edward，张莉芳迟了他一步。

Edward点开杨树伟与她的对话内容，张莉芳无奈。

杨（VO）：不好意思，这么晚找你，我跟小玖商量过，不如我跟你离婚算了。

Edward：亲爱的，他说搞定了。

张莉芳：真的？那我们可以办离婚了。

杨（VO）：单程证这么久还未批下来，我也不知道还要等多久，我在想是不是应该放弃唉……为了个证件，我等了这么多年，其实我也很矛盾。

杨（VO）：不好意思让我再想一想，其实我也怕耽误了你跟男朋友的婚事……不好意思呀。

Edward：（拿起电话录音）原来你也知道你打扰我们结婚啊。

Edward放下电话，看着张莉芳。

Edward：那现在是怎样？他离不离婚？

张莉芳（想了想）：其实就算我跟他没彻底离婚，我们也可以照样结婚。摆酒、拍照、照样去旅行，就是签字是假的，做给你妈看……

Edward对张莉芳的决定十分失望。

Edward（发怒）：装结婚吗？你跟我就装结婚，你跟他就假结婚？你搞什么？

张莉芳：我不是这个意思，就是说我们可以按照原定计划进行。

Edward：你跟他假结婚收了多少钱？

张莉芳：前期给五万，事成之后再给五万。

Edward：几万块，你收几万块就跟别人假结婚，我跟你一起这么久，你却不肯跟我结婚？

张莉芳：我何时说不肯结婚？我现在不就说结婚吗？！

Edward：你收了几万？几万？我马上开支票给你！

Edward激动要拿支票簿出来开支票，乱开柜桶，却找不到支票簿。

张莉芳：你的支票本在你妈那里。

Edward：你变了！你认识他之后整个人都变了！

张莉芳：我变了什么？我变什么了？是你不了解我而已！

Edward：你什么都不跟我说，我怎么了解你？

张莉芳：是的，我收别人几万块，我跟别人假结婚，所以我现在就不想这样。我不想住在这里，我不想整辈子困在金都！

Edward（大叫企图阻止她说）：呀！呀！我不想听……我不想听……

张莉芳：我不想你妈吩咐我做事！我不想你总是自作聪明地说我！我不喜欢你检查我电话！我不喜欢你疯狂发讯息轰炸我！我不喜欢你管我穿什么衣服！我不喜欢你不让阿怡当伴娘！

Edward：你说真话了……你说真话了……

门铃响起，二人静下，谁也没有意欲开门，门铃又响起。

张莉芳开门，是邻居来投诉。

邻居：小孩明天还要上学。

张莉芳：好的，抱歉啊……

第48场

时：夜

景：Edward家—睡房

人：张莉芳、Edward

Edward正在洗澡，房灯还未关，张莉芳躺着，忍不住滑下了一行眼泪。

听到Edward洗完澡开门的声音，张莉芳马上擦干眼泪，转为向内的侧睡，不让Edward看到她哭。

Edward见她在睡，把房灯关了。

Edward上床，抱着她，感觉到她的颤抖。

张莉芳：我们是不是不结婚就得分手？

二人陷入沉默。

第49场

时：日

景：太子水店

人：张莉芳、杨树伟、环境人物

一身水货客打扮的杨树伟在抢购奶粉及其他货品。

张莉芳应约走进店铺，见到杨树伟的状态有点惊讶。

杨树伟迎上前。

杨树伟：芳，我还没买完，你等我一下……

张莉芳跟着杨树伟看他在货架选购东西。

杨树伟：我决定了，我不等身份证了。

张莉芳：真的吗？

杨树伟：小玖想马上结婚。

张莉芳：你不是说蠢人才急着结婚吗？

杨树伟：没办法，她怀了孩子。

张莉芳：你的避孕套淘宝买的吗？

杨树伟没有回答，默默选购货品。

张莉芳：那你不去洛杉矶了吗？你不是说想要自由吗？结婚没有自由的，拿身份证才有。

杨树伟：不要再说了，再说我就要反悔了，我很想要身份证。

张莉芳在货架之间蹲下。

杨树伟：你干吗？

张莉芳：我会蹲了。

杨树伟（一笑）：练习了很久吗？

张莉芳（有点莫名的失落、普通话）：我不想离婚。

杨树伟（也跟着蹲下）：你说什么？

张莉芳（广东话）：我不想离婚。

杨树伟：什么意思？

爱和电影
都是心碎之后的产物。
/ 杨明明

张莉芳：……我想帮你拿身份证。

杨树伟：我不想拿了，你也要跟男朋友结婚呀。

张莉芳沉默了一会，二人站起。

张莉芳：如果我不爱他但还跟他结婚，那算不算假结婚？

杨树伟：你男朋友很爱你的。

张莉芳（一笑）：为什么每个人都这么说……

杨树伟：你上次跟我回家，他这么紧张……

张莉芳：他不是紧张我，他是不信任我，如果让他选我坐中港巴士撞死还是跟你暧昧，他一定宁愿我死。

杨树伟：你不跟他结婚，你就有自由了吗？那你要去哪里呀？

张莉芳不知如何回答，看着杨树伟付钱买水货，梦想幻灭。

第50场

时：日

景：家事法庭

人：张莉芳、杨树伟、Edward

（蒙太奇）张莉芳跟杨树伟办离婚手续，Edward在旁看着。

第51场

时：夜

景：金都商场—婚纱租赁店外／二楼走廊

人：张莉芳、陈太、阿怡、Mabel

（蒙太奇）张莉芳的最后一天，准备离开店铺，把锁匙交还给阿怡及陈太。

张莉芳向二人道别，转身要走时见Mabel来还裙。

张莉芳与Mabel打个照面，二人还是有点尴尬。

张莉芳：我先走了。

阿怡上前接过Mabel手中的裙。

阿怡：（对Mabel说）放下就行。

Mabel追上张莉芳，二人肩并肩，一起离开已关门的金都商场。

张莉芳：你怎么样？结婚顺利吗？

Mabel：还好，就是累一点。

张莉芳：想起来就觉得烦。

Mabel：我就是怕烦才找个男人嫁了。

二人没有再说什么，一起走着。

第52场

时：日

景：Edward家—客厅

人：殷母、Edward、张莉芳

Edward、张莉芳根据殷母的指示，分工合作地把喜字、对联等贴在家中适当位置。

殷母：往左点……往左点……可以啦。

张莉芳突然发现什么，惊讶。

张莉芳：我的龟呢？

殷母：我送人了。

张莉芳：送人了？

殷母：在这里养龟水火不容，对阿荣的身体不好。

张莉芳（首次鼓起勇气）：我不养在这边，可以养在其他地方啊！

殷母：总之养龟就不是太好……

张莉芳：那你也要问我一下吧？

殷母与Edward对张莉芳的无礼有点惊讶。

Edward：你把龟放在这里，又不理它，又不换水，很臭。

张莉芳（质问Edward）：龟是我的，你也要问我一下吧？

Edward：我不知道啊……

殷母：是我丢的。

张莉芳：为什么要把我的龟扔了？

Edward：我不知道它那么重要……

张莉芳：我的龟粮呢？

第53场

时：日

景：太子花墟明渠

人：Edward、张莉芳

（本场Edward想要明天偷偷买龟，芳想要明天偷偷逃走去还钱给杨。）

张莉芳急急走向明渠，想找回小龟，Edward默默跟在后面，无奈。

张莉芳：放生在这里跟扔了有什么分别？

Edward：妈只是想帮我们积福。我们家的缸这么小，放它在这里自由自在更好嘛……

张莉芳停下，定眼看着Edward。

张莉芳：跟你结婚之后，是不是连养龟的自由都没有了？

Edward（心虚）：其实龟有什么好养？对不对？又不能抱着玩，我们结婚之后生个孩子，让你慢慢养不是更好吗？

张莉芳（气馁）：怎么你们总觉得结婚之后一定幸福快乐？

Edward：不一定幸福快乐，但不结婚就一定不幸福快乐了。

张莉芳：为什么？

Edward（思考）：就像你签成了一张合约，承认对方以后就是生活的合伙人……

张莉芳：我们现在不是合伙人吗？

Edward：都说了是签约呀……

张莉芳：那张合约有什么意思？

Edward：承诺以后只爱对方，放弃所有选择的权利……

张莉芳：结了婚也可以出轨啊。

Edward（不满）：那是毁约，那就是毁约了。

张莉芳：你不觉得别人要你结婚生小孩，你就照着办很蠢的吗？

Edward：是很蠢啊，但你不觉得有人陪你一起蠢很甜蜜吗？

张莉芳：你认真想，你真的很想结婚生小孩吗？我不觉得。我觉得你爱理不理的。

Edward：我爱理不理？其实你想办那些童话式婚礼对吧？你早说嘛。你不是说在金都整天看见别人搞大场面很烦吗？

张莉芳：我不是这个意思……你看了房子又说不想搬家，天花渗水了你又不修。

Edward：我安排那个求婚派对我花了多少时间，这些不算数的吗？

沉默。

张莉芳（苦涩）：我们是不是以后就一直这样啊？

Edward（甜蜜）：是的。

Edward主动抱着张莉芳。

Edward：我们以后都这样。

张莉芳想挣脱，最后放弃，叹气。

第54场

时：日/夜

景：Edward家—睡房/客厅

人：张莉芳、Edward

张莉芳、Edward二人躺在床上，Edward已然入睡并发出均匀的鼻鼾声。

张莉芳转身向Edward观察他睡觉，并把他本来微张的嘴巴合上。

鼻鼾声依然，张莉芳掐住他的鼻子，鼻鼾声停止了。不知哪来的想法，张莉芳掐着他鼻子的手不想放开。

Edward呼吸困难，嘴巴张开，醒了过来。

张莉芳转身入睡。

* * *

Edward起床，看到仍在睡的张莉芳，鬼鬼祟祟地起床，蹑手蹑脚生怕吵醒她。

Edward离家的关门声响，张莉芳马上睁开眼，原来刚才是装睡。

张莉芳马上起床，匆匆忙忙地在家中来来回回，执拾简单行李。

张莉芳又紧张又兴奋，最后换上了衣柜纸袋内那件领口太阔的衣服，匆匆出门。

第55场

时：日

景：水族店外

人物：Edward、水族店员

Edward踢着拖鞋，赶到水族店外。

Edward（叫水族店职员）：麻烦你！

水族店职员：要什么？

Edward：我想买龟……有没有翻了身的？

水族店职员：什么？

Edward：不是不是……随便吧。

水族店职员：要不要龟粮？

Edward：不用了…

Edward拿着小龟缸急急离开。

第56场

时：日

景：太子街

人：Edward

Edward 拿着小龟走在回金都的路上。

第57场

时：日

景：中港旅游巴站

人：张莉芳、Edward

中港旅游巴站，Edward拿着小龟缸经过，向金都方向走。

张莉芳登上旅游巴，没有看见拿着小龟缸的Edward。

第58场

时：日

景：殷家

人：Edward

Edward 拿着小龟兴高采烈回到家中，见张莉芳不在家，觉得古怪。

Edward拿出电话想找她。

Edward：（录音）亲爱的，你去哪了？

Edward焦急地打电话。

第59场

时：日

景：中港旅游巴上

人：张莉芳

旅游巴开动，张莉芳想起什么似的，马上关掉iPhone内"Find my iPhone"的功能。

张莉芳见Edward打来，她索性关机。

第60场

时：日

景：福州杨树伟家

人：杨树伟、吴小玖、张莉芳

张莉芳来到杨树伟家门外，杨树伟、吴小玖几星期前已然结婚，门外仍贴着喜庆的对联。

张莉芳拉开铁闸，杨树伟听到声音走出。

杨树伟：来！

杨树伟让张莉芳进去，怀着四个月身孕的吴小玖也出来欢迎。

吴小玖：姐姐！很久不见！

张莉芳：你好！恭喜你们！

张莉芳从袋中拿出那卷卷人民币。

张莉芳：我还没给你红包呢。

杨树伟：这……怎么好意思……这是……给你的钱呀……

张莉芳：我都没有帮上你。

吴小玖：谢谢你。

杨树伟：你猜是男还是女？

张莉芳：男孩。

杨树伟：这么厉害！猜中了！

张莉芳：是男孩才会舍不得落（打胎）……

吴小玖：什么是（广东话）“舍得落”呀？

杨树伟听懂，但没有帮她翻译。

吴小玖（追问）：告诉我什么是（广东话）“舍得落”呀？

张莉芳忍不住用了Edward式笑话打圆场。

张莉芳：落呀方舟。

杨树伟与吴小玖没听懂，张莉芳自己一笑。

第61场

时：日

景：福州杨树伟家外

人：杨树伟、张莉芳

张莉芳步出杨树伟的家，离开，杨树伟急急追上，送张莉芳出去。

杨树伟：我送你。

张莉芳：不用啦。

张莉芳与二人交换了离别的拥抱，张莉芳转身就走。

杨树伟（叫住）：张莉芳，努力赚钱！你说得对，有钱有自由。

张莉芳（笑）：好，加油。

杨树伟（追上两步）：忘了问，你跟Edward结了婚没有？

张莉芳：还没。

杨树伟：噢，没事吧？

张莉芳：Okay啦。

杨树伟（沉默）：你不爱他吗？

张莉芳：不是不爱。

杨树伟：那就好。

张莉芳转身走，身后有人正在为喜事放炮仗，既嘈杂又乌烟瘴气，张莉芳急步离开现场，手在脸前拨开混浊的烟雾，渐渐看得清前路。

第62场

时：日

景：福州面店

人：张莉芳、环境人物

张莉芳点了上次跟杨树伟吃的那个面。

张莉芳一个人愉快地吃面。

吃着吃着，有点无聊，掏出手提电话，开了机，放在桌面，手机的屏幕亮着待机画面，张莉芳没有正眼看电话，继续喝汤，最后举起碗，连汤都喝下。

电话画面Close up：张莉芳电话开着，Edward的讯息不断弹出，张莉芳没有即时回复，反而打开一直收藏着的网页，按下订购那张大餐桌。

画面持续，主题音乐起、演职员表起。

（完）

垂死挣扎不妥协

撰文　黄绮琳

三十岁生日那天，一觉醒来，觉得自己已经无可否认地变成了他人眼中一事无成的中女（大龄单身女性，是香港近年出现的称呼）了。沮丧万分之余又激起了一种垂死挣扎的热血，想要为踏入三字头的自己做点什么，于是跟朋友提出要搞一个以失败者为主题的搞笑影展——“坎坷影展”。除了搞影展自嘲一番、娱人娱己之余，也下定决心正正经经为自己写一个电影剧本。

我家位于太子弥敦道，透过玻璃窗的折射可以看到“金都商场”橙红色的霓虹灯牌。我每天在窗户旁书写着关于三十岁的迷茫与矛盾，一边经历着霓虹灯牌周而复始的明灭，忽然觉得那就是我们这些城市人的太阳，真的既浪漫又坎坷。说来惭愧，习惯半途而废的我才第一次在没有受薪的情况下，写完一个原创长片剧本。完成剧本的那一刻，我很确切地感受到创作带给我的满足感，觉得这剧本拍不拍出来也没有所谓了。

镜头一转，我凭电影《金都》获得第39届香港电影金像奖新晋导演的提名。感到非常荣幸的同时，我也不禁自省，像我这样一个人毫无导演特质的人，究竟是如何当起电影导演来的?

自小就害羞得要命，从不主动跟别人说话，无可奈何要与人交谈时，也不敢与对方有任何眼神接触。还经常幻想自己变成乌蝇，既可以观察别人、偷听别人说话，又能省却与人寒暄的工夫。想做乌蝇的我明显没有大志，更加不会计划将来，最大的野心只是找一份不用化妆又不用早起上班的工作。抱着这样一个小小的愿望，我决定躲在电脑荧幕后，以写作作为我的终身职业，尝试写小说及歌词，其后又因为逃避就业，报读了修读年期最长的电影制作艺术硕士课程，辗转接触到影视剧本创作。

《金都》的张莉芳，或因安于现状、害怕承担风险，或因前景未明、不知如何是好，对于很多事情都心有不甘地妥协着。毕业后一直安于为其他导演写剧本的我，其实就是张莉芳。

对于“电影导演”这个岗位，老实说，从来都没有非做不可的决心，但《金都》确实是一个非常个人的故事，我还是不舍得让别人来拍，于是参加了“创意香港”举办的首部剧情电影计划。电影计划获选后，其实非常心虚，我觉得最大的困难并不是众所周知的制作资源贫乏（大专组只有三百二十五万），而是对自己没有信心，怕把剧本拍烂。幸好有不少导演、编剧前辈们乐于在剧本及剪接阶段给予意见，还有其他新导演、制作团队、演员朋友们的帮助，令懦弱得连在现场大声喊卡都不敢的我能硬着头皮一步一步把制作完成。

拍电影对于害羞、没有美学触觉、习惯妥协的我来说绝对是一个苦差，一时怪责自己自讨苦吃，一时为自己踏出舒适区感到兴奋，每一刻都充满矛盾，每一个拍摄天都想尽快收工离开现场，从金都商场跑回家睡觉。

直至某天，制片问我“今日攞到你想要嘅嘢嘛？（拍到想要的画面吗？）”时，我竟然莫名其妙地感动起来。这么多人在收不到标准工资的情况下，凭义气辛辛苦苦、担担抬抬、早起晚睡，为的就是把这个写在纸上的故事转换成一个名为“电影”的艺术形式。如果我一直怕事、妥协，不争取自己最想达到的效果，就对不起参与制作的大家了。

坎坷过后，《金都》终于拍摄完成，大家说我“快手”，但原来快慢是主观的，对我来说，我还是太慢了，仅仅迟了半年，赶不及让爸爸看到全片。《金都》得到一些影评人的喜爱，获得一些奖项和嘉许，这些幸运也都带着遗憾。

可幸的是我仍然记得三十岁生日那天突然涌起的那垂死挣扎的热血，在香港电影工业完全消亡之前，跟其他新导演朋友们赶上了末世列车，尝试有意识地“不妥协”。今天我这个三十二岁的中女，好像比一事无成多了一点点。

十 影像

《向晚六章》是一次探寻黄昏的主题漫游。沉迷于黄昏时分稍纵即逝的神秘体验，艺术家陈哲在2012年以来的创作中吸取了源自不同文化与历史的图文材料，并尤为注重观看经验和阅读经验的比较研究。项目中的每个章节既独自成立，又相互作用，共同编织出一个持续生长的立体网络。在日与夜、光与暮光、知与未知之间，艺术家无数次逗留，再无数次出发。

本刊收录的两组作品都各有其文学出处。其中，《对〈赤之茧〉的拓写尝试（看）》以摄影序列的方式重现了安部公房的短篇小说。艺术家有感于作者将黄昏视为一天之中自由与归属的愿望冲突得最为激烈的时间。身处于黄昏，就意味着不得不承受人类永恒的悖论愿望所引发的震颤：若寻求归宿，就要牺牲自由；向往无拘无束，又对孤独感到不安。

《唯一的问题是如何度过》是陈哲对于如何度过黄昏——这段转瞬即逝又永恒交替之时间的思考。基于阅读和亲身经验，艺术家创作了四组类博物柜的陈列组合，用以回应人们度过黄昏时的四种心理状态："沉浸"、"抗阻"、"接近无限"、"把握瞬间"。照片与档案图像被分层安置在大型金属架上，相关的文学选段与之毗邻。在此，作为容器的金属架实为一个巨大的“相框”，其呈现的对象并非某张特定的图像，而是整组图像内部的流动的关系——

“意义与神秘形影不离，密不可分，二者都是时间的产物。肯定确信或许生于瞬间，疑虑怀疑却需时间琢磨，而意义，实乃两者激荡下的产物。”（约翰·伯格）

《对〈赤之茧〉的拓写尝试（看）》之一，2016

《对〈赤之茧〉的拓写尝试（看）》之二，2016

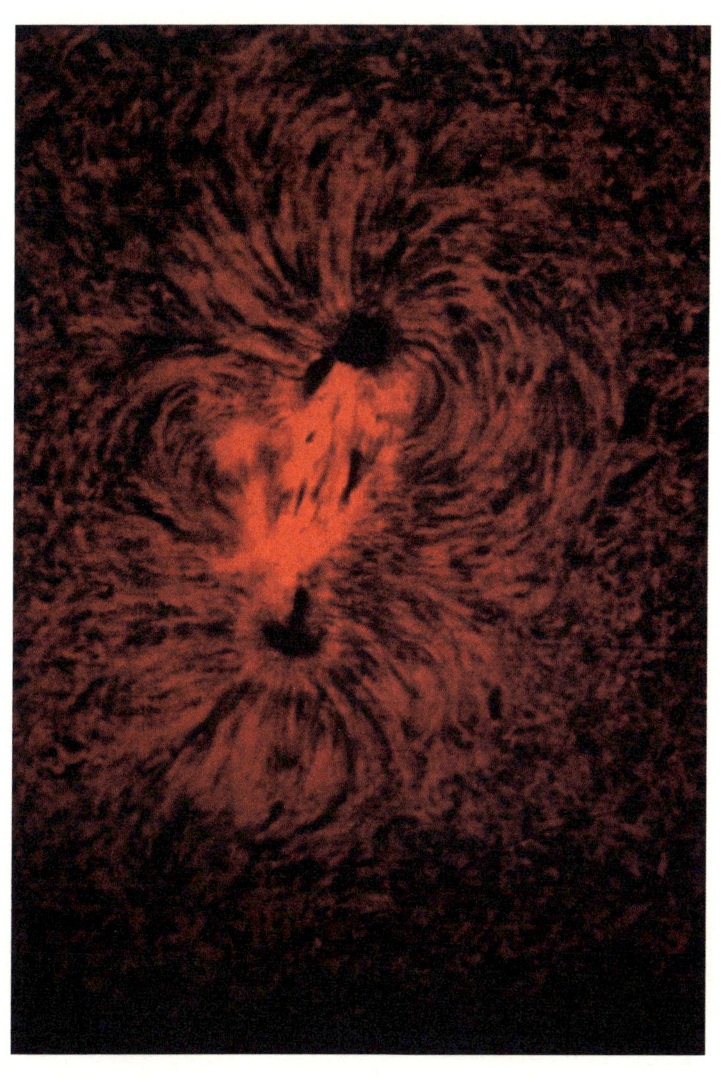

《对〈赤之茧〉的拓写尝试（看）》之三，2016

《对〈赤之茧〉的拓写尝试（看）》之四，2016

《对〈赤之茧〉的拓写尝试（看）》之五，2016

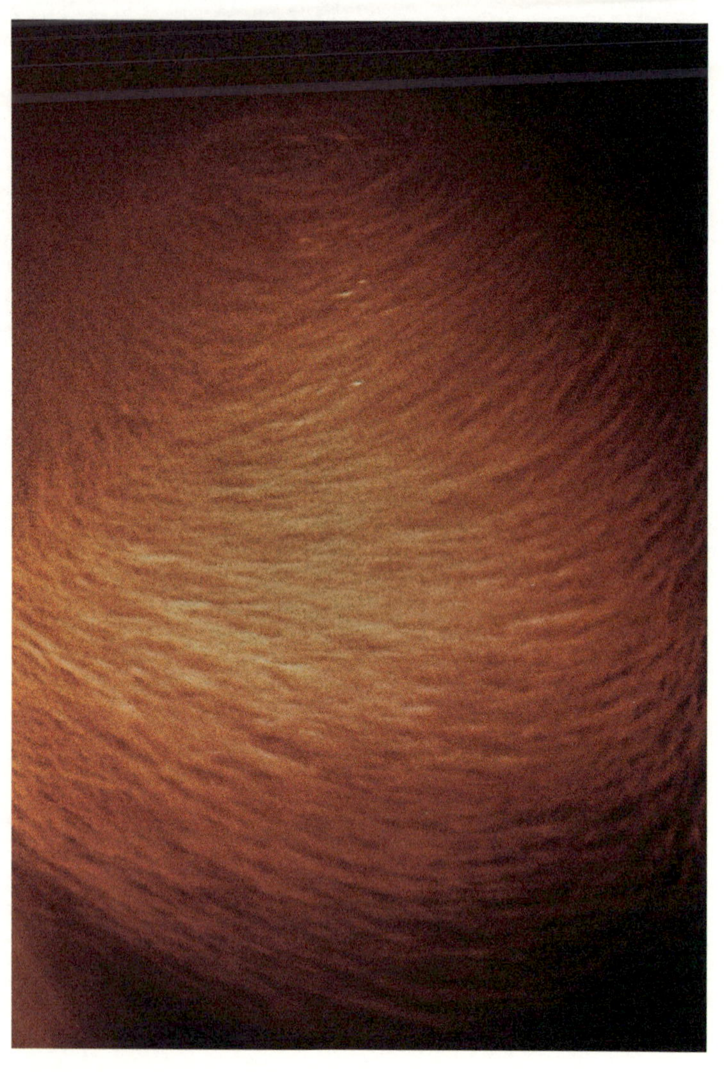

《对〈赤之茧〉的拓写尝试（看）》之六，2016

《对〈赤之茧〉的拓写尝试（看）》之七，2016

《唯一的问题是如何度过：沉浸》（局部），2017

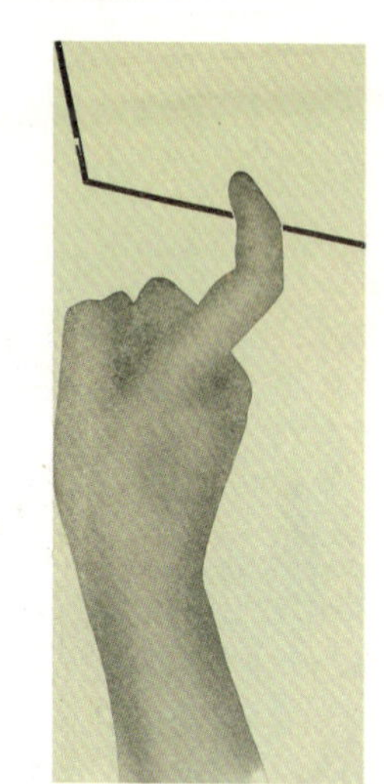

《唯一的问题是如何度过：抗阻》（局部），2017

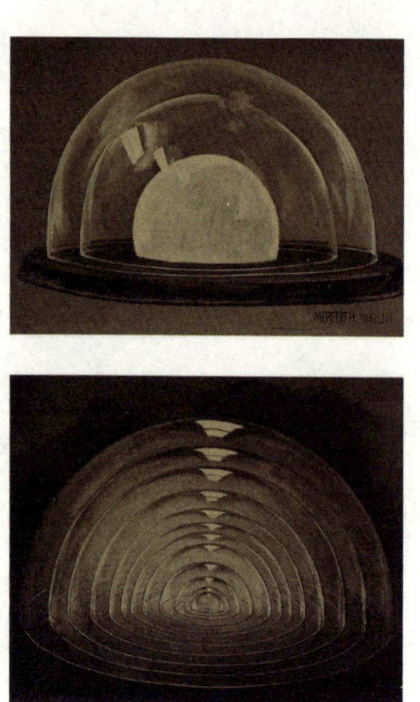

《唯一的问题是如何度过：把握瞬间》（局部），2017

《唯一的问题是如何度过：抗阻》（局部），2017

《唯一的问题是如何度过》系列作品全貌，作于2017年
左上至右下的副标题分别为“沉浸”、“抗阻”、“接近无限”、“把握瞬间”

GOD
UNDERSTANDS

小说

SUCK U

撰文　陆茵茵

酒店在一座中世纪建筑里，有八百年历史。八百年哦，管老头说，挥动他手上天空蓝的小旗。车上睡倒一片，旅行到第六天，大家已经对管老头的解说失去耐心。他不会给你确凿的历史、文化、数据，只是每次随机地被词语牵引，带出一连串规则、经验、熟人的故事。所以当他说到八百年，她把注意力从窗外无尽的绿野扭转回来，看了看他。钟在她左侧，睡到脖子像树上的果实悬垂下来，好像一不小心就会瓜熟蒂落。她拍拍钟，快到了，醒醒。

睡魔有一团焰火，很轻很轻，含混黏稠，把所有人裹搅进嗜睡的空气里，成为一块琥珀。她把它叫做梦魇。不是那个梦魇，常说的，而是她发明的另一重意义。睡魔驱动十指，在有和无的边界撒网造梦，蒙骗人放弃意识、阖上眼睛的魔法。

到了吗？钟一说话，琥珀就裂开一块缺口。

到了哟！管老头吼，声音通过话筒扩散出来。看见全车人轻微惊骇地醒来，管老头笑了，嘿嘿嘿，跟你们开个小玩笑。我们把车停在城外，这种老城，里面是不能进大巴的哦。就住一天，你们真是运气好啊，不是每个团都能住市中心的。有时候我们住在郊区，新造的酒店，那种酒店很没意思，有一次……

导游啊，有人打断他，走路到酒店要多久？我们自己把行李拖进去吗？

管老头从他散漫的思绪中被拽回来，酒店不远，五六分钟。不过是那种小石子路哦，箱子拖在上面咯噔咯噔，大家注意保护好自己的行李，也别破坏路面哦。

她想一定不止她一个人翻了白眼。

管老头接着说，明天还是这部车，九点离开，但是大家别把贵重物品留在车上，丢失了我赔不起哦。零食，水壶，你们打瞌睡盖的衣服，不重要的一些杂七杂八，你不想带走的话可以留着，但最好不要……

果然五六分钟就走到了。老城就一条主路，两边是黄墙房子，不是意大利那种黄，是柔和淡雅的黄，像鸡蛋煎到全熟，蛋黄由液体时的橙黄慢慢转淡，凝固成更加温厚的颜色。管老头举着小旗冲在最前，问他们收护照，护照交来，护照交来。她把两个红本递到管老头手上。一个高大的身影推着一弯金色小车过来，是行李员，送给她一脸过于灿烂的笑容。

嗨！欢迎住店，你们从哪里来？

钟和几个烟民趁登记入住的片刻在门外抽烟。她回答行李员，你好，我们来自中国。

中国！行李员一手握着小车一手插在腰间，很棒的国家！

谢谢，她说，你是哪里人？

我来自非洲，行李员说，一个你没有听说过的地方。

哪里？

阿尔及利亚。

我知道阿尔及利亚，非洲北部嘛，大国。

哇！你的地理真好。没错，在阿尔及利亚……反正我最后来到了这里。

行李员口音浓重，她没听清中间一大段，猜想是他在回溯身世。说完他有点亢奋，仿佛交代了历史就成为朋友，用手肘捅捅她，是不是很棒？

哈哈是吧。

我叫伊肯，你叫什么？

我叫林。

嗨林，你和谁一起来的？

我丈夫，他在那里，穿蓝色夹克那个。

哦真不错，他是医生吗？

什么？

他是医生吗？伊肯脸上挂着满满笑意。

不是啊，为什么这样问？

哦我想知道他是不是医生。那你呢？你在医院工作吗？

她有点毛骨悚然，不是。

你为什么不做护士？伊肯继续问。

对不起导游叫我们了哦，她说。

好的，有什么问题随时找我，我就在门口。伊肯从金色小车上匀出手指，指指入口处右侧小小的一张礼宾部桌子。

她抽身出来，往管老头周围的人群里扎。回头瞥见伊肯正在搬运他们团队的行李。一件一件，井然有序，按高矮胖瘦整齐罗列在小车里。可能只是文化差异，她给他找理由，也许在阿尔及利亚，医生是最好的职业也说不定。

来来来都过来听好！管老头从前台拿回护照，煞有介事地站在大厅中央。他享受被众人簇拥的感觉，有一个天大的消息尚未宣布之时，是他心情最愉快的时刻。可惜对他们这趟旅途，迄今为止传来的任何消息都不够大，还不够，很不够。没有谁丢失护照，也没有被抢。管老头只好尽情拿捏每次登机和入住前有限的时光，延迟消息的发布。

他扬起二十本护照，我现在分发护照，大家回房间休整一下。洗把脸，洗个手，洗澡就免了吧没有那么多时间。

晚一点还要出去吃饭，就在大厅集合。我告诉你们哦，这家酒店有八百年历史，有没有看到那边，那是他们的餐厅，这个餐厅可神奇了，里头有一棵橄榄树。这棵橄榄树有多悠久呢，我想应该没有耶稣诞生悠久……

什么嘛，这个管老头，就喜欢乱喷宗教和神话。她想起出发前在机场，标记为H的柱子下，管老头身穿米黄色导演背心，拉着一只很旧的登机箱进来了。忌惮于他的年龄，他们以为摊上了一位好导游，心中还存有一丝恭敬。他自我介绍，我姓管，管道的管，接下来会和你们相处十天。转身过安检，大家把抽掉的皮带系回腰间，冲进免税店准备购第一波物。管老头把人扣住，介绍登机事项，一直讲到烟酒口红差点泡汤。他们恍然大悟，原来是管头管脚的管。

第二天，大巴穿行在阿尔卑斯山南麓，窗外的景色有一种让人窒息的和谐，绿就一大块，蓝也一大块。管老头扯起宙斯，管他阿尔卑斯还是奥林匹斯，张口就来。宙斯这个神祇我跟你们讲哦，也是够烂的，他想和一个美女偷情，又怕老婆知道，就把美女变成一头母牛。说完吃吃吃笑起来。还愤世嫉俗，在快到渔人堡时大骂印度人，车过链子桥又大骂美国人。团队里几位阿姨看不下去，派个代表跟管老头说，导游啊，我们是出来玩的，纯玩，莫议国是。

管老头气疯了，然而身在服务岗位，不好发作，只好学习闷不作声。他的导游专座靠近门边，小翻椅，没人坐的时候很节省空间地翻叠上去。后几天车里装满沉默，她睡不着，时不时瞄到管老头的小蓝旗从座位顶上伸出来，探探头。

喂导游，说了半天到底几点集合？你快把护照发下来啊，抓紧时间。

管老头看看手表，二十分钟，好吧？给大家二十分钟。现在就发，现在就发。

晚餐在老城一家中餐馆，和以往一样，还是团餐。她已经吃腻了一路的中国菜，番茄炒蛋，宫保鸡丁，西兰花炒木耳，加了淀粉黏糊糊的紫菜汤。她和管老头打招呼，说他们两个不去吃了，自己解决。管老头上下打量她，自动放弃也可以，晚上饿了没东西补哦。

不会要你补的啦。

拿到护照，人群散去，大厅宽敞下来，她终于有机会观看酒店全貌。酒店像一个温暖的洞穴，线条和煦，到处遍布装饰性的拱顶。房间围绕着中庭，分布在四个楼层，走廊边的雕花围栏让她联想到音乐。波浪和波浪，不断蔓延，重复的图案因为倾斜而不显得枯燥。人的想象力真的是很有限啊，她反思自己，为什么建筑一旦灵动起来就接近音乐呢。而音乐凝固了，也可以不是建筑，只是冻僵的音符。

钟进来了，带来一股夹缠着烟味的冷风。他们排队，坐小巧的透明电梯来到三楼。房间靠左手边，也有一块洞穴般的拱顶，把窗户笼罩其中。家具都是厚重的实木，深棕色，坐垫和床罩是老电影里经常看到的，红黄交替的条纹。一进门就是衣柜，不像现在，流行把衣柜做得和天花板一样高。这里的柜子突突兀兀站着，与射灯一臂距离，让人充分意识到它是一只柜子。里面应该藏一具骷髅，她想，才配得上这样的古老和庄重。

没有骷髅。猛地拉开，挂着一排圆弧形衣架，底下是熨衣板和吹风机。

钟扑到床上，没脱鞋，两只手架在后脑勺上发呆。床的正对面有一张黑白地图。从钟的视角看起来，图中深深浅浅的陆地和海洋，构成了一块被虫子吃掉几口的湿饼干。他眯起眼睛，在饼干上罩一层纱。

笃笃笃，响起一阵敲门声。

钟用脚指指门的方向，你去开。

她闪进厕所，你去。

干吗啊？

快去。

钟打开门，接过行李，从口袋里抽出一张零钞付小费。

房间重新安静下来，她从厕所出来。

这人没和你说什么？

没有啊。你有什么毛病?

你说对了，有毛病的人可真多。

钟把行李推到床边，打开，取出放在她化妆包里的洗面奶。她把在布拉格买的赤膊小人翻出来，轻轻剥下硫酸包装纸，让它靠坐在窗台上。陶土做的小人，一个巴掌高，小脸笑眯眯，头发蜷蜷的，盘成两枚小髻缀在耳边。浑身上下没有一件衣服蔽体，表情仍然开心满足。她拉过椅子，观察它，心中被一股莫名的欣喜充斥。看了很久，好像它会动，会走路，会说话，会拎个袋子跳下窗台，到街上购物。买回它喜欢的彩虹糖、巧克力豆、芒果味酸奶，在光溜溜的腿边铺一块野餐垫，开始生活。

钟洗完脸出来，问她，你干吗呢。

她把赤膊小人收回包装纸里。

天色已经发暗。在发暗前，有一小段诡异的明亮，透过窗户射进来。被中世纪楼群阻隔出的天空，像一块哭泣过的冰，又纯净又蔚蓝。他们决定不走远了，就在酒店的餐馆里吃，顺便去看看那棵橄榄树。管老头提到的，在他匆忙驳杂，如废纸般纷纷扬扬的句子里，竟然也夹杂着一两片有用的信息。她等待了几分钟，从窗口望见团里的人纠集成云朵的形状往路口移动，庆幸此时此刻，她和钟不在里面。

伊肯也不在。礼宾部的桌子空空荡荡，缩在一团黯淡的光里。大堂通向餐厅的道路被照亮了，顶上悬挂着一长排枝形吊灯。灯光指引他们往里走，结束在另一个圆滚滚的房间，像刚刚开凿出来的隧道，放着十二张餐桌，每张耸立起两座用餐巾搭成的金字塔。墙壁斑斑驳驳，挂了暗红艳金的宗教画。仿佛再往里挖，就快要抵达宝藏了。

服务员领他们坐下。钟环顾左右，没见到橄榄树，大咧咧发问，橄榄树在哪里？

服务员笑了笑，您说什么？

橄榄——树——钟怕自己的破英文出错，迟疑地把两个单词分开念，瞥了瞥她。你说得对，她无声地点点头。钟继续努力，把语速放慢——我们听导游说，这里有一棵……有一段很长历史的橄榄树。没看见啊。

啊，服务员似乎明白了，您稍等。回身取来两本菜单，搁在她和钟面前。

您说的是它吗？

放眼望去，确实是一棵橄榄树。高大，健壮，繁密，作为一团深绿的阴影被印在菜单封面上。

这是我们餐厅的logo。

钟立刻涨红了脸，死管老头，给老子吃药。

她在对面笑到发抖。

傻逼，loser，才喜欢玩别人。钟又骂一句。

他很少爆粗口，她知道他真的生气了，不再笑他，想说点什么缓解尴尬。

别和他一般见识，毕竟是一个连神祇和神祗都念错的奇葩。

什么东西?

她抬起头，发现钟不耐烦地睁着被怒火浸染的眼睛，没听懂。

没什么，饿啦，快点菜吧。

钟喝了一大口水，渐渐平复下来。服务员已经礼貌地退到一旁，给他们留出时间。她打开菜单，第一页写着大大的MENU字样，和脑袋上有一小撇的À LA CARTE，法语，单点的意思，19世纪被吸纳进英语，指不吃套餐。她小声惊叹了一下，脑海中某个模糊的处所被掀动，和À LA CARTE有关的一件小事，没有任何预兆地跳出来。她曾经见过À LA CARTE，听过，学过，与人交谈过。从没想到，会在现实场景中应用。那时带有异域风情的À LA CARTE，是英语教材里一个章节的小标题，下面配着拙劣的漫画，一个大腹便便半秃的老头，竖起肿胀的食指，跟戴着领结花的服务生点单。这些不重要的细节，她以为早就忘了，忽然间从即将溶化的记忆之池中复现，一点点清晰，显化，翻涌回来。

好像是大学二年级，开春，一个学姐给她介绍了一份兼职，去学校附近的五星级酒店做员工英语培训。她不是英语专业的。没关系，学姐说，酒店英语特别简单，高中生都能教。她答应了。每周到岗三天，每天两小时，月底从HR手里接过厚厚一个信封，两千五百元。对刚满20岁的学生来说，那是一笔巨款。酒店办公区域设在地下，不刷墙面，水泥色肠子里绽开一间间办公室，都以B开头。为了显得专业，她买来人生中第一套职业装，白衬衫，中跟鞋，跟在HR身后扭进B02还是B03，签署了第一份写着她姓名的工作合约。从此由地表潜入地底，给员工们上课。每次来的人都不多，三三两两，有的一身黑衣，有的白色制服，散发出和制服相匹配的切菜板或门把手的味道。

慢慢她懂得了他们是谁。以前班里最差的差生，中专或职高毕业，考不进大学，就来当厨师。分不清How are you doing和What are you going to do，最擅长玩帽子。一上课就把自己像一张便携桌对折起来，塞进教室最后一排的夹缝里。帽子毫无悬念地出现在手上，从左手传到右手，起跳，对接，有时候突然袭击，扔向同事的肩膀和后背。同事趁她写板书时捡起来，丢回去，两个人隔空大战。也有安静的瞬间，细细核对帽子上褶皱的数目，盖在教科书上打瞌睡，醒过来帽子已经被压扁。他们捋捋头发，拉拉帽子，脸上带着懒洋洋像自嘲又不是的讪笑，打个哈欠戴回去。

老师，课好长啊，我要上厕所。

去吧，她说。感觉自己是幼儿园阿姨。

有几次排班和课程冲突，他们托同事请假，某某今天不能来了，短短一句，满是艳羡。下课前她在点名册上画钩，睡了一整节课的张三李四跑过来，精神倍增地说，老师啊，那个谁谁你也给他勾上吧，他肚子痛，出不来，缺课会被领导骂的。最兴奋的是临时改变工作安排，一个声音在门口喊，小张！出来！小张们脸上闪过一层浮光，像获得解救的孙悟空，从巨石底下蹦出来。啊老师，对不住了，我先走一步！

无论如何，她还是认真上课。加大音量，对空空如也的前几排讲，来，打开课本，我们今天学习如何听懂客人的点单。

可是老师，我不是餐饮部的，不需要学这个。

学一下嘛，都是酒店系统，万一有用。

但是老师，真的没有人跟我点菜啊。

那你去和领导说哦，太极打来打去，她学会一招绝杀，又不是我规定要你学的，你领导批准，你就什么都不用学哦。

管用。

教材实用得惊人，一上来是鸡蛋的无数种煮法。备课时她吓一大跳，从小到大，如果按三天吃一只鸡蛋来算，她耗费了两千四百多只鸡蛋，还没把这些做法吃全。单面煎，也就是太阳蛋，内黄外白，最外圈焦焦的，太阳那面向上。双面煎，则需要翻过来。带壳煮，去壳煮，全熟，半熟，微微熟。奥姆雷，鸡蛋羹，软软炒，硬硬炒。一边照本宣科她一边感叹，人类烹制一枚动物诞下的卵，竟然精细到这个地步。

然后就出现了À LA CARTE。她没听说过这个词，当年的网络语焉不详，大学侧门的西餐店也只有中文菜单。她决定要阴招，乔装成博学的老师，向在座颓靡的学生们发问，哎，这是你们熟悉的，À LA CARTE，谁来说说是什么意思？

果然上钩了。一个之前从没有和她交流过的女员工，套在不胖不瘦标准款的黑西装里，从角落冒出头，用尖细但爽快的嗓音回答，À LA CARTE嘛，就是单点。

怎么单点？

就是客人过来，说要À LA CARTE，他不想吃我们的套餐，就自已点呗。

没有人表示异议。她顺水推舟，表扬她，你说得对，看吧，这就是你们的专业技能，在经验中学习。

女孩被她夸得很高兴，以后每节课都能看见她。也不坐角落了，从第四排挪到第三排，从第三排挪到第二排。她介绍自己，叫Avril，那个年头艾薇儿正流行，《滑板少年》被花哨地写成“Sk8er Boi”，He was a boy, she was a girl. Can I make it anymore obvious?

她和艾薇儿熟悉起来，是从一次无意中介绍电影开始。为了解释一个句子的用法，她引用《料理鼠王》的台词，顺便讲了讲那只爱做菜的老鼠。艾薇儿很感兴趣，下课后挪到讲台边，问她还有什么好看的电影推荐，最好也是动画片。

有很多哎。

就说你最喜欢的三部吧。

《超人总动员》《海底总动员》《玩具总动员》。

哈哈，干吗老是总动员啊。

从此以后，艾薇儿每节课都提前十分钟到。偶尔她乘的公交车脱班，紧赶慢赶冲进教室，艾薇儿会帮她把黑板擦好，关照她别着急。张三李四们讽刺艾薇儿是林老师的跟班，艾薇儿翘起涂得粉粉的嘴唇，呸他们，你管得着。学习气氛骤然浓郁了许多，至少她知道，说出去的话有人仔细听着，并非一池死水。这激励她，在备课时多准备一些材料，扩展开去，就像她正在上的新东方——不是烹饪学校——英语学校的新概念课，一口美语非常可爱的老师，会聊天唱歌讲笑话，让人觉得学习外语不那么枯燥了。

除了艾薇儿以外，有个男学生也让她印象深刻。周黎明，她在他的名牌上读到。他尖嘴猴腮，有点口吃，热衷于问非常基础的问题。例如，there的th怎么发音。一群

people为什么不加s。辣到底是spicy还是hot。他每周上两天课，另一天排班，课后必定捧着密密麻麻的笔记本，环绕着她提问。她站在讲台边，耐下性子，听他磕磕绊绊慢悠悠地把问题描述清楚，再尽量以简单的语言解释给他听。他点头如麻，换不同颜色的笔芯记下来，那一刻好像真的理解了。教室里人都走光，周黎明才收拾东西，眼神直来直去。望着他的背影，她经常感觉无力，仿佛面对高山大海，而吾生有涯。

那年圣诞节，她给全班带了费列罗。源于中学时一个很酷的英语老师，在情人节往每人桌上发一颗当时还很稀奇、头顶插一根飘带的好时Kisses榛果夹心巧克力。艾薇儿，周黎明，还有拉拉杂杂待在教室里的员工们都吃了。他们在一派甜蜜的氛围中展开学习。这时她灵光乍现，不知哪根神经搭错，想开个玩笑，教他们说几句骂人的话。不是早就有人总结，脏话是通向外语的捷径。第一句蹦出来的，是新概念老师前不久教的，从美剧里扒出来，配上他充足了气非常雄壮的男中音——你真烂。你可真烂。你他妈真烂。你烂透了。好多场合都可以用，被人撞了，男朋友出轨，孩子不听话，或者照镜子时纯粹想数落自己一下。只要铿锵有力把这两个单词摔出来，一肚子无名火就熄灭了。

于是她带领大家念，Suck you!

Suck you!

为了赶时髦也可以把you简写，Suck U!

Suck U!

发音清晰，句式简单，当下就牢牢刻进心里。一时间，所有人杀来杀去，把节日气氛推至高潮。下课后，周黎明照例来找她，这次却没有带着问题。他从笔记本的夹层里摸出两张电影票，老老老师，周末有空吗，一一起去看。她愣了一下。从没想过要和这里的员工发展任何课堂以外的关系，况且是周黎明。等等，这句话什么意思，况且是周黎明。来不及细想，周黎明的眼神在她面前停滞太久了，她随便找了个借口搪塞过去。周黎明还不走，好像没听懂她的意思，以为她对学生温和就是对他温和。必须抓住点什么。她看见艾薇儿还在，就清清嗓子假装拉郎配，诶小周，你可以找艾薇儿去看电影啊，她最喜欢看电影。

看什么电影？艾薇儿过来。

没什么！周黎明抢在她回答前合上本子，走了。

艾薇儿白他一眼，用刚学会的俚语报复，Suck U!

那天回学校，她躺在床上，回复了两个圣诞快乐的群发短信，其中一个来自钟。那时他们是普通朋友，高中同学，她对钟的了解只停留在他是个心思有点活络的富二代。临睡前，她回想一天中发生的事，觉得有些残忍是必要的。她无法想象她和周黎明站在一起，那种分隔自然而然，就像几年以后，她不用想，就接纳了钟站在她的身旁。她闭上眼睛，即将入睡，一片细小的阴影钻出来。有什么东西搞错了。睡魔的网徐徐抛撒，覆盖半身，仅存的意识在记忆中上下检索。最后一个回房的室友关上门，很轻，没打开灯。该死，她被惊醒，她知道是什么错了。

U suck，你很糟，而不是Suck U。顺序反了。反过来几乎有色情含义，不，就是色情。她带领他们热火朝天喊了一下午，竟然如此耸动。没有一个人发笑，只因为有限的英语水平和知识储备，让他们没有能力把问题识别出来。她将被子拉过脸，盖住。不仅仅感到害羞，后悔，丢脸，不是这些。说错就说错了，没什么大不了。但他们热情地跟着她大声重复，轻易记住，以后也许会在形形色色无法预料的生活情境中使用，这个画面让她揪心。

回忆到这里戛然而止。后来的事，就很普通。没有人再提到Suck U，课还是照常上下去。到了大三，她去大公司实习，把这份兼职辞了。和艾薇儿断了联系。有一次路过酒店边门，正好撞上周黎明站在那里，从没见到过工作中的他。她低下头，想快快走过，没想到周黎明把她认了出来。他僵硬地扭转身体，敬个礼，说了声林老师好。她哭笑不得。

钟叫来服务员，指指菜单，要了有芝麻菜和蓝纹芝士的沙拉，火鸡肉藏红花烩饭，一杯红酒。她也点了红酒，主食是牛排配意面。钟交叉双手，透过囚禁在玻璃罩子里的烛光，观赏墙壁上的画。都是宗教题材啊，他说。她没回答。忽然钟提高音量，擦，这里面也有橄榄树。她抬头望，一个看起来像是耶稣基督的男人，抱膝坐在山巅，身后一片树丛。从理论上讲，未必是橄榄树，但今天他们寻找橄榄树，眼中的一切就都是橄榄树。

吃完饭，心情和胃都变得平静。他们荡荡悠悠走出餐厅，钟牵起她的手，她把指尖盘踞在他的掌心。再次路过礼宾部，这次伊肯在，从桌子后面发出一个职业性的、不逾矩的微笑。他们回以微笑。回到房间，钟躺倒打游戏，她准备洗澡。挤牙膏时，看见沐浴在柔和的灯光下，镜中的自己仿佛一幅油画，镶了隆重的金边。刹那间所有现代物品都流走了，四周黯淡，只剩油画中神色肃穆的妇人。如同通往另一个世界。在中世纪，不是没有可能，也有这样一位妇人被束缚在画框中。她摸索手机，想拍下来，但怎么拍，都表现不出璀璨金黄的色泽。机器和人的眼睛是不一样的，机器无情，人才会给平凡事物赋予光晕。

下次，我们能不能自由行啊。洗完出来，她问钟。

钟没有停下手指。都一样嘛，这样更省力，有车子带我们跑。

但自由行的话，我们可以自己决定去哪里，吃什么，也不用将就不喜欢的人。

哎，关系不大，两害相权取其轻。

酒店的床很舒适，窗帘厚重，晚上睡了个好觉。醒来就再有力气对付管老头。倒数第三天，她查看行程单，他们要去两个教堂，一座旧皇宫。坐上来时在车里的老位子。车一发动，悄无声息就在高速公路上开出好远，酒店，老城，这个东欧腹地美丽的小国转瞬消失了。又将抵达新的城市，不一样的历史，不一样的建筑，一样的中餐馆。停车用餐前，一扇插着彩旗的门从窗边闪过，管老头抓起话筒。

各位朋友，各位客人，请看向你们的右后方，那扇大铁门上为什么挂着彩虹旗?

作为车里为数不多的年轻人，她主动接话，LGBT。

对哦，管老头说，这里是支持同性恋的组织。

让她意外的是，他没有流露一点愠怒、一丝批判，语气平静得像一个心态开放而宽容的年轻人。她有点感动，真挚地想，原来管老头也不是不可以对话的。然而一秒钟之后，他就被打回原形，一如既往开始胡扯，男同性恋是gay，女同性恋是蕾丝边，蕾丝边不是蕾丝的边，是谐音啦……她又很想捂住眼睛，假装车厢里没有这个人。

蜻蜓海*

撰文　伊冯娜·阿德希安博·奥维奥

（Yvonne Adhiambo Owuor）

译者　张芸

---

* 本文系长篇小说《蜻蜓海》（*The Dragonfly Sea*，Knopf Doubleday Publishing Group，2019）第一章。

为了飞越浩瀚的大洋，前往它们南方的家，逐水而居的蜻蜓流着祖先的血，在印度北部乘早晨第一股“节间”的和风启程，这股风是季风雨季的一支序曲，斯瓦希里语里的matlai。1992年的一天，第四代后裔，这群翩然的生物，在黑压压、藏蓝色的云层下，降落于一座海岛被红树沼泽地环绕的西南岸，岛上住着一个小女孩。这股东风连同一轮潋滟的圆月朝这座岛奔来，冲向岛上的渔民、先知、商人、水手、女水手、术士、造船工、梦想家、裁缝、疯子、教师、母亲还有父亲，它夹杂着一份不安，从中映现出徐徐翻腾的靛青色的大海。

暮色在拉穆群岛最大、最阴沉的帕泰岛上蔓延开，从北海岸的思域镇一路跋涉，掀翻基辛格提尼港的捕鱼船队，然后横扫西南面，笼罩住岛上一座已在向往可望而不可即的隐忧中逐渐走向凋敝的城镇。和地处的这座岛屿一样，帕泰镇因无休止的欺诈、围困、战争和诱唆行径而伤痕累累，刻下忧郁的时代特征。铅灰色的天空洒下暗淡的红光，照向一众任性暴躁的鬼魂、潜伏的世仇、丧失的荣耀、看不见的道路和凝结了千年的阴谋。微弱一点的光渗入古老的裂缝、坟墓和废墟，向一个愿与悲剧共存的民族发出信号，这个民族的人相信时间会把再大的浩劫也转化成回音。

深入帕泰岛内陆，有一只公鸡在打鸣，从旷野深处还传来宣礼声，那召唤穆斯林去做礼拜的声音一遍遍增强。海风扯着一个小女孩嫩绿色的头巾，把露出来的浓密、卷曲的黑发吹进她的眼睛。七岁的她，瘦巴巴的，穿着一条尺寸过大、留给她成长空间的花连衣裙，藏身在红树沼泽地里，凝望预示着暴风雨的浓云吃力地向内陆行进。她断定这些云是一个庞然大物的足印，这个庞然大物阔步走来，在天上留下一道道粉红的光。海水轻轻拍打她的膝盖，她光着的脚埋进黑沙里，同时，她抓着另一个瘦巴巴的活物，一只呜呜作声、灰白色的小猫。一艘满载着乘客的船正慌慌张张、拼命朝她右边地面绽裂的码头驶来，她确信那场暴风雨——她想象中的庞然大物——一定会比这艘船先登陆。她屏住呼吸。她称所有乘客，“回家的人”。Wajio，每当降雨欲来时，这孩子胸有成竹，上述回家的人会像提线木偶般被搞得一惊一乍。在那艘中型船——船身上绘着“小祖母”字样的黄色油漆出现剥落——徐徐开进小湾之际，她不出所料地傻笑起来。

零星、柔和的雨点。

轰隆隆、气势雄浑的响雷使每个回家的人举头仰望天空，嚷嚷的抱怨声像犀鸟发出的啼叫。这个在旁观望的女孩一边窃笑，一边抚摸她的小猫，捏着它的皮毛，乐不可支。小猫喵喵叫。“嘘。”她一边轻声回应，一边通过红树树叶的缝隙张望，以便更清楚地打量那些乘客因细雨而变模糊的脸——一个在寻觅和收集词语、图像、声音、心情、颜色、对话及形状的小孩，她可以把这种种储存在她内心的某一层架子上，供日后追忆和深思。

每天，她悄悄前去，站在这片大海、她的大海的入口。她在等一个人。

女孩转而把那小猫从她的右肩移至左肩。八只金色的蜻蜓在附近盘旋，小猫睁着硕大的蓝眼睛，目光追随它们的舞姿。雷声。那艘船拉成与女孩平行的位置，她注视一名穿米黄色西装、趴在船沿的男子。她正要咯咯笑话他的不适，一个高亢、穷追不舍的声音闯进来：

“阿雅—娜！”

这声音像一道晴天霹雳，打断了她对那名男子的监视。

“阿雅—娜！”

是她的母亲。

“阿雅—娜！”

起先，女孩呆住不动。接着她俯下身，几乎跪在水里，抚摸她的小猫。她小声对猫说，“没事”，——用的是斯瓦希里语。“她看不到我们。”

阿雅娜早上哮喘发作，现本当在休息。她的母亲穆妮拉太太给她发紧的胸口搽了丁香油，把包治百病的黑种草籽塞进她嘴里。她们坐在一起，没穿衣服，盖着一条毯子，一个热气腾腾的罐子里放了桉叶、薄荷等草药，舒张她们的肺。阿雅娜大吸一口气，闭息咽下满满六大匙鱼肝油。她咕咕喝了一剂苦药汤，然后在她母亲“嘟—嘟—嘟”悦耳的摇篮曲中睡去。她醒来，听见她母亲工作的动静：玻璃、黄铜和陶瓷制品的当啷声；玫瑰、丁香、依兰和月光花的芬芳；女人在她母亲简陋的家庭式美容院里轻快的话音。

阿雅娜努力过了。她似睡非睡，直到一阵呼啸的海风穿透和驱散她的遐思。她听见遥远的雷鸣，但她忍着不起来，直至暴风雨持续的召唤变得不可抗拒。于是她翻下床，用多余的枕头伪装出有人的样子，给这些枕头盖上被单。她从一扇狭窄、高高的窗户钻出去，麻利地滑下固定在珊瑚色、摇摇欲坠的墙上的排水管。落地后，她发现几天前她从泥泞的下水道里救出的那只小猫，躺在她们家门口。她抱起小猫，把它安放在自己的右肩上，朝海边飞奔，最后向北一个急转弯，来到那片小湾的红树沼泽地带，从这儿她可以偷偷窥探世界。

“阿雅—娜！”

风吹得她的脸发凉。小猫呜呜作声。阿雅娜望着那艘船。那个身穿米黄色西装、上了年纪的陌生人抬起头。他们的目光交汇。阿雅娜闪避，躲进红树丛后面，她的心跳加速。怎么会那样？

“阿雅—娜！”她母亲的声音更近了。“那孩子在哪里？阿雅—娜？我必须去问上帝吗？”

阿雅娜把目光投向那艘船，又再看了看越来越黑的天色。她并不知道哪个先登岸，是那艘船还是暴风雨。她记起那双与她对望的眼睛。眼睛的主人会告发她吗？她反复扫视那条水道，再度找寻那双眼睛。她肩膀上的小猫把脸埋进她的脖子里。

“阿雅—娜！神灵在上……哎咿咿！”那充盈着威胁的女低音从红树沼泽地左边的灌木丛传来。“喂，我的儿啊，为啥和我过不去呀？”迫在眉睫。女孩放弃掩护，哗哗趟过低浅的潮水，来到空旷的沙滩上。阿雅娜在石头间攀爬，小猫紧紧抱着她的脖子。她从人们的视线中消失了。

那个陌生人，一名来自南京的男子，看见一个小东西在黑沉沉的天幕下升起、盘旋、然后像折枝般落下；当她做着这些动作时，男子爆发出一长串大笑声。本已同情他老是晕船的同行的旅客，担忧地瞅了他一眼。一个先前神志正常的人因晕船而发疯，这样的事并不罕见。那名男子盯着陆地，安详的脸上两眼炯炯有神。他右眼的白内障给他的脸添了一个光点，青筋毕现的脖子支着他谢顶的脑袋。“阿雅一娜！”他循着一名妇女的喊声转过头。胃里翻江倒海。他渴望踏上陆地的感觉，目测船与防波堤之间的距离，盼望他们能很快靠岸。

十五分钟后，这位来客走下船，不合身的西装飘动起来。他必须涉过浅水区才能抵达黑沙滩海岸。尽管有双不知名的手扶着他前行，他还是绊了一跤。他的双手碰到土。他咽下空气。听，亡灵在窸窸窣窣地移动。听，那些客死他乡、太久无人问津也无人惦记的逝者在孤独地哼唱。一只棕色的手悬于他面前。他拉住那只手。一位海员扶他起来，接着递上他仅有的灰色旅行袋。那名男子吟咏道，“以礼相待”，随后哈哈大笑，一个让人不明其意的笑话。

这位旅客眨了眨眼，心神不宁，被裹挟在傍晚馥郁的芳香中；阿瓦德人施展法术。他嗅出酸橙、甜美的香脂和大海的水汽，那水汽与一股亦令他骨头发热的浓稠的空气混在一起。臣服，吸气。他又侧耳倾听人们到达的喧嚷声。他听见滚滚的潮水声，瞥见一场即将来临的暴风雨在地平线上徘徊。这个地方是哪里？他安步前行，脚后跟转动着，仿佛脚趾上有左右流盼的眼睛。惨淡的光照着一片粉红花瓣，它正从孤零零、一小簇野玫瑰丛里凋落。那名男子步履不稳。他等那片花瓣着陆后，伸手捡起它。他把花瓣握于一只手中，然后才将它放到嘴边，他的另一只手调整背在肩上的帆布袋，里面装着一生浓缩的全部。

时代是这么沉重，
不那么容易就大彻大悟。
/ 张爱玲

≋ 随笔

口述笔记员的声音

撰文　默音

1946年，战后的东京，纸张依旧短缺，出版业已开始复兴。神田的小巷里，门脸狭窄的咖啡馆和旧书店彼此紧挨着。兰波咖啡馆是其中的一家。推开兰波的磨砂玻璃门，有道通往楼上的陡急楼梯。二楼的地板略略向北倾斜，不大的屋内挤了三张桌子，属于三家出版社。昭森社、Eureka书肆和思潮社。三家均把诗歌出版作为主业。也就是说，当时日本市面上的诗集，有很大一部分来自这间屋子。

昭森社的社长森谷均被称作“神保町的巴尔扎克”，他开在楼下的兰波咖啡馆自然而然地成了年轻文人扎堆的地方。正值同人杂志兴盛的时代，兰波咖啡馆的顾客也有不少人投身其中。“同人”这个词在中文语境容易引起歧义，在此稍做说明，同人杂志指的是一群同好自办杂志。同人杂志一般没有稿费或只有少量稿费，对作者来说，好处是创作的自由度，坏处是贫穷，唯有当稿子脱离同人杂志的范畴，刊登于正式的报刊等出版物，才能“以文谋生”。仅就结果来看，1940年代后半的同人杂志的作者们，将在未来的几十年间占据日本文坛的主要位置。

埴谷雄高、小田切秀雄等人创立的《近代文学》，后来有野间宏、加藤周一、中村真一郎和武田泰淳等加入。《近代文学》同人大多生于1910年代，抱有左翼思想，随后经历了战争——除了因为个人身体状况未被征召的，他们几乎都在二十来岁上过战场。时代的烙印决定了他们是反战的一代文人，其作品具有某种内省。

《世代》同人比《近代文学》的一群人年轻。他们出生于1925年前后，大部分曾是第一高等学校的学生。这批人在战争期间就读初中或高中，尝过匮乏的滋味，一心投身文艺。吉行淳之介、中村稔、饭田桃，以及八木佟一郎，是其中的代表，他们后来分别成了小说家、诗人、小说与评论家，还有剧作家。不过，他们的成熟时代尚未到来。战后那几年，比他们年长的《近代文学》同人尚且不能靠文字谋生，更不要说这伙二十岁上下的年轻人了。

本文的主人公铃木百合子，算是《世代》同人之一。她没给杂志写过稿，混在文学青年当中听他们畅谈文学、世界和人生，觉得自己以外的人都很厉害。百合子在横滨长大，她幼年丧母，父亲在她19岁那年病逝。1945年5月，横滨遭遇空袭，她和弟弟侥幸逃生，避难到乡下。几个月后日本战败，她又带着弟弟到东京，寄居在哥哥家。百合子是个娇小的女青年，一双格外大的杏眼，容貌引人注目。自从来了东京，家里不断让她相亲，美貌的她屡屡被拒，对方的理由是“这姑娘没有表情，不笑”。

熟人们都知道，百合子和八木佟一郎是恋人。两人还有过一次未遂的殉情。年轻容易导致绝望，更何况是贫穷的、对未来一片茫然的年轻。佟一郎在《世代》发表的小说《怔怔的手帖》（1946.12），怎么看都是写百合子。

到东京后，百合子做过各种工作，露天点心摊、点心小作坊、冰激淋摊、进口化妆品销售（背着从美军小卖部走私出来的化妆品，沿街敲门兜售）。可以说，她弄到什么就卖什么。有段时间，她的商品是巧克力球。巧克力球是熟人自制的，把葡萄糖做成球状，裹上来自美军的好时可可粉。不惧生的百合子前往神田一带的咖啡馆和酒吧，一家家上门推销。兰波咖啡馆也是她当时的客户之一。

关于百合子进入兰波咖啡馆工作的经历，根据她弟弟铃木修回忆，百合子想做文字类的工作，先是给作家当口述笔记员，后来去了昭森社。不知怎地，她没有坐在二楼逼仄的办公室，而是下到一楼，当起了女招待。原本那里就是《近代文学》《世代》同人聚集的所在，百合子很快成了兰波咖啡馆明星一般的存在，中青年文人们纷纷为了见她而去店里消费。

就这样，在1946年的兰波咖啡馆，35岁的写作者武田泰淳遇见了比他小十三岁的百合子。

简单讲一下泰淳的经历。1912年2月12日，东京本乡区一所净土宗寺院潮泉寺的住持大岛夫妻生下他们的第三个儿子（次子夭折）。父亲给儿子起名“觉”，又将其过继给终生独身的师父武田芳淳。武田觉从出生起，注定要继承衣钵成为僧人。

上高中时，觉是个文学青年，尤其对中国文学兴趣浓厚。觉还是个左翼青年，因为发传单屡屡被捕，每回被捕，父亲都去看他，看守嘲笑他是“红色和尚”。他念了东京帝国大学中文系，和竹内好成为朋友。谢冰莹去到东京，觉与她互教日文和中文，此事导致他又一次被捕并退学，最终只在大学待了两个月。20岁那年，觉改名“泰淳”，进入增上寺的加行道场，获得僧侣资格。就像小贩的儿子要帮家里守摊，泰淳帮家里承担的事务包括给信众念经、拿布施、砍柴种菜。

21岁，泰淳以“狐塚牛太郎”为笔名，写了长篇《世界黑色阴谋物语》，没出版。翌年，他和竹内好等人一同创办了“中国文学研究会”。

1937年，25岁的泰淳被征召入伍。他作为辎重兵辗转上海、杭州和武汉等地，在1939年退役。当一个左翼青年（而且还是热爱中国文学的左翼青年）被投入战场，其精神会遭遇怎样的挫折和重塑，战争又是如何让人犯下罪行——泰淳后来的小说《审判》(《批评》杂志，1947.4）可作为例证。小说通常被放在虚构的创作门类，不过泰淳与其同时代的创作者的小说大多源自个人经历，有种种蛛丝马迹可循。

回国后，泰淳的作品开始呈现后来一贯的“诸行无常”的调性。1943年，他出了第一本书,《司马迁：史记的世界》，这本评论集更像是读史笔记。1944年6月，为了逃避二次应征入伍，泰淳到上海的“中日文化协会”工作。1946年4月，他随着战败撤退的人潮，搭船回国。

前后两段中国经历构成了泰淳作为写作者的暗沉底色，与百合子的邂逅则给他带来不一样的光。两人相识之初，泰淳正经历一段如今很少有人提、当时在文坛内部人人皆知的四角恋爱，后来，他把看不到出口的窒闷感塞进了小说《爱的形式》(八云书店，1948)，将恋爱对象化身作品的女主人公。

百合子没时间看很多书，也不知道泰淳在写小说，还以为他是个教中文的老师。泰淳总是请客，对她来说，他是那个带自己吃喝的人。如果他来的时候是晚上，她就让他付账，喝店里非法售卖的私酿烧酒；白天，要么选店里的巧克力芭菲（其实就是冰激淋上面放一块巧克力，用的巧克力仍是美军物资），要么选三省堂书店那边的“葬礼馒头”。

年轻姑娘对食物的爱透出近乎原始的生命力。百合子打动泰淳的，更多在于这种小动物般的天真直白。为了从四角恋爱的困局挣脱出去，泰淳接受了一份北海道的教职。在他离开前，1947年10月的一天，两人在街上闲走，百合子透露了一个重大的秘密。她说，自己的外公是铃木辩藏。

那是一起曾震动整个日本的事件。1919年（大正八年）6月6日，在新潟县的信浓川畔，有人发现了一只装满尸块的行李箱。很快警方查明，死者是横滨的进口米商人铃木辩藏，杀人者则是农商务省进口米部门的技师山田宪及其同伙。

铃木辩藏死得凄惨，在当时，对于他的死，社会上普遍的看法是“有人为民除害”。大正时期，米商囤货导致米价暴涨，普通人的生活愈发艰难，富山县1918年还发生过米价导致的暴动。政府为解决这一问题，设立了进口米管理部，指定一些大商店以公定价格进行大米买卖。拥有政府指定的牌照，就等于有了赚钱的门路。

年少时在米店当伙计的铃木辩藏是典型的暴发户。他靠倒卖大米和期货投资，迅速获取了巨额财富。山田宪在负责牌照的进口米部门工作，自然是铃木辩藏“公关”的对象。他先是带山田宪参与大米期货，导致其背了一身债，然后开始游说对方放出牌照。此时，山田宪找理由向铃木辩藏索要了五万日元的贿赂。无疑是一笔巨款。作为参照，夏目漱石发表于1906年的《哥儿》，主人公担任教职的工资是40日元。

后来铃木辩藏试图要回那笔钱，反被杀害。山田宪在法庭上声称自己是对无良商人进行天诛，最终他被判死刑，两名共犯分别被判监禁十五年和一年半。

无从得知，百合子究竟出于怎样的心理向泰淳提起这件事。或许她是想挽留即将离开的泰淳。

铃木家有不成文的共识，不要对外人提起家里长辈的事。其背景就在于大众对铃木的死缺乏同情。而且，百合子并非铃木的亲外孙女。百合子的父亲入赘铃木家，和妻子育有一双儿女。岳父和妻子去世后，他和第二任妻子生下四个孩子，分别是谦太郎，百合子，进，修。

泰淳在北海道没待多久就回来了。百合子讲述的故事一直萦绕于心，他想写关于铃木辩藏事件的小说。两人的关系逐渐稳固，他带百合子去了好友埴谷雄高夫妻家。埴谷雄高比泰淳大三岁，他在1931年加入日本共产党，其后被捕并坐牢。1946年，他与同伴创办《近代文学》，开始在该杂志连载《死灵》。这是一部受陀思妥耶夫斯基影响的思辨性作品，由于作者的肺结核病情加重，连载中断（进入70年代，埴谷雄高重开连载，直到他去世，仍未完稿）。

埴谷雄高早先在兰波咖啡馆就和百合子相熟，此番她作为泰淳女友出现，重新接触之下，他不仅意识到百合子的“有趣”，也感到泰淳作为作家的“深化”。靠收房租补贴生活的埴谷家相对富裕，泰淳他们在过年的时候去蹭饭，百合子一个人吃了一大碗小鱼干。

1948年10月的《玄想》杂志上，泰淳发表了《吃东西的女人》。兰波咖啡馆的客人们不难认出女主人公房子的原型。

我隔了许久去到那间咖啡馆，刚在角落的位子落座，她立即鞠了个躬，过来点单。接着，她对账台那边的服务生说："我也要一个甜甜圈。"玻璃柜台里，甜甜圈和巧克力等摆在一起。服务生夹了一个出来。这时，她继续面向我这边，用指尖捏着高级的甜甜圈，咬了一口。她在品味炸得透透的、沾满了砂糖粉、形状完美的甜甜圈。她吃得很香，我几乎能感觉到她的咀嚼感和舌尖上的汁液。仿佛在那个瞬间，在那间咖啡馆里，不，在这个世界上，只剩下她和甜甜圈。

房子的形象凝缩在“吃”，到了1949年的《未来的淫女》(《别册文艺春秋》)，泰淳笔下的女主人公显得更为立体。开篇第一句："马屋光子对我来说是个有趣的存在。"

咖啡馆女招待光子的生活被泰淳白描如下 ——

她听取顾客点单，送去酒、咖啡、花生和柿种。她清出炉灰，添加泥炭。她在客人旁边稍坐，喝啤酒。和人猜拳赢了，对方拧住她的胳膊，浇她一头的酒。她用包袱布裹着瓶子，跑去买酒和肉。她严格按照账目，让顾客用全副家当付账（数学是她最喜欢的学问）。

小说中的光子经常叠穿两件外套。两件外套的口袋都被老鼠咬坏了，因为她常把吃剩的食物放在衣兜里。她的被子也破旧不堪，“无论在战场还是监狱，我都没见过那样让人发痒和难受的被子”。有一次她喝醉了上厕所，想把购物篮搁在厕所的窗台上，结果篮子掉了下去。她在满是污水形同小河沟的后巷里拼命摸索，最终也没能找到篮子。篮子里有中原中也的诗集，她手抄了中原其他诗的本子，还有基督教的《公教要理》。

那应该正是二十出头的百合子的形象，一个随身携带诗集的年轻女招待。当时，泰淳开始和百合子同居。说是同居，其实就是到百合子的住处留宿，有时他在天亮后回寺院（他父亲改任目黑长泉院住持）。百合子搬过好几次家，神保町、小川町、中野，泰淳在每一处来来去去。

虽然也发表了一些小说，泰淳的收入据说只够负担百合子一半的月租。兰波咖啡馆的顾客之一是筑摩书房的创始人古田晁，百合子去筑摩的办公室收酒账的时候，还一并帮泰淳索取滞纳的稿费。泰淳说，自己出生在僧人之家，稿费就等于布施。意思是，别人不给，他不好主动要。日子难过，只能由百合子开这个口。筑摩书房的经济也十分窘迫，财务以书抵稿费，百合子用包袱布背着一堆书，刚离开出版社，便直接跋涉到旧书店去换钱。

就这样，百合子一直没停止工作。继兰波之后，她又去了其他酒馆。

男人和女人为恋爱做的付出很难对等。两人同居期间，百合子四次堕胎，第四次甚至导致她一时气绝。无论男方出于何种理由不想要孩子，都不该这样折磨伴侣。让人震惊的是，泰淳将两人生活中的这些细节一一用在了小说女主人公光子身上。

如果仅仅写两人的关系倒也罢了，《未来的淫女》是长篇小说的第一部分，第二部分叫作《血与米的故事》(《风雪》, 1949)。看标题便知，铃木家的故事终于在泰淳笔下登场。此事在铃木家引起了轩然大波，哥哥带弟妹们开了会，说不能让泰淳再写下去。百合子不肯出面应对，和她最亲近的弟弟修（当时是信仰共产主义的大学生）找泰淳做了严厉的谈话。小说没再继续，泰淳后来的单行本和作品全集均未收录这两篇。

1950年，两人一起搬到杉并天沼。那之前，百合子住过咖啡馆二楼、强悍的老婆婆经营的情人旅馆的别栋、印刷厂兼中介的阁楼。从外观看，天沼的居所比以前住过的要体面些，是一栋传统的老屋。穿过石头大门，爬上石头台阶，屋外有绿植。房东老太太和小女儿夫妻住楼下，泰淳和百合子租了二楼的两个房间，南面对着宽走廊，日照不错。泰淳总是窝在东面小房间阴暗的角落写稿，一天抽六十支烟，不断往烟灰缸里吐痰。他在写《风媒花》，围绕“中国文化研究会”一群人的小说。

泰淳和百合子的家中只有一床被，如果来了客人，他们和客人两头睡。如果客人再多，只能盖上房东的蚊帐。每当泰淳有了稿费，就请朋友们吃中餐或鳗鱼饭，很快钱用完了，打回原形。即便手头窘迫，两人也经常去看电影。

百合子又怀孕了。她上一次堕胎的危局让泰淳意识到，不能再这样继续。1951年，两人结了婚。泰淳在晚年的作品中写道：“如果不是因为饿肚子，我们或许不会结婚。如果不是饿着肚子，我们就不会喝酒。如果不喝酒，我们的行动就不会那么自由自在。”

10月，女儿出生，泰淳给女儿取名为“花”（百合子习惯喊女儿“花子”）。26岁的年轻妈妈和她39岁的丈夫不太懂得怎么照顾婴儿。天沼的房子老鼠肆虐，泰淳怕老鼠咬孩子，一家三口搬到片濑江之岛一个接生婆家的二楼。邻居们都靠夏天的海边做生意，他们最大的关心是七八九月的周末天气。泰淳写道：“从事虚业的我，待在这样的地方心里放松。”他一直把写小说叫作“虚业”。

百合子喜欢海边的生活。她经常长时间在海里游泳，还是个婴儿的花被放在海滩上。泰淳这样描述百合子带孩子的情景——

给了她一根炸薯条，直到母亲游腻了为止，连续几个小时，她乖乖地躺在海浪席卷的沙滩上，渔船的阴影里。她还慢慢地吃了沾满沙的饭团。

婴儿哭也不哭，独自睡着。不管来了什么客人，不管我们因为什么话题而吵吵嚷嚷，婴儿仿佛住在另一个世界，安静地睡着。老婆当然是爱孩子的。所以，孩子健康地长大了。不过，来喝酒的客人也好，来谈天说地的客人也好，百合子自己都可喜欢了，所以她像是忘了孩子，直到客人们回去。(《眩晕的散步》，中央公论社，1976）

1952年，泰淳的父亲去世。父亲认真读过泰淳的小说，评论道，你的小说像竹子嫁接在树上。可能是为了让泰淳的母亲安心，1953年，小家庭搬回了目黑的长泉院。大岛家的长子大岛泰雄此时是东京大学农学部水产学教授，无论是他还是以写作为业的泰淳都无意继承寺院，于是从福岛会津请来和泰淳同辈的亲戚，担任新住持。因为还要管会津那边的寺院，住持不常在东京，原本是外人的百合子主动帮忙处理长泉院的事务。幼年时，她像所有富家女一样习字、学古琴、学唱传统歌谣。理所当然，她写一笔好字。百合子帮信众们写供养用的卒塔婆木牌，还发明了给基督徒的卒塔婆木牌，在顶上画一个十字架。她做这一切极其自然纯熟，信众们都以为她原本是哪间寺院的女儿。不过，泰淳生性严格的母亲对儿媳有一些看不惯的地方。泰淳解释说，百合子从小没了妈，所以不懂规矩。

他们在长泉院住了四年。其间，泰淳写了《光藓》（《新潮》，1954）。1944年，北海道一艘船遇难，船长在冬天的知床海岬靠吃船员的尸体活下来。小说便是以这一事件为蓝本。泰淳的这部小说后来改编为电影，还被搬上歌剧舞台，是他影响较大的作品。

百合子重新联系上从前要好的中学同学，有时带着女儿去横滨和同学们见面。念中学时，她从不修饰自己，穿着破旧的校服，同学去她家玩，发现那是栋大宅，十分惊讶。可以想象，铃木家的孩子们因为不想让人议论财富的来源，在外习惯保持低调。如今百合子成了打扮精致的年轻妈妈，白色百褶长裙，粉色衬衫，化了妆，涂了口红。

20世纪50年代，泰淳和他的同伴们在文坛俨然已是前辈作家。从1956年起，泰淳开始担任中央公论新人奖的评委。与他共同任评委的是伊藤整和三岛由纪夫，第一期获奖者是吉他手深泽七郎的《楢山节考》（在1958和1983年被改编为电影）。只比泰淳小两岁的深泽七郎很快与武田夫妻成了好友，还教百合子弹吉他。

1957年，武田一家三口搬到杉并区上高井户的公团住宅。公团住宅是由日本住宅公团提供的出租屋，面向中等收入家庭，由于供不应求，租户需要通过抽签获得入住名额。社区通常很大，由若干栋不带电梯的多层建筑组成，外观有点像中国的老公房小区。搬家后，泰淳让女儿就读离家三站地的立教女学院小学，是一所基督教女校。

独立居住让他们与朋友走动更加方便。泰淳的交游广阔，竹内好、丸山真男、梅崎春生、埴谷雄高和大冈升平，都与他常有往来。和作家们在一起，百合子总是装扮得当，但她的衣着要看场合。武田花小时候记忆中的妈妈，常穿黄色紧身裙或旗袍。她还记得，自己学习不好，学校喊家长，这时，妈妈穿着日常衣服和拖鞋就去了。

上高井户的住所旁边有家面包厂。一大早就有过于浓重的气味和喧嚣，让凌晨起来写稿的泰淳苦不堪言。1960年，武田家搬到赤坂冰川町，租了当时少见的复式公寓。可见泰淳的收入大有提升。彼时的赤坂不像如今繁华，除了一些老店铺，有大片的空地和绿树。新家与冰川神社毗邻，泰淳在天色尚黑时开灯写稿，神社的鸡以为天亮了，咯咯报晓。这让泰淳惴惴不安，对百合子说："我感觉就像自己干了坏事被发现了，窘得很。我在方格稿纸上填字，一页一页地写小说，就像一张一张地做假钞啊。”

这一年还有一项变化，赤坂的公寓有出租停车位，武田家买了车。早在长泉院时期，百合子有段时间每天一早出门，不知去了哪里。泰淳嘴上不问，心头惴惴不安，心想，这人不会是有外遇了吧。待谜底揭晓，原来百合子一直在学车，并顺利考取大型车两种驾照（该驾照可以开卡车）。

作家生活方式的变化，其实不过是时代变化的一隅。1959年，富士观光株式会社成立，第二年开始分让“富士樱高原别墅地”。武田家和大冈升平家先后在位于山梨县富士山麓的别墅地建了小楼。在武田家，诸如添置不动产的大事向来是百合子一个人拿主意，后来她还在下田买过一块地，一直没盖房子。

百合子为什么会想到在富士山盖房子呢？可推测的是，她想离开东京透口气。在东京，除了家务，她还得处理和泰淳写作相关的诸多杂务，从送稿件到领稿费，以及开车接送泰淳。此外，从1958年起，“第一次战后派”作家们每月举办一次“后天会”，除了泰淳，参会者还有野间宏、堀田善卫、椎名麟三、梅崎春生、中村真一郎和埴谷雄高，会场经常放在武田家，百合子的接待任务不轻。

1963年，武田花升上同校的初中，开始寄宿。她后来回忆，父母一定是早有预谋，为了到富士山待着，才让自己住校。证据就是，那之前，他们给她买了只博美犬，取名“波可”。百合子十分宠爱小狗，如果家里吃汉堡肉饼，会做一只小小的给波可。年底，富士山麓的小屋盖好了。从圣诞节到翌年年初，一家三口迫不及待地在那里住了几天。山上的严寒让人猝不及防，抹布刚拧完就结冰，三个人各自用两条毛巾包住脑袋，打扮得像小偷一般进被窝。

泰淳为富士山的小屋写下门牌，“武田山庄”。1964年晚春，武田一家开始了东京和富士山两地往返的生活。恰逢富士山收费道路（Subaru line）于当年开通，这是从河口湖到富士山半山腰的公路。尽管上山有了新路，从东京赤坂的公寓到山庄，以当时的道路情况，开车单程需四五个小时。不过，对百合子来说，离开东京的好处胜过了长途驾驶的疲累。至于泰淳，等尝过山居的静谧与安闲，他经常心血来潮般说，明天进山吧。

这一年，百合子开始写山居日记。

最初是泰淳提的要求。他把一册别人给的日记本放在百合子面前，说：“这个送给百合子。你来写日记吧。只在山上期间写就行。我也会写。我们轮着写吧。怎么样？这样你就会写吧？”百合子摇头。他又说：“随便你怎么写都行。要是没东西写，也可以只写那天买的东西和天气。如果有好玩的事或者做了什么，写下来就行了。用不着在日记里抒情或反省。因为你是个不适合反省的女人。你只要一反省，就会耍滑头。百合子经常和我说话或者自言自语，对吧？就像你说话那样写就行。你按自己容易写的方式写就行了。”

虽然提出“轮着写”，由泰淳执笔的日记只有寥寥几篇，女儿武田花偶尔也写个一两天。譬如，1965年3月31日，母女俩在院子里种下了深泽七郎送的十七株梅树。五年前，深泽七郎因为小说《风流梦谭》引起右翼的攻击，还导致中央公论社社长家遭右翼袭击，保姆在事件中死亡。这件事发生后，深泽七郎停笔，四处流浪。要等到1965年秋，他才再度安顿下来，开设“爱我农场”。

十三岁的武田花写道：“妈妈干活最起劲（总是这样），她很愉快，看起来累了。妈妈只要开始挖坑，或是开始弹吉他，做一整天也很有耐心。她做这些就忘了做饭。爸爸会写一整天小说，很有耐心。我做什么都没耐心，别人让我做，我就做。”

百合子始于1964年7月的日记，虽说是按泰淳的要求写的，但并不敷衍。在山里每天的日常，一日三餐的内容，购物清单，自然风物，都被她以冷静的仿佛第三者的笔触做了记录。

武田家每次来去山庄的时间不定，通常和泰淳的工作安排有关。有时一待就是半个月，有时隔天就走。加起来每年总有半年时间在山里。小楼虽然简素，院子很大，占地1200多平方米。百合子在院子里种树，养花。山庄位置不便，最近的购物点是管理处，走路也有些距离，那儿东西卖得贵，百合子通常开车到山下的河口湖或富士吉田，采买食物用品，给车加油。她很快和加油站以及商店的人们混熟了，每次去，加油站的大叔都会送她冰激淋什么的。另一个和武田家交往较多的当地人是石材店的外川。武田家想建围墙，让管理处找承建方，找来的便是外川。1964年8月9日的日记，他首度登场，百合子称他为“石材店的大叔”。8月14日，围墙建好了，这天的日记写道——

用当地的葡萄酒、甜甜圈、炸仙贝、水果罐头庆祝完工。女工们说，今天回家就开始休盂兰盆假期，之后休好几天。

三名女工是山下的N村的人，据说一个是理发店的，另外两个是农家的主妇。女工把一升装的葡萄酒满满地倒进杯里。“啊，好喝。”她们说，因为过节，社长（石材店的大叔）给每人发了一件红梅单衣和服。社长用粗胖的手指一点点剥开奶酪的银纸，边吃奶酪，边滋滋地小口喝着啤酒，显得满足。他就像那种大叔，去酒馆里请女招待们喝酒，置身于她们中间，便兴高采烈。他雇的女工较多，说不定他在工作中也有这样的心情。

后来外川便常常上门。有时给武田家带吃的，有时路过歇脚。他相当健谈，讲了许多当地的事。1965年6月7日的日记，有一个条目是“外川的话”，记述了他关于种田的谈话。除了石山，外川还拥有田地，由他的妻子打理。百合子详细记录当地人的话语，连口音也栩栩如生，很可能是为泰淳的写作积累素材。6月8日的日记有大段前一天的谈话补记，接下来是——

这是外川在昨天6月7日讲的，种田以外的事。昨晚太困了，不想写了，就没写，今天丈夫说：“要把外川说的话写下来呀。”所以我趁没忘记来写。真烦啊。手指会疼，而且写字好麻烦。要是外川以后也讲好多事情，可就不好办了。

百合子所料不虚，外川以后也讲了好多好多的事。她事无巨细将其写下。深泽七郎、竹内好分别来过山庄，也留下了记录。她笔下并非总是一成不变的悠闲山居岁月，渐渐地出现死亡的阴影。一种是朋友的死，从梅崎春生开始。1946年以《樱岛》成名、身为“第一次战后派”代表人物的梅崎春生，50岁死于肝硬化。肝病也是他的作家同伴们最容易罹患的疾病。酒精和写作，是他们的人生不可缺乏的逃逸口。

1965.7.19

今天早上，我绕过湖的内岸回鸣泽的时候，河口湖的水比平时清澈得多，钓鱼的人像画中人般静止不动，是个让人恍惚的晴朗夏日。我边开车边想，生病的人会在这样的日子死去呢。结果梅崎死了。我的眼泪流个不停。（中略）

回家后，吃饭时也没人讲话。丈夫和我还有花子，各自在不同的地方哭。丈夫在他的房间。我在厨房。花子在院子里。

"各自在不同的地方哭。"最简单的句子，却清晰地勾勒出巨大的悲痛。

活着的人们还有他们的日子要过。这年8月，百合子和女儿跟着外川去看湖上祭的焰火。泰淳嫌麻烦，没去。他正在写《十三妹》，登场人物不光是十三妹，还有白玉堂和展昭，整个儿是把《三侠五义》《儿女英雄传》《儒林外史》糅合在一起的小说，颇有点"关公战秦琼"，体现出泰淳对中国古典的熟悉。他笔下的十三妹与其丈夫，隐隐有自家两口子的影子。小说在报纸连载，为赶上进度，在山庄执笔的稿件由百合子送到山脚下的火车站，搭列车邮件送往报社。11月25日，日记本里少见地出现了泰淳的字迹："稿子没写好，内心焦灼。"12月2日，百合子的车被冻住了，她往引擎浇了热水，勉强发动了开下去，引擎盖一路往外冒着黑烟，直到实在没法再往前开，她跳下车，先跑到加油站说了车的事，再奔到车站去寄稿子。这天的日记读来如一部动作片，让人看得捏了把汗。

顺便提及，多年后，田中芳树为《十三妹》文库版写的解说中提道，连载期间还是个小学生的他，每天的期待就是在报上看这篇小说。

1965年底，武田家在山庄跨年。下山路冻住了，管理处的人开着吉普车和推土机在前面开路。好不容易到了底下，加油站的大叔说，你们怎么下来了，我本想今晚悄悄开卡车上去，把路平一下。不觉间，武田家和当地人已结下深厚的情谊。

百合子偶尔也会提及她正在读的书，例如1966年4月20日的日记写道："昨晚很累，但是读《沉默》到凌晨两点。"

泰淳一直担任评委的中央公论新人奖仅存续九届，到了1965年，中央公论社改设谷崎润一郎文学奖，泰淳继续当评委。谷崎奖的第一届获奖者是小岛信夫的《拥抱家族》，1966年秋的第二届，获奖者正是远藤周作的《沉默》。

依然是1966年4月20日这天的日记，山庄来了访客。远道而来的是中央公论社的编辑常田，也曾是兰波咖啡馆的常客。百合子对他说："那时候，我们三个都穿着奇怪的西服和外套，一直在喝酒，白天也像是夜晚。常田，你现在成了中央公论的人，穿着好西装，像个绅士。我呢，开着小轿车。我们真的活了好久。”

说这番话的百合子还不到41岁。是经历而非时间，让人感觉“活了好久”。需要注意的是，在这一年5月的日记中，出现了百合子为泰淳做口述笔记的记录。口述的稿子不长，是某评论集的后记。不妨认为，泰淳的体力开始逐渐衰微。他在山里依旧凌晨起床写作和读书，一起来就开始喝啤酒，百合子开车出去的时候，他除了午睡和晒太阳，也负责拔草、修剪树枝和砍柴。

1966年10月，《群像》刊登了泰淳的《直到看到焰火》，这篇文章写了武田家两次去湖上祭的经历（第一次泰淳没去，翌年夏天外川又来邀，于是1966年总算去了），更着重写了外川其人，勾勒出一个性格憨厚、学历不高，同时努力想在当地成为一方人物的石材商人的形象。如果将百合子日记与泰淳的文章对比，会发现泰淳从日记做了大段的摘抄，毕竟去年的事他没亲身经历。摘抄时做的处理，可见他与百合子的不同——

一个快要死掉的那般年纪的爷爷，被家人围着，铺了报纸躺下，仰面躺着看焰火。他一动也不动，光是盯着焰火那个方向，让人以为他是不是死了。(《富士日记》，1965.8.5）

就连仿佛马上会死去的瘦弱老爷爷，也被家人送过来，

人们把他仰着放在报纸上，他望着人世间最后的焰火。(《直到看到焰火》)

这不是泰淳唯一一次“借用”百合子的日记。他的文章结束于那年夏天实际目睹的焰火景象，典型的作文模式。而在1966年8月5日关于湖上祭的日记中，百合子一个字也没提到焰火的景观（去年同样没写，只写了看焰火的众人），末尾如下——

九点半过后，焰火的声音消失，回家。

丈夫从午后一直在喝啤酒，晕乎乎的，到家后立即倒头睡了。鼾声巨大。

我也感觉嘴巴像是一直张着，手脚都因为啤酒流过去而变胖了。花子帮我收拾了中午的桌子，我俩睡下时将近十二点。

1967年春，泰淳作为作家代表团的一员在中国旅行。这并非他第一次在战后以作家身份访华。1961年11月，他曾在中国南北游览了25天。那之后，他在《菊花，河流，大地》中写道，“有过曾以侵略者身份在这片土地上移动的过去，我感到惶恐、抱歉和窘迫”。

六年后的这次访问归国后，泰淳忙着做报告，写回顾稿，上电视和广播，一直留在东京。5月末终于回到山庄，百合子写道："今年没看到富士樱，也没看到松树发芽。"

夏天，又一次进山途中，波可死了。

该怎样写下身边最亲近的动物的死？百合子的记述像一块封住全部情绪的巨大的冰。

1967. 7. 18

波可死了。六岁。我们把它埋在院子里。

可怕的事，痛苦的事，想要喝水，挨骂，都不会再有了。如果，灵魂真的会升上天空，那就早点升上去解脱。

我们在早上十一点半从东京出发。非常热。在大箱根停车小憩。波可死了。天空湛蓝。我喝了两瓶冰牛奶。丈夫喝了一瓶。我立即上车开往山里的家。眼泪一直在流。看不清前路。

埋完波可，我去大冈家送书。我说狗刚才死了，大冈夫人把她的织机借给我（7月19日记）。

始终保持反战、反核姿态的大冈升平，比泰淳年长三岁。就读东京帝国大学期间，他和中原中也等人创办同人杂志《白痴群》，毕业论文写的是纪德的《伪币制造者》。1944年，在川崎重工工作的他应征入伍，被派驻菲律宾。可能因为他谙熟法语，在军中成了译码员。他患上疟疾，于昏睡状态中被美军俘虏。他的第一部小说便是《俘虏记》。

大冈家比武田家的房子建得晚，自1966年7月，他们偶尔过来小住，频度似乎没有武田家高。两家人都在山上的时候，经常相互走动。为了安慰百合子，大冈升平讲了自己前后养过的好几只狗的死。对波可死因的叙述，出现在20日的日记。应该是那时百合子才终于能稍许平静，写下事情的经过。她又一次提到了天空。

打开后备箱看见狗的时候，我头顶上的天空一片湛蓝。我将永不会忘记吧。发现狗死的时候，天空湛蓝。

夫妻俩都无法对女儿讲起狗死掉的事，直到武田花放假进山。年复一年，百合子的日记中不时出现埋葬波可的位置，她在那里种的花草。

1969年1月起，泰淳在《每日新闻》连载《新·东海道五十三次》。东海道五十三次，指的是从江户时代就有的，从日本桥到京都的东海道上的五十三处住宿地。从古至今，文学和绘画常以其作为主题，人们最熟悉的便是歌川广重的浮世绘。为了这次连载，从前一年11月，差不多有半年的时间，百合子开车带着泰淳和报社编辑沿着东海道漫游，每一次的出发点是上一次停留的终点。

连载的主线是“我”和“百合子”的自驾旅程，同车的编辑偶尔作为“T”露面，存在感不强。全文不仅有历史掌故、对东海道沿途城市的观察，还穿插了个人经历的回顾。除了广重的日记，泰淳还提到《东海道中膝栗毛》，那是十返舍一九作于19世纪初的滑稽文学，栗毛指棕色的马，膝栗毛是指走路代替骑马的徒步之旅。主人公弥次郎兵卫和喜多八是一对男同性恋情侣，泰淳带着少许恶趣味，老拿这两人比喻自己和百合子。

这年1月还有件小事，中央公论社的编辑村松友视第一次拜访位于赤坂的武田家。他是正在创刊的文学杂志《海》的编辑，泰淳答应为新杂志写一部长篇，名字也取好了，《富士》。不过在村松上门的时候，关于小说的构思很可能只停留在书名。

和武田夫妻的初见给村松友视留下了强烈的印象。那两人起先都有几分怕生和拘谨，不过，当泰淳给客人和自己倒上啤酒，百合子端出她用短时间制作的下酒小食，家里的气氛开始变得其乐融融。本来这次拜访该由主编带领，主编临时有事，于是28岁的村松友视独自面对57岁的文坛重镇，该说是“初生牛犊不怕虎”，他拿出预先准备的书，向泰淳热情推荐了国枝史郎的《神州纐缬城》，说“富士”同样也是这部奇书的关键词，可能会对新小说有所启发。

国枝史郎早在1943年就已去世，他的小说主要是幻想和传奇风格，影响了后来的许多作家，包括江户川乱步和梦野久作。《神州纐缬城》是一部未完之作。

为了完成编辑工作，也因为真心喜欢武田夫妻，村松友视和他们来往很勤，还在4月大雪中和武田家一道去了山庄，跑上跑下帮着搬东西——山庄从大门到房门口是条下坡路，有些不便。不知是不是村松友视的阅读建议打乱了节奏，还是泰淳原本就怠于写稿，总之，6月发行的《海》创刊号没能收到泰淳的小说。不仅如此，作家直接溜到了国外。

算是犒劳一直辛苦驾驶多次往返东海道的百合子，泰淳带着她，和竹内好一同参加了“白夜祭与丝绸之路之旅”，从苏联境内走丝绸之路的一部分。6月10日从横滨坐船出发。这天的凌晨三点，泰淳起来写了《新·东海道五十三次》的最后一期稿件，在码头将手稿交给赶来送行的报社编辑。

至于被放鸽子的《海》，泰淳将出行计划瞒着当时的主编近藤信行，并对百合子说：“唯独近藤君，我不想让他知道我要去旅行。因为对不起他。我说不出口。要是让其他出版社知道了，马上会传入近藤君的耳朵里。所以你也别告诉其他出版社。尽可能谁也不告诉，一直到临出发的时候。”

近藤在武田家出发的前夜打来电话，询问“是真的吗”。电话里的声音含着怒气。早上，近藤带着另一个编辑来码头送行。泰淳总觉得对方脸色不善，避免视线接触。

旅行团一共十个人，行经哈巴罗夫斯克、塔什干、布哈拉、第比利斯、雅尔塔、列宁格勒（现在的圣彼得堡）与莫斯科，然后从北欧回国。沿途，一如在山庄和东海道采访时，百合子记了笔记。泰淳后来回顾，一行人因航班延误在新西伯利亚机场招待所落脚时，“老婆做了详细的笔记，包括室内描写等。恐怕可以断言，关于这个招待所的内部，记得如此详细的，若是间谍就算了，在日本旅行者当中别无他例。她还画了插画，痰盂、龙头和室内的布局等”。

旅程结束于7月5日。回到东京，访客不断，泰淳说：“想早点进山，头昏脑涨。”10日，他们重返山庄。没了外人打扰，夫妻俩长时间地聊天。三天后，不得不返回东京。7月下旬再进山，一直待到8月末，中间仅有一天回东京，翌日即返山。9月断续在山里待了15天。山庄每到冬天，水管和车需要仔细防寒，不然就会冻坏，一家人连寒冬都不怕麻烦地待在山里，凉爽的夏天当然更是得空就进山。

8月，《新·东海道五十三次》由中央公论社出版。书中提及“百合子的笔记”。泰淳坦承，写这个全靠老婆的驾驶和笔记。百合子不仅要负责长途驾驶，每天还要记笔记，难怪文中的“百合子”经常显得睡眠不足。

《富士》的稿子也在夏天终于开始执笔。发表于《海》十月号的第一章“神之饵”乍看像是山居笔记，对松鼠和老鼠的观察则透出哲人的思考。第二章“请让我拔草”，笔锋一转，开始写战争期间一所精神病院的医患人群。

这年12月，百合子的日记中第一次出现小猫阿球的记录。女儿外出时在停车场捡的三花猫。武田花高中毕业，没上大学，没事就四处转悠和拍照。继波可之后，百合子又开始加倍地宠猫，给它买特别昂贵的原本是做菜用的鱼干。阿球从东京来到山庄，很快适应了自然环境，成长为动物杀手，在泰淳的带领下，一家人秉着“不责备猫”的原则，看到它带回来的鼹鼠或老鼠等猎物，还得摸摸它的头说，阿球好乖啊。受到夸奖，阿球的杀戮不断升级，甚至带回了蛇，怕蛇的泰淳只好躲起来。

两年后也就是1971年4月的日记中，阿球俨然是山庄一带生物链顶端的存在。“我把吃剩的杂粮撒在院子里，松鼠战战兢兢地来吃了，趁阿球午睡的时候。鸟也在阿球睡觉时过来匆忙地洗了澡。”

日记这时到了第八个年头，百合子常去买酒的店家的女儿生了孩子。当初刚来山里，那家的女儿还是学生。武田花进入东洋大学，就读文学部佛教学科。《富士》终于连载结束并成书。在泰淳的写作历程中，这是少有的完整长篇。除了序章和终章“神之手指”用了山居笔记体，中间部分以精神病院这一特殊背景描写了战争对人的影响。值得注意的是，终章出现了名叫“波可”的狗的死，小说中“我”的妻子的日记，逐字引用了百合子的文字。

1971年11月末，泰淳住院。写作《富士》期间，他的饮酒量不断增加，此时糖尿病发作，导致中风。日记中早有征兆。10月23日，在进山的路上，副驾驶的泰淳仿佛不经意地说起，昨天中央公论谷崎润一郎奖的会议上，他突然间无法说话。

“就这样去山里？回东京看医生吧。”

他拼命摇头，使劲瞪了我一眼。他咽下三明治，说道：“到了山里就会好的。是喝酒喝多了。我自己知道。看医生也就那样。我就想这样待着，你别管。”

我注视前方，一直在开车。

丈夫伸手摸了摸我的头发。

他像是为刚才语气不善感到羞愧，又像在讨好我，这回，他边摸我的头，边用正常的声音说：“让我就这样待着嘛。”

病倒后，泰淳的行动变得艰难。他暂时停止了写作。1972年4月，百合子把院子里原本种菜的地方都种上了花。不再写稿的泰淳，每天有大把时间眺望院子。这一年6月到翌年3月，日记出现了空白，应该是没进山，让泰淳在东京养病。可能由于《富士》带来的影响，新潮社出版了泰淳在1960年代连载于《新潮》的未完作《快乐》。这是部自传性的作品，讲述名叫“柳”的少年僧侣在战争色彩日渐浓重的社会中的日常与思索。

整个1973年，百合子仅写下两则日记，4月一则，5月一则。少见的是，随后，泰淳用大而颤抖的字，记了两则极为简短的日记。其中5月21日如下——

晚上去厕所，上下楼很麻烦，试着在楼下睡。冷。

1974年，百合子和泰淳在山里待得久一些，六七月间有15篇日记。7月15日的日记，泰淳和百合子比赛一般轮流放唱片。泰淳反复听电影《罗斯玛丽的婴儿》（*Rosemary's Baby*）的主题曲，并说：“要能写出这种感觉的短篇小说就好了。”百合子在间隙放上《最毒妇人心》（*Hush... Hush, Sweet Charlotte*），不服输地说：“孩子爸，等我死了，在守灵夜放这首歌。在场的人一起合唱。”

泰淳重又开始写作。由他口述、百合子担任笔记的《眩晕的散步》《上海之萤》先后在《海》连载。

《上海之萤》以战争末期泰淳在上海的经历为蓝本。《眩晕的散步》更像是一章章随笔，中风后体力衰微的

“我”由“老婆”陪着，在不同的地方散步，“笑着的男人的散步”“有存款的散步”……然而，随笔风格的《眩晕的散步》，以及之前那本像是纪行文学的《新·东海道五十三次》，都被泰淳分类为“小说”，这与他的小说观念有关。

《富士》连载期间的1970年10月，泰淳和三岛由纪夫有过一次对谈，他当时说：“所谓的小说，一种，是声称‘我没有说谎’的人；一种，是说‘我说谎’的人；还有一种，是说‘我搞不清我有没有说谎’的人……”三岛立即说：“第三种就是武田吧。”对谈后一个多月，三岛由纪夫自杀。《富士》的主人公之一很容易让人联想到三岛由纪夫——前精神科医学生、现在的精神病患者一条实见，高智商的美貌青年，声称自己是天皇直系。一条实见在书的末尾死去，读者多以为泰淳受到三岛之死的影响才这么写，其实全书截稿恰好在三岛自决前几天。小说家的预见，有时让人心惊。总之，小说与现实的巧合，让《富士》一时间成为话题。

1974年的日记终结在7月15日。1975年没有留下日记，百合子50岁，要照顾生病的丈夫，还要做口述笔记，过了忙碌困顿的一年。

1976年的日记始于7月23日。整个夏天，夫妻俩一直在山里，百合子一天不落地记日记。她打理院子，照顾泰淳，显得很有活力，也很少在日记中表露动摇，只有一回，她写道："有时候，我满怀不安，仿佛在摸索着，不断地用笊篱打水。"

1976. 9. 1（周四）晴，有时多云

早上，阳光照下来，飞来了五只黑凤蝶——不知道它们之前怎么在雨中度过的——将整个身子钻进矮牵牛喇叭状的花里，吸取花蜜。凤蝶的翅膀有气无力。天气很好，所以我把各种东西拿出来晒。丈夫把牙刷和杯子拿出来晒。他自己也坐在杯子旁边，一动不动地闭着眼。阿球在他旁边闭着眼。下午，我用淋浴给丈夫洗头。想接着给他洗身体，他说洗多了脑袋会糊涂，不肯洗。傍晚，我带着阿球去远处散步。阿球飞奔着跟过来。入夜，下起小雨。雨很快停了。来到院子，满满的百合香。我明年想种一大堆百合的球根。想要明年也两个人健健康康地来山上。

9月9日是最后的山居日记。离开时，百合子对管理处说，等到红叶的季节会再来。9月14日，在东京的百合子开始写日记——这在以前从未有过。东京的日记从14日不间断地写到21日，是泰淳最后在家的时期。泰淳原定出席9月16日谷崎润一郎奖的选评会，当天临时决定不去。晚上，百合子的弟弟和一位医生来看望。医生说，泰淳的肝脏有问题，随后私下告诉百合子，应该去做检查。此后的几天，

百合子一直在联系病床。21日，终于定下可以住院，竹内好和埴谷雄高来探望。当着客人的面，泰淳半开玩笑地讨要啤酒喝，反复说："我不是坏人呀，给我啤酒吧。"

那之后，他吃了药（基本就是消化药和维生素C），神清气爽地睡了。我和花子没睡，等待明天早上。对面山坡上新建的公寓有两个房间一直灯光明亮，能清晰地看见屋里的椅子和家具。还看到有人或站或走。每当我困了，就注视那房间，等待天亮。晚上一直在下雨，风也变大了。早上，风停了，变成小雨。

全部日记到此终结。22日凌晨，百合子请中央公论社派人手，《海》的现任主编塙嘉彦和村松友视一起过来，帮忙把泰淳抬上救护车。

1976年10月5日，泰淳因胃癌和已转移的肝癌去世，终年64岁。

葬礼来了许多出版界人士，51岁的百合子显得开朗，还对大家半开玩笑地说："新寡是很受欢迎的。"赤坂的复式公寓内挤满了编辑们，年轻编辑多在二楼，村松友视也在其中。塙嘉彦来到二楼，向他招手，待他走近后，主编难掩兴奋地说起，听说百合子积存了大量写于山庄的日记，想要向她约稿。

虽然主编出于好意，把向百合子约稿的任务交给自己，但这些年来，村松友视已不仅仅是泰淳的编辑，更是武田家的朋友。故人刚走便向遗孀要稿子，他感到自己做不到，当场拒绝。于是由主编向百合子提出约稿事宜，并迅速敲定，日记将会刊登在“武田泰淳追悼特辑”。事情谈完了，百合子上楼经过村松友视身边，低声笑道：“村松，你没有勇气啊。”

或许就在那个瞬间，一直在作家身旁的妻子、助理和影子消失不见，兰波咖啡馆时代的百合子回来了，同时，身为随笔作家的武田百合子悄然出现。

1976年12月，《海》刊登了名为《富士日记——今年的夏天》的文章，内容是百合子当年夏天的日记。其后的一年，百合子从1964年7月到1967年11月的日记以《不二小大居百花庵日记》的标题在《海》做了连载。题名的由来，是百合子誊抄日记时，发现最早一本日记本环衬上有泰淳的字迹，“不二小大居百花庵日记 武田泰淳”。当初泰淳给山庄取过各种各样的名字，这是其中之一，嵌入了百合子与花的名字。

连载后于1977年成书的《富士日记》，包含了百合子十三年间的全部日记（以及泰淳和花的几篇），此书迅速捕获了一大批读者，至今仍被许多人阅读。要说原因，很简单，因为百合子其人其文，充满魅力。

百合子的文字毫不矫饰，和她本身一样充满生命力。她写山中四季，写夫妻吵架，写兔子啃掉了所有种下的花草（她毫不气馁，打算下次种胡萝卜给兔子）。夏天，无籽葡萄的季节，武田家每天吃葡萄。放在桌上的葡萄常有蜜蜂来咬个洞吸葡萄汁。百合子打开果酱，蜜蜂也来吃。又开一罐蜂蜜，蜜蜂更开心了。她觉得蜜蜂可怜，想要告诉它，蜂蜜原本是你做的。她觉得总来吃东西的蜜蜂是同一只，在它身上用红色马克笔做了标记，发现果然是同一只。

值得敬畏的大吃货蜜蜂。我向丈夫发表了这一研究结果，他说："和百合子一模一样啊。"

她写深夜开车回家，泰淳把全部房间的灯开着，远远望见灯火通明的房子时，她的心头忽生眷恋。她笔下映出昭和时期的日常，从最初只有收音机，到电视出现。大部分日记详细记录了每天三顿饭的内容，不提烹饪法，也少有评价，只有做得难吃时会着重写一笔——奇怪的是，菜单的罗列会诱发读者的食欲。遇上和朋友聚餐，便写得详细些，譬如竹内好来的那次吃的寿喜烧。

牛肉带点紫色，煮的时候冒泡，吃了会不会有谁死掉呢，我这样想着一吃，是正常的味道。

总之，那是兼具简洁和细致、冷静和热情的日记。不辩解，不粉饰，不感慨。百合子真的像泰淳最初要求的那般，一路写来。

《富士日记》1974年7月之后，有一段补记，节录如下——

泰淳原本就是个不肯烦神的人，能让我解决的事都让我做，从开始写《富士》到他生病之后，更是把一应杂事全交给我。从这时起，日记简短，字大。隔一段时间记一次。我因为忙碌而疲惫，懒得记日记。

昭和四十八年五月末，武田两天的日记孤零零地在那儿，写在一张两百字稿纸上。他用钢笔写了三四个字，然后用黄色马克笔重描了墨水断续的字，大概还是不好写，或是颜色不中意，又换成黑色马克笔。

没有记日记的山居的日子，有些什么呢。和往年一样，雪融，草木发芽，樱花开，樱树长出嫩叶。我们急不可待地进山。武田做日光浴，割草，喝啤酒，看书，看电视。

我不再去湖里游泳，在院子前面的田里和大门的周围种了夏天开的花。武田笑着叹道，你那股热心劲儿，简直像精神病。不过，在早上和黄昏，他久久地蹲在花田里，摸摸花，呆呆地看花。让我看到他开心的样子。

机器无情，
人才会给平凡事物
赋予光晕。
/ 陆茵茵

有时候，我口不择言，把武田气得发抖，让他心情暗淡。有时候，他以一种无法言喻的眼神，让我说不出话来。健康的我，在身体一年不如一年的人的身边，吃很多，说很多，大声地笑，在院子里跑上跑下，直接展现情绪的起落，我是个多么粗野又迟钝的女人啊。

《富士日记》于1977年获田村俊子奖，是专门颁发给女作家的奖项，一共办了17届，百合子正好是最后一届获奖者。有些人从百合子年轻时就熟悉她，如埴谷雄高，他在各种场合反复说，日记体现了百合子一贯的才气；像村松友视这样的"新朋友"，则只有惊叹的份；而更多的人，往往以为百合子是在为泰淳担任口述笔记员的过程中"学会了写作"。

百合子的女儿武田花眼中的她又是怎样的呢？

中学被送去住校时，武田花起初有种被抛弃的感觉，好在很快适应了住校生活。有时妈妈像是忽然想起来似的打来电话，送吃的到学校宿舍所在的三鹰台。隔着宿舍的铁门，妈妈把装有零食的纸袋递过来。因为吃太多零食，武田花经常流鼻血。

只要武田花在家，爸爸睡了之后，妈妈常带她去夜游。所谓夜游，就是开车到青山的Yours。那是1964年开设的进口超市。一开始营业到凌晨1点，后来变成了24小时。许多演艺界人士都去那里购物。妈妈买一大堆进口食品，回家用预拌粉做点心。

有一年赏花，一家人喝了清酒又喝葡萄酒，醉了的百合子对性格内向的武田花说："你像这样，将来很难。高兴的时候就要做出高兴的样子，想要的时候就要说想要。你整天都在想些什么，究竟有什么思考，说来听听——"

她被说哭了，叫道："就算努力想，也没有想法。就算想要思考，也没有思想。可我想要活着。就只是想要活着。"

一直闭眼躺在地上的爸爸忽然笑道："百合子输了。"

武田花大学毕业后做过各种工作，都不持久。作为兴趣的摄影倒是一直没变。她爱拍穷街陋巷和猫，35岁才办了一个小小的个展。1990年，39岁的武田花拿了木村伊兵卫奖，该奖项被称作"摄影界的芥川奖"。她出过几本摄影随笔集，文风与父母全不相像。照片和文字，呈现出她看待事物的方式，其中隐隐有百合子的影子。

为《富士日记》做誊抄的过程中，百合子对遣词造句逐一做了细微的改写，年少时爱读诗的她，对文字是非常讲究的。《富士日记》之后，百合子陆续出了四本书。1979年的《狗看见星星：俄罗斯旅行》是与泰淳、竹内好那次前苏联旅行的日记，获读卖文学奖。其后是《语言的餐桌》

《游览日记》《日日杂记》，分别出版于1984、1987和1992年。四本书的体量都不大，与她对文字以及选篇的讲究不无关系。最后三本可以算是精选集，尤其是《日日杂记》，语言愈发凝练成熟。

有一个问题，是所有喜爱《富士日记》的读者都想要问的——泰淳走后，百合子还写日记吗？

她自己说再没有写过，尽管《日日杂记》采取了不设年月日的日记体。

百合子具有强烈个人风格的作品，如同磁场，吸引了一批人。她身边常来往的不仅有中村真一郎夫妻、大冈夫妻和埴谷雄高等老友，其交友圈更进一步扩展开去。新朋友们无一例外，都对她的文字乃至个人怀着“粉丝”的心情。譬如以“阿佐田哲也”为笔名写《麻将放浪记》的色川武大、女演员加藤治子、引领“路上观察学”的赤濑川原平，以及剧作家唐十郎。

当然，她最重要的吃喝和旅行伴侣，是经历过一次婚姻又回到娘家的武田花。从百合子的文章看，母女俩游逛的地点也很别致：浅草一处老旧的游乐场“花屋敷”，摆着熊标本的跳蚤市场，有许多陪酒女去泡澡的温泉，蛇类中心……

也少不了重返故地。武田山庄还留着，每年夏天，百合子都会回去。另一处必去的是京都知恩院，泰淳的遗骨有一部分葬在那里。墓碑上有泰淳的手书，“泰淳百合子比翼之地”，于是看守墓地的大叔以为她是给一个叫百合子的人扫墓。

每当别人弄错了我家猫狗的毛色体型，我总是忍不住认真地一一订正，说道，不对，我家的猫是三花猫，不瘦。但对大叔的这种误会，我不放在心上。倘若樟树根下埋着另一个我，也不坏。（《日日杂记》，中央公论社，1992）

《日日杂记》的扉页写着“致离世的人们”，可以说，这正是百合子的写作的出发点。通过文字的魔法，重现业已消逝的人与事，唤回她所珍重的整个世界。全书充满了生之眷恋和死之预感。这些文章最初连载于《嘉人》杂志，从1988到1991年，百合子执笔时不过65岁前后，按理文中不该有如此浓重的暮年感，可能她在这时身体状况已不甚佳。

那之前，1986年，百合子说要庆祝满60岁，独自去德国找弟弟铃木修，在弟弟家待了一个月。修要上班，她带着地图每天自己出门玩，让修一家颇为震惊。赴德前，百合子把日记本和稿件收在行李箱和茶盒里，对女儿说，如果我死了，就把这些都烧掉。她从德国给女儿寄了大大小小许多礼物，还写了大量的明信片。

1992年发表于*Poetica*的《在成田》，写的就是德国之旅临出发那天，女儿来成田机场送别的情景。文章很短，是百合子最后一篇发表作。

1993年5月27日，百合子去世，死因是肝硬化。泰淳走后，她生活了十七年。好友中村真一郎为她身后出版的《武田百合子全作品集》（中央公论社，1994）撰文，其中提道："泰淳去世后，为了脱离那份悲伤，数年之间，百合子的苦行之卓绝，就算她诙谐地讲起，也让人听不下去。"

曾经的新人编辑村松友视逐渐变得资深（他担任了《富士日记》的责编），又在1980年成了作家。其间也有些波折，他起初写小说不成，偶然应邀写了关于职业摔跤的非虚构，一举成了畅销书。42岁那年，他的小说拿了直木奖。

村松友视一直想为百合子的文字"正名"，在他看来，百合子不仅仅是"泰淳遗孀"，她本身就是具有诗人天性的作家。他做了许多工作，不仅去见了武田花、百合子的弟弟铃木修，还找到百合子的中学同学，从后者处获得珍贵的资料，中学同学们办的同人杂志《贝壳》，收录有百合子不同时期的稿子。目睹十来岁的百合子写的诗，身为年轻妈妈的百合子写的书信体随笔，村松友视终于明白，为什么泰淳过世后，埴谷雄高在《眩晕的散步》获野间文艺奖颁奖仪式的致辞中说道："此处进行的不是通常意义上的口述，而是真正的合作。"

有心人不难发现，《眩晕的散步》有两个章节的内容，基本脱胎自百合子的前苏联旅游日记，也就是她的第二本书《狗看见星星》。倒也不是"照抄"，泰淳和百合子各自成书时的字句取舍，对照着读，别有意味。村松友视可能为了泰淳的名誉，并未多提这一细节。他把对百合子人生历程的追寻经过写成《百合子女士是什么颜色：通往武田百合子的旅程》，是一本有意思的传记，值得所有百合子粉丝读。书中提到，泰淳过世后，百合子有种种变化，变化之一是，她不再轻声细语，嗓门大而清晰，特别有穿透力。中央公论社编辑们每月一次和她聚餐，先是在饭馆，有一回，村松友视离席去厕所，忽然发现百合子的说话声响彻全场，顿觉尴尬，从此便把会场挪到武田家。

武田花遵照百合子生前的话，烧掉了两只装有手稿的箱子。各家出版社都想出版百合子过去没成书的稿件，武田花多次拒绝，直到她也六十多岁了，这才决定在自己还有体力时整理出版母亲的文字。2017年由中央公论新社推出的《那时候：单行本未收录随笔集》是一本厚书，至此，武田百合子的作品终于完整面世。

按理，关于百合子写到此处，便该结束，但还需要提到一件小事，或者说一篇文章。这篇文章的诞生过程及其内容，蕴含了构成“作家武田百合子”的诸多要素。

生于1948年的堀切直人，是另一个与百合子有关的编辑兼作者，后来和村松友视一样成了百合子母女的酒友。他从早稻田大学文学部退学，主要从事幻想文学和唐十郎作品相关的评论。有段时间，他为一家小出版社北宋社做一套书系的策划，“印象的文学志”，先出了两本，分别是《红花 蓝花》(吉行淳之介监修，1978)《水底的女人》(岛尾敏雄监修，1978)。监修就是借用前辈作家的名头，实际选编的工作由堀切直人独自完成。

堀切直人曾在杂志看过百合子和深泽七郎的对谈实录，留下了深刻印象，仅凭这一印象，他寄去第一辑样书，附信请百合子担任监修，并提议，新一辑就叫《吃东西的女人》。不用说，百合子拒绝了。堀切直人又要求见面。百合子读过样书，觉得喜欢，便答应了。根据《红花 蓝花》的选篇，她以为来的会是个五十出头、穿风衣的潇洒男子，结果来了一看，是个大块头年轻人，“像个修空调或电视机的，啪嗒啪嗒走了进来”。百合子重申了拒绝之意，并说，我的名字放在上面，对你们来说卖不好。客人既坐下了，总要招待。等百合子端出啤酒和吃食，对方毫不拘束，吃喝聊天。这一聊，两人全无年龄差，很愉快，百合子同意了挂名，并为这本书写了一篇短稿《枇杷》(后来收在《语言的餐桌》)。

短稿最初的底本来自《富士日记》1970年6月29日——

吃枇杷。丈夫吃了切碎的枇杷。他说好吃。丈夫慢慢地吃了两个的时间，我吃了八个。好吃。

到了《枇杷》，呈现出更加丰富的形象——

我在吃枇杷，丈夫走过来，在对面坐下说，也给我一点。难得他这么说。这人喜欢吃肉，不会主动吃水果。

“我的切成薄片。”

我把枇杷像切生鱼片那样切了，丈夫等不及，拿起一片塞进嘴里。

“啊，好吃。”

枇杷汁滴滴答答地顺着手指，流到手腕上。

“原来枇杷是这么好吃的东西。我都不知道。”

他把枇杷一片片地塞进嘴里，用上了弯曲并有点颤抖的四根手指。然后紧闭着嘴唇，把枇杷在嘴里转啊转地咀嚼，花了很长的时间，用牙龈嚼烂，咽下去。用牙龈咀嚼，比起有牙齿的人，必须让整张脸的肌肉好一番上上下下，很辛苦。他的嘴角沁出了枇杷汁。眼角甚至积了些像泪水的汗水。

像这样吃完两个枇杷，他“啧”地弹一下舌头，张开微微泛红的没牙的嘴，不出声地笑了。

“我正想吃这种滋味的东西呢。我不知道自己想吃的是什么，正坐立不安来着。原来我想吃枇杷啊。”

（中略）我有种感觉——说不定那时候，我吃的是枇杷，却也吃了那个人的手指和手。我记得，丈夫吃完两个的时候，我吃了八个。

百合子在《富士日记》后记中写道：“我想，如果武田没死，日记本不会变成活字，会一直收在壁橱角落的纸箱里。”的确，如果她先于泰淳离世，很可能，人们自始至终只把她当作泰淳的妻子和口述笔记员。她曾是泰淳笔下的“房子”“光子”，又变幻作“十三妹”和其他女主角，真实感逐渐压过虚构性，终于落到实处，成为晚期作品中的“百合子”“老婆”。事实上，她也有她的声音，一贯清晰、准确，描摹她眼中的世间。如果说《语言的餐桌》等书是不可多见的随笔精品，《富士日记》和《狗看见星星》则是不可思议的门，推开那扇门，你会发现自己置身于昭和时代的富士山某处，或是丝路沿途的某座城。

☐☐ 评 论

打碎黄金枷——
张爱玲《金锁记》《怨女》比较赏析

撰文　张敞

关于张爱玲的小说《怨女》[1]，我已经写了一篇文章《张爱玲的怨念——从〈金锁记〉到〈怨女〉》，其中罗列了张爱玲写作《怨女》的动机，以及她几番英译中，中译英，持续改写十一年所经历的种种磨难，也略微谈到了我所认为的《怨女》的价值和文学意义。

为了避免像只是泛泛而谈，下面不妨就这个话题继续深入一下。

一

1979年9月4日，张爱玲在致好友邝文美、宋淇的信中说："中国人的小说观，我觉得都坏在百廿回《红楼梦》太普及，以至于经过五四迄今，中国人最理想的小说是传奇

1 张爱玲：《怨女》，皇冠文化出版有限公司，2010 年 8 月。

化（续书的）的情节加上有真实感（原著的）的细节，大陆内外一致（官方的干扰不算）。”[1]

“传奇化的情节”，“真实感的细节”——这些话不得不令我想到张爱玲早年的个别作品，尤其是《金锁记》。

《金锁记》发表于1943年10月，那年张爱玲23岁。小说登在《杂志》月刊第12卷第2期和第3期。这一年也是张爱玲多产的第一年。《金锁记》之前，其实张爱玲已经发表了《沉香屑——第一炉香》《沉香屑——第二炉香》《茉莉香片》《心经》《封锁》《倾城之恋》《琉璃瓦》及多篇散文。

1944年5月，傅雷以笔名“迅雨”写《论张爱玲的小说》，他用张爱玲在其他作品如《倾城之恋》《琉璃瓦》《连环套》中的缺点（他认为的）来反衬《金锁记》所达到的艺术成就，并说：“它（《金锁记》）是一个最圆满肯定的答复……是张女士截至目前的最完满之作，颇有《狂人日记》中某些故事的风味。至少也该列为我们文坛最美的收获之一。”[2]

1961年，夏志清先生在他堪称欧美英文评论界里“中国现代小说评论”拓荒作的《中国现代小说史》中，给

---

1 宋以朗编，张爱玲、宋淇、宋鄺文美著：《张爱玲私语录》，皇冠文化出版有限公司，2010年7月。

2 迅雨：《论张爱玲的小说》，收入金宏达主编：《华丽影沉——回望张爱玲旧文追思影响》，文化艺术出版社，2003年1月。

出更高的评价："张爱玲该是今日中国最优秀最重要的作家。仅以短篇小说而论，它的成就堪与英美现代女文豪如曼殊菲儿（Katherine Mansfield）、泡特（Katherine Anne Porter）、韦尔蒂（Eudora Welty）、麦克勒斯（Carson McCullers）之流相比，有些地方，她恐怕还要高明一筹。"[1]《金锁记》更被他认为是"中国从古以来最伟大的中篇小说"。

《金锁记》的确是一部极为优秀的小说，在人物的刻画上，曹七巧是可以不朽的文学艺术形象。自己戴上了黄金枷锁，也"用那沉重的枷角劈杀了几个人，没死的也送了半条命"。像她这样变态、极端、阴森的女性——仿佛是在不绝的地狱之火的灼烧中始终哀号不散的冤魂——也几乎为此前的中文作品所没有。

小说本身文学技巧的新鲜讲究，语言表达的丰富灵动，形象塑造的透彻细腻，诸多桥段的深沉与震撼，几十年来也使它逐渐成了被主流文学和普通读者都全面承认的中国最好的几部中篇小说之一。

它的开头——"三十年前的上海，一个有月亮的晚上……我们也许没赶上看见三十年前的月亮。年轻人想着三十年前的月亮该是铜钱大的一个红黄的湿晕，像朵云轩

1 夏志清著、刘绍铭等译：《中国现代小说史》，香港中文大学出版社，2001 年，第十五章。

信笺上落了一滴泪珠，陈旧而迷糊。老年人回忆中的三十年前的月亮是欢愉的，比眼前的月亮大、圆、白；然而隔着三十年辛苦路回看，再好的月色也不免带点凄凉”[1]——现代派又有意境，与诸多优秀国内外名家名篇的开头相比毫不逊色。

与简·奥斯丁的杰作《奥斯菲尔德庄园》这个同样是以“三十年前”起笔的名著的开头，“大约三十年前，亨廷登的玛丽亚·沃德小姐可算是交了好运”[2]放在一起，气质虽不同，但也不落下风。

时至今日，我们一般“正统”的文学家和评论家，虽然他们中还有一些人不愿意接受或承认张爱玲的文学地位和她的小说，但如果非要他们说出一篇他认为写得“较好的”张爱玲小说，多半他们也会举出《金锁记》。

《倾城之恋》《红玫瑰与白玫瑰》《第一炉香》之类，在一些专家眼里可能会觉得“太轻佻”，如傅雷评论《倾城之恋》所言：“几乎占到二分之一篇幅的调情，尽是些玩世不恭的享乐主义者的精神游戏。尽管那么机巧、文雅、风趣，终究是精炼到近乎病态的社会的产物。好似六朝的骈体，虽然珠光宝气，内里却空空洞洞，既没有真正的欢畅，

---

1 张爱玲：《金锁记》，载《倾城之恋》，皇冠文化出版有限公司，2010 年 6 月。

2 [英] 简·奥斯汀著：《奥斯菲尔德庄园》，陕西师范大学出版社，2009 年 11 月。

也没有刻骨的悲哀”;《色，戒》《秧歌》，一个因爱而牺牲了立场，一个因立场而牺牲了爱，政治上“有瑕疵”;《怨女》《半生缘》，很多人知道是《金锁记》和《十八春》的改写，在向来“重故事”而不大“重人物”的中国传统文艺观念那里，也就不值得重视了；张爱玲的人生三书《雷峰塔》《易经》《小团圆》，那是很多人眼里几本专供张爱玲的粉丝们所用的正月十五的猜灯谜手册……

《金锁记》——似乎也只有《金锁记》——才全面符合专家心目中“小说最该有的样子”（不限于五四时期）。旧时代的腐败，吃人的礼教，人被摧残或异化。下笔强有力，场景震撼，文字精彩，饱含着对旧社会的控诉……

《金锁记》像鲁迅小说《狂人日记》《祝福》，像老舍的《骆驼祥子》，也有点儿像《儒林外史》中的某些故事。它围绕一个不幸被命运控制的人书写，看他（她）在围剿或冷眼旁观他（她）的时代游戏中，是怎么终于变成一个令人可叹的悲剧的。

在这部小说里，张爱玲也自觉或不自觉地和新文学的正统融合了，写出了一个很能被人接受的、非常彻底地被旧社会和旧式家庭异化的人——曹七巧。

正如王德威所言:“鲁迅的狂人（《狂人日记》）以次，曹七巧大概是中国现代小说最著名的‘女’狂人了。礼教吃人的控诉在女性的身上演出，尤其令人触目惊心。”[1]

1944年，胡兰成曾写《张爱玲与左派》，强调张爱玲与左派文学着力于“阶级斗争与革命”不同，后来夏志清也说“她（张爱玲）诚然一点也没有受到中国左派小说的影响”，黄子平更评价张爱玲是“五四主流文学史无法安放的作家”。回顾张爱玲的整个写作版图，说张爱玲是最不为意识形态左右的作家，是一个最有独立文艺观的、最为杰出的异数，恰如其分。但若把张爱玲完全认为是一个自成体系的“真空世界”，那也不可能。

丹纳在《艺术哲学》中曾详细阐述一个作品与艺术家、与他所属的同类艺术家家族，以及与当时的风俗习惯和时代精神的关系，并说：“风俗习惯和时代精神对于群众和对于艺术家是相同的。艺术家不是孤立的人。我们隔了几世纪只听到艺术家的声音；但在传到我们耳边来的响亮的声音之下，还能辨别出群众的复杂而无穷无尽的歌声，像一大片低沉的嗡嗡声一样，在艺术家四周齐声合唱。只因为有了这一片和声，艺术家才成其为伟大。”[2]

《金锁记》写作时，五四运动已经过去了二十四年，新文化运动从1917年发起，更已经过了二十六年。此时的白

---

1 见“此怨绵绵无绝期”一文，载王德威著:《现代小说十讲》，复旦大学出版社，2003年10月。

2 [法] 丹纳著、傅雷译：《艺术哲学》，三联书店，2016年10月。

话文，业已诞生过鲁迅的《狂人日记》《阿Q正传》，郁达夫的《沉沦》、丁玲的《莎菲女士日记》、沈从文的《边城》、巴金的《家》、茅盾的《子夜》、老舍的《骆驼祥子》、曹禺的《日出》、萧红的《呼兰河传》……

张爱玲在《谈音乐》中形容“五四”，把它形容成交响乐，这一段说得好：“大规模的交响乐自然又不同，那是浩浩荡荡五四运动一般地冲了来，把每一个人的声音都变了它的声音，前后左右呼啸嘁嚓的都是自己的声音，人一开口就震惊于自己的声音的深宏远大：又像在初睡醒的时候听见人向你说话，不大知道是自己说的还是人家说的，感到模糊的恐怖。”[1]

1944年的女作家聚谈会上，张爱玲也提到过自己对冰心、丁玲作品的认知。她熟读的小说里，更提到老舍的《二马》《离婚》与曹禺的《日出》。她的母亲坐在马桶上读老舍的《二马》，也被她写进了散文《私语》。

作为一个五四运动后一年即出生的、初出茅庐的年轻作家，张爱玲的成长和新文学的成长几乎是同期的，她根本是新文学的同龄人。

尽管当时年轻的张爱玲更爱旧小说，也喜欢读外国作

1 张爱玲：《论音乐》，载《张爱玲·华丽缘》散文集一，一九四〇年代，皇冠文化出版有限公司，2017年2月。

家毛姆（S. Maugham）、赫胥黎（A. Huxley）等的作品，作品也多与正统不同，但她身在时代的环境中，并不可能做到完全的坚壁清野。很多评论家习惯采用“二分法”，高全之说过一句话，那将“无法领会张爱玲与其他中国作家的共同性”。

20世纪，评论家们为了使人看到张爱玲的天才特别之处，将她的个人特色充分展示出来，强调她与五四新文学的差异性，应当被认为是必要的，但今天，张爱玲的文学地位已经稳固，将她重新放回到她所经历的整个时代的视野和所有作家的群落中，却更方便认识到张爱玲无可替代的文学价值与她所到达的高度。

说一句极端的话，如果今天张爱玲没有留下任何一篇其他小说，如果我们对她的生平也一无所知，而仅仅看到了一部《金锁记》，极大的可能也许是，我们会把她单纯视为一个主流作家。

《金锁记》强调外部力量残害的成果，这是普通专家和一般读者喜闻乐见的，因为强烈与明确。可前者若走到极端，其实会退回到希腊悲剧的“冥冥中决定一切”和中国的宿命论，到了“人的文学”还没有发展之前；后者走到极端，文章中就会出现纯粹的好人和纯粹的坏人，而没有普通人。

小说中那对于遗老遗少的旧式家庭、旧社会的反感与隐性谴责，不是不该有，而是不应该仅到此为止。《金瓶梅》虽然写出了末世的腐败、人欲横流，然而不可以说它是一本以反封建为目的的书；《红楼梦》里的少男少女无路可走，曹雪芹也不是让全书归结到反思社会制度和清朝。《金锁记》里曹七巧这朵“恶之花”，却不禁让人想：她的原罪是什么？命运与她个人的关系大不大？（值得庆幸的是，后来这些成为《怨女》中张爱玲致力的目标。）

后期——甚至当时——的张爱玲对《金锁记》就并不完全满意。敏锐如她，反思如她，1944年5月在散文《自己的文章》中即说：“极端病态与极端觉悟的人究竟不多。时代是这么沉重，不那么容易就大彻大悟。这些年来，人类到底也这么生活了下来，可见疯狂是疯狂，还是有分寸的。所以我的小说里，除了《金锁记》里的曹七巧，全是些不彻底的人物。”

张爱玲并不喜欢彻底。她更喜欢凡人。“他们不是英雄，他们可是这时代的广大的负荷者。因为他们虽然不彻底，但究竟是认真的，他们没有悲壮，只有苍凉。悲壮是一种完成，而苍凉则是一种启示。”[1]

可以引证的，还有张爱玲在1975年纽约威尔逊公司出版的《世界作家简介·一九五〇——一九七〇，二十世纪作

---

1 张爱玲：《自己的文章》，见《流言》，皇冠文化出版有限公司，1984年。

家简介补册》里写的一篇《自白》。

其中一段：“中国比东南亚、印度及非洲更早领略到家庭制度为政府腐败的根源。现时的趋势是西方采取宽容，甚至尊敬的态度，不予深究这制度内的痛苦。然而那却是中国新文学不遗余力探索的领域，不竭攻击所谓‘吃人礼教’，已达鞭挞死马的程度。西方常见的翻案裁决，即视恶毒淫妇为反抗恶势力、奋不顾身的叛徒，并以弗洛伊德心理学与中式家居摆设相提并论。中国文学的写实传统持续着，因国耻而生的自鄙使写实传统更趋锋利。相较之下，西方的反英雄仍嫌感情用事。我因受中国旧小说的影响较深，直至作品在国外受到与语言隔阂同样严重的跨国理解障碍，受迫去理论化与解释自己，这才发觉中国新文学深植于我的心理背景。”[1]

向来这个《自白》谈论的人少，见过的人也恐怕不多，然而它足够引起重视的一点是，这是去国三十年后，张爱玲对于自己的祖国、自己的作品的自省与反思——这也是体制内的大陆作家们因为各种不可说的原因，“来不及想”或者“想不到”、“不能说”的地方。

“中国文学的写实传统持续着，因国耻而生的自鄙使写

1 出自《张爱玲的英文自白》，载高全之著《张爱玲学》（增订三版），麦田，城邦文化出版，2011 年 7 月。

实传统更趋锋利”，真是慧人慧语。

按照“作品是一个作家最真实的自我”这样的理论，曹七巧凄厉惊悚的形象背后，细追究起来，也是年轻的张爱玲对于那个旧社会和那个旧家庭坚决的否定与厌恶（像巴金的《家》，不过《家》本身当然是比《金锁记》拙劣的小说作品）。

散文《私语》中，张爱玲这样写父亲的房间：“……那里什么我都看不起，鸦片，教我弟弟做《汉高祖论》的老先生，章回小说，懒洋洋灰扑扑地活下去。像拜火教的波斯人，我把世界强行分作两半，光明与黑暗，善与恶，神与魔……”

小说《沉香屑——第一炉香》中，张爱玲用葛薇龙的眼睛，让她在看到自己姑妈的房子时产生如下的联想：“再回头看姑妈的家，依稀还见那黄地红边的窗棂，绿玻璃窗里映着海色。那巍巍的白房子，盖着绿色的琉璃瓦，很有点像古代的皇陵。……薇龙自己觉得是《聊斋志异》里的书生，上山去探亲出来之后，转眼间那贵家宅第已经化成一座大坟山。”

“古代的皇陵”、“大坟山”，这些词语的使用非常不吉，甚至像死亡的诅咒。

“在她自己的小天地里，留住了满清末年的淫逸空气，关起门来做小型的慈禧太后”——这本身不过是姑妈一种无奈和自我麻醉的人生选择，不值得作家如此深恶痛绝与严辞控诉。姑妈如《一代宗师》里的宫二“选择留在自己的时代”，但年轻的、饱受家庭折磨的张爱玲，厌恶的正是这种“满清末年的淫逸空气”，因为这会让她联想到自己父亲的家，也联想到不幸的自己。

《易经》中，有一段她写到母亲的婚礼，如同送葬。

“他们给她穿上了层层的衣物，将她打扮得像尸体。死人的脸上覆着红巾，她头上也同样覆着红巾。婚礼的每个细节都像是活人祭，那份荣耀，那份恐怖与哭泣”，“每一场华丽的游行都敲实了一根钉子，让这不可避免的一天更加铁证如山……一九二〇年代流行一句话：‘吃人的礼教’。”[1]

所以这也可以部分解释，为什么《金锁记》中最后成为旧礼教帮凶的曹七巧，较易或更多的是引起我们的震动、悚动，而少引起我们的同情。即使我们读到如“她摸索着腕上的翠玉镯子，徐徐将那镯子顺着骨瘦如柴的手臂往上推，一直推到腋下”，这样本该使我们感叹不堪的生活终于折损了一个年轻、鲜活的生命的话，心中感到的也更多是“毛骨悚然”，而不是首先感到人物的“可怜可叹”。

曹七巧使我想到波德莱尔《香水瓶》中的诗句：

1　张爱玲：《易经》，张爱玲典藏 10，台北：皇冠文化出版有限公司，2010 年 9 月。

它把它打倒在古老的深渊之旁。
像扯碎尸衣、发臭的拉撒路一样,
这旧情的艳尸,虽已腐朽在墓中,
又在那儿睁开它的眼睛在蠢动。[1]

张爱玲对曹七巧这个人物的爱也有限。曹七巧出场时:“一只手撑着门,一只手撑住腰,窄窄的袖口里垂下一条雪青洋绸手帕,身上穿着银红衫子,葱白线镶滚,雪青闪蓝如意小脚裤子,瘦骨脸儿,朱口细牙,三角眼,小山眉”,刻薄相呼之欲出。张爱玲亲自画过曹七巧的小像,两眉高折高吊,颧骨突出,两眼斜睨,也是同样的面孔。

相比《红楼梦》里的王熙凤的“丹凤三角眼”、“柳叶吊梢眉”,曹翁是把好词与坏词并置,美丽的、温婉的与看似刻薄的、势利的冲突。人物的双面性其实体现的是作者的情怀,却也看出曹翁是真爱“阿凤”。历来常有一些人自比为王熙凤,甚至也有以王熙凤为偶像的读者,但恐怕没有人希望自己是曹七巧。

小说集《传奇》的扉页上,张爱玲曾说她写小说的目的:“在传奇里寻找普通人,在普通人里寻找传奇”,

1 [法] 波德莱尔著:《恶之花 巴黎的忧郁》,人民文学出版社,1994 年 5 月。

这是高级的文学观。曹七巧无疑是传奇性的，可她不够“普通”。

这个人物让我想起孙述宇先生在评论《金瓶梅》里的潘金莲时说的：“潘金莲写得非常的生动有力——也许是全书中最生动有力的一个，然而我们有时会嫌她稍欠真实感。……她欠自然之处，在于她的妒忌怨恨与害人之心种种，都超人一等，而且强度从不稍减，从不受一些慈爱温柔之情的影响。”[1]

我觉得这些话放在曹七巧身上也完全适用。曹七巧“生动有力”，然而“欠真实”。我们对人物力度的“怕”，多过了我们对人物的“爱”。

张爱玲的爱与憎，下笔使得人物淋漓尽致，绘形绘影，十二分的精彩。可在击节赞叹的同时，我偶尔也跳出来，宁愿她写得没有这样尽兴。我在想，如果这样的精彩只有八九分，甚至七八分，才更似真实的人生，而不像戏剧。

都因为作者太有把握了，太追求了，太饱满了，太热情了。它不像《红楼梦》里赵嬷嬷说王熙凤：“奶奶说的太尽情了，我也乐了，再吃一杯好酒，从此我们奶奶作了主，我就没的愁了。”最好的作品是会尽量避免过分“尽情”的。当作者拿走了本该令读者怅惘一下的一切，有时候也

1　孙述宇：《金瓶梅的艺术》，时报文化出版事业有限公司，1982 年 10 月。

意味着余味的损失。它就不能往更好的一层去。

《金锁记》还存在结构经营和文字上的一些问题。

1944年5月胡兰成写《评张爱玲》，发表在《杂志》第22、23期，有几句是这样写："……张爱玲先生由于青春的力的奔放，往往不能抑止自己去尊重外界的事物，甚至于还加以蹂躏。她知道的不多，然而并不因此贫乏，正因为她自身就是生命的泉源。……这使她宁愿择取古典的东西做材料，而以图案画的手法来表现。因为古典的东西离现实愈远，她愈有创造美丽的幻想的自由，而图案画的手法愈抽象，也愈能放恣地发挥她的才气，并且表现她对于美寄以宗教般的虔诚。"[1]

这段话是对张爱玲的赞美，写得非常好，可这也是胡兰成文字一贯的"狡猾相"。胡兰成这个赏月者，纯是以诗人的心态行文，而不是用一颗天文学家的心。他不是没看到年轻的张爱玲因为年轻而产生的文字背后的缺憾，而是美化它、粉饰它。

胡兰成说张爱玲的文章有"青春的力的奔放""擅用古典"，是没错的，这正是张爱玲的天才所在，可在早期作品中，我却感到这种"奔放"与"古典"搬用的过度与偶尔的不和谐。

---

1 胡兰成：《评张爱玲》，载张爱玲、胡兰成著：《张爱胡说》，文汇出版社，2003年9月。

举例来说，《金锁记》的开头，两个丫头——凤箫和小双——的对话，完全可以删掉，而对本篇无损。这一段完全是对《红楼梦》或《金瓶梅》不高级的仿写。她们的故事就像发生在宝玉的屋里。那样小小的年纪，那样的好奇心、世故与口无遮拦，也像《金瓶梅》里的玉箫或小玉。

姜家的二小姐姜云泽是另一个例子，有些自重，有些矜持，有些倔强，说起话来却是："我掉两根头发，也要你管！……你今儿个真的发了疯了！平日还不够讨人嫌的？"这不像是一个大家庭里未嫁的小姑子对嫂子说的，倒像是在对一个晚辈或丫头呵斥。她同样也是《红楼梦》味的。

开篇张爱玲已经说明写的是"三十年前的上海，一个有月亮的晚上"，小说第二段也再交代出准确的时代背景，说"那两年正忙着换朝代"，可见正是辛亥革命推翻清室，成立民国政府之后。张爱玲的这篇小说写于1943年，"三十年前"也正是1913年前后。这个时候的人，语言、风味全然有《红楼梦》或《金瓶梅》气息，还是不大妥当的，偶尔令人出戏。

傅雷批评《连环套》时也提道："她的人物不是外国人，便是广东人。即使地方色彩在用语上无法积极地标识出来，至少也不该把纯粹《金瓶梅》《红楼梦》的用语，硬嵌入西方人和广东人嘴里。……节奏，风格，品味，全不讲了。措词用语，处处显出'信笔所之'的神气，甚至往腐化的路上走。”

这在《金锁记》中其实也有，并没有完全遁形。它们都使人看到，此时的张爱玲还没完全从旧小说传统中脱了身，褪完皮，足以形成一个新自己。

在1944年的女作家聚谈会上，张爱玲也被人问到她的句法。她说：“有时候套用《红楼梦》的句法，借一点旧时代的气氛，但那也要看适用与否。”

可惜的是，当时年轻的张爱玲沉浸于创作冲动，恐怕也会像初学书法的人，临摹得太高兴了就不像原作，过度拘谨了又觉得自己的性情受到了抑制。刚一写完时，还往往不能自视到短处，会非常满意，也非得隔个若干年才看得出自己的缺点。后来改写的《怨女》中也有很多看着像对《金瓶梅》的“致敬”，可效果就好得多，精气神都是自己的。

凤箫、小双、云泽——《金锁记》中的这几个人物，仅为说出曹七巧的背景，或为展现曹七巧的不堪，却占了不少的字数。与后期张爱玲的惜墨如金、意味深长也完全不是一回事。等到陪衬曹七巧作用一结束，她们几乎都是瞬间匿身于作品中，再也不出来——不是大作家的笔法。好的文章应像《孙子兵法·九地篇》所说的“常山之蛇”，“击其首则尾至，击其尾则首至，击其中则首尾俱至”，否则文笔就呆了。

曹七巧的出场，以及第一次和三爷的互动也不好。显得疯疯癫癫。即使她来自麻油店，泼辣惯了，在这个大家庭已经五年，也不能不审时度势地收敛。何况后文如果要极力写她性格的变态化，大家庭中的不得伸展、被众人瞧不起，就不能让她在前文如此放肆她的性情，幸而这些后来在《怨女》中也都得到了修正。

"人都齐了，今儿想必我又晚了！怎怪我不迟到——摸着黑梳的头！谁叫我的窗户冲着后院子呢？单单就派了那么间房给我，横竖我们那位眼看是活不长的——我们净等着做孤儿寡妇了——不欺负我们，欺负谁？"曹七巧出来的这段话，语气、声口、用词、做派全有些怪怪的，感觉不怎么适宜。

第一句话显然是模仿《红楼梦》第三回里王熙凤的出场。"一语未了，只听后院中有人笑声，说：'我来迟了，不曾迎接远客！'"张爱玲冰雪聪明，当然看得出曹公的好处。王熙凤不见其人，如闻其声，劈面惊艳。这些用在曹七巧头上，却有点食而不化。以曹七巧的身份与地位，怎么可以与王熙凤比？

"我们那位眼看是活不长的"——这话就够她被休的了。"不欺负我们，欺负谁？"——埋怨的谁？当然是老太太。在一个大家庭里，当众说出如此大逆不道的话，埋怨最高地位的女家长，有点儿太过了！

我们再来看令人津津乐道的曹七巧和三爷姜季泽的关系，我也认为，这是张爱玲另一个没完全处理好的地方。

小说里，是在给老太太早晨问过安之后，曹七巧在老太太卧室的隔壁忽然遇见了三爷姜季泽。当时与三爷新婚不久的兰仙也在，在这一段的前半段，张爱玲极富能力，通过语言和动作，把三个人的性格表达得淋漓尽致。不久，在曹七巧不停揉捏性格内敛的兰仙之后，她的指甲被弄断了，兰仙终于离开了。从这时开始，曹七巧变得开始直白、主动，难以想象她一个小店铺出身的姑娘，又不是《金瓶梅》里使女出身的潘金莲，她要经历过什么样的前情和压抑，才能这样不管不顾，风言风语。和三爷的最后几句对白，直如潘金莲在调戏武松。

“她将手贴在他腿上，道：‘你碰过他的肉没有？是软的、重的，就像人的脚有时发麻了，摸上去那感觉……”这是《金锁记》里的曹七巧。

“妇人（潘金莲）良久煖了一注子酒，来到房里，一只手拿着注子，一只手便去武松肩上只一捏，说到：‘叔叔，只穿这些衣服，不寒冷么？’”[1]这是《金瓶梅》里的潘金莲。

曹七巧是小户人家出身，或许没有那么多礼教。可即使今天，独处的情况下，若嫂子在成年的小叔子腿上摸一

1　刘辉、吴敢辑校：《点评会校金瓶梅》，天地图书有限公司，2014 年 3 月。

下，或者肩上捏一捏，也不见得不会让人觉得他们的关系有问题。曹七巧的放肆与大胆，令人觉得她的人性根本就缺少了一个完全被压抑的时期。如果没有这个时期，后来怎么就越来越趋于性格变态了？

紧接着曹七巧的动作更加戏剧化，她“顺着椅子溜下去”，蹲在地上哭了起来。要知道，这是在老太太房间的隔壁！这个动作也吓到了季泽，他站起来就走。后面对曹七巧的描写，更加露骨，几近到不可信的程度。也让人觉得此时的她，大概已经有点神经质，或者精神分裂症。

“七巧扶着椅子站了起来，呜咽道：‘我走’。她扯着衫袖里的手帕子揾了揾脸，忽然微微一笑道：‘你这样护卫二哥！’季泽冷笑道：‘我不卫护他，还有谁卫护他？’七巧向门走去，哼了一声道；‘你又是什么好人？趁早不用在我跟前假撇清！且不提你在外头怎样荒唐，只单在这屋里……老娘眼睛里揉不下沙子去！别说我是你嫂子了，就是我是你奶妈，只怕你也不在乎。’季泽笑道：‘我原是个随随便便的人，哪禁得起你挑眼儿？’七巧待要出去，又把背心贴在门下，低声说，‘我就不懂，我什么地方不如人，我有什么地方不好……’季泽笑道：‘好嫂子，你有什么不好？’七巧笑了一声道：‘难不成我跟了个残废的人，就过上了残废的气，沾都沾不得？’”

大家庭里的叔嫂偷情，当然都有一个言来语去、暗度陈仓的开始，可我不信是这里写的这样。这里曹七巧的说话不大像有脑子，又直白，又可怕。即使季泽有意，恐怕当时当地，都会被曹七巧像旧戏舞台表演般的浮夸言行搅散了心情。《红楼梦》里的贾瑞涎皮涎脸，看见了王熙凤就丢了魂，那也是试探着一点点递话。

“嫂子连我也不认得了”、“也是合该我和嫂子有缘”、“如今在嫂子最是个有说有笑极疼人的，我怎么不来？死了也愿意”，最蹬鼻子上脸的话，也不过是问凤姐：“戴着什么戒指”，被凤姐说你该走了，才说了一句最露骨的话：“我再坐一坐儿，好狠心的嫂子”。

这一段同时也是《水浒传》《金瓶梅》式的。

绣像本《金瓶梅》第三回，武松临行时来辞别哥哥，酒桌上几句话说得潘金莲下不来台。潘金莲一怒之下，说了几句话，离席而去。“那妇人一手推开酒盏，一直跑下楼来，走到在胡梯上，发话道：‘既是你聪明伶俐，恰不道长嫂为母。我初嫁武大时，不曾听得有甚小叔，哪里走得来，是亲不是亲，便要做乔家公！自是老娘悔气了，偏撞着这许多鸟事！’”

张爱玲深得旧小说壶奥，不可不服。这一段若与曹七巧调戏季泽对看，则曹七巧的性情变化，临起身又回头补话，种种的懊恼与不甘心，种种的丧气，虽然与潘金莲心情大不同，却都神似——23岁的张爱玲，可以学成这样，也称得上是天才了。

话说回来——这绝不是为她辩护——凡是青年的张爱玲书写的不成功处，也都是“应该的不成功”。因为那是自然规律，是必须付出的所谓的“青春的代价”——“青春”就代表了“仍在进步中”和“部分的无知”。

纵观张爱玲的一生，其实她的厉害之处在于，年轻时她已经高出同侪不知道多少倍，可后来她还笔耕不辍，一直在上升。张爱玲的能量与才华绝不限于书写人性的深刻、字句的流丽动人、比喻的出神入化，很多评论者和读者过度强调早年张爱玲的不世出，漠视中年和晚年张爱玲的创作，这无异于入得宝山，却仅捡得几颗天然水晶，不算真正的有鉴赏力。她对世界的认识、对小说文体与结构的认识、对人生的认识，都呈现在她其他的或更晚一些的作品中。

1979年9月4日，张爱玲给邝文美、宋淇的信（就是我开篇引用的那封）中也写道：“亦舒骂《相见欢》，其实水晶已经屡次来信批评《浮花浪蕊》《相见欢》《表姨细姨及其他》，虽然措辞较客气，也是恨不得我快点死掉，免得破坏image（形象）”。同一封信的后文，她紧接着说出我开篇所引用过的，那关于“中国人的小说观”的话。

席勒在《论天真的诗和感伤的诗》中，把作品分为“天真的和感伤的”两类，奥尔罕·帕慕克更进一步解释为："天真诗人并不详细区分他所感知的世界与世界自身，但是，感伤——反思性的现代诗人质疑自己感知到的一切事物，甚至质疑自己的感觉本身。"[1]

放到张爱玲这里，我们甚至可以将她的人生创作也分为两期，张爱玲的前期主要呈现"天真的"一面，而后期逐渐变为反思的"感伤"。大多数人较能接受张爱玲前期的珠玉四溅、才情四溢，而较少具备能领悟她后期作品中所包含的含蓄、深沉的情感。

我们知道，任何一个社会与制度都有它的问题，有些问题甚至是巨大和沉重的，也的确会让人喘不过气来，但文学是呈现其中的"人"和"人的生活"。这句话倒回来说或许看得更清楚：小说家在作品中呈现"人"，并不是像前面所言的，仅是把他当一个作家表达所需的"人偶"，当"投枪和匕首"——最高级的小说是不会这样做的，那是论文、杂文的领域。

前段时间蒋方舟从作者道德观的角度来解读纳博科夫的《洛丽塔》，引起了一番争论。作家当然是有道德观的，蒋方舟侧重性的讨论本也无可厚非，应当是被允许的。但之后关于"作家的道德观到底是什么"的争论却意义不大。

---

1 ［土耳其］奥尔罕·帕慕克著，彭发胜译：《天真的和感伤的小说家》，上海人民出版社，2012年9月。

作家的意义在于展示，在于提出问题，而不在于批判和判断——小说就是这种展示的完美载体。

“概念先行”的小说被认为是丧失了“真”的，是有问题的，也正在这里。

以《金瓶梅》来说，它常被人诟病“津津有味”于写西门庆一家的声色犬马，好像作者是完全欣赏的，根本不谴责，如夏志清先生所言：“该书作者思想混乱，而且对这个‘非人的’的社会非常欣赏，实在是应该加以批判的。”[1]我却认为《金瓶梅》最大的优点也正在这里。

英国有句谚语：“道德破产，一切皆完”，这在小说是不适用的。

非欣赏无以使人认识，林妹妹的肺结核病在宝玉眼中也可以引发审美，弱不禁风，两颊泛红，我们借宝玉之眼看过去，也会觉得美，却并不会因此希望天下女性都得肺痨。以焦大的眼睛，阶级斗争和农耕文化的观点来看，林妹妹则一定是最差的择偶对象，可是那种批判的眼光，没有基本的审美觉悟和对这个世界更广泛的认同，尚在未开蒙，所以根本不值得关注与讨论。

兰陵笑笑生、萨德侯爵之流的作品从诞生之初，屡禁不止，也会一直被钉在色情和不道德的耻辱柱，或许只有

1 夏志清著：《人的文学》，福建教育出版社，2010年1月，第230页。

等待全民的文化品格都“成人化”了，他们才可能被有限度地释放——当然这也是不可能的。但这就是它们在凡人世界的整体宿命。

是想赶快给读者树立一个是非观，还是给读者呈现一个复杂的真实世界？前者类似好莱坞电影，后者好比欧洲文艺片。它们的格调差异是显而易见的。小说的目的是写出混沌，不是区分善恶，我们也从来都不应该怀着去艺术作品中寻找一个生活答案的心。正如詹姆斯·伍德在《什么是契诃夫所说的生活》中的话：“契诃夫想到的‘生活’是一种扭捏的浑浊的混合物，而不是对诸事的一种解决。”

《倾城之恋》相比《金锁记》的优秀之处也正在这里。前面所引的傅雷先生对《倾城之恋》的批评，“既没有真正的欢畅，也没有刻骨的悲哀”，其实正是《倾城之恋》的优点所在。

最近与一个朋友聊天，她借一个学者的话说，《小团圆》也许幸好没有在70年代出版，否则很可能就不会有大陆90年代的张爱玲热。我问：为什么？是因为写到了某某吗？她眼睛一亮说：你怎么猜到？随即回答：对啊，你想他地位那么高，这是很可能的。

我默然。不过心下想着：说不定会更热也未可知。

我们的国人除了喜欢小说里的“传奇化情节”，还要求作家的道德观显而易见，此外也更有一颗爱八卦的心。

我们的这些喜好往往都不是文学范畴的，常是溢出的那一部分。这都是因为文学、美学的基础教育实在是太薄弱了，所以视野就不能宏阔，所以就只能欣赏不用思考的部分，所以就买椟还珠。

我们一般大众的文艺观是如此落后，我们对“生活与艺术的关系”的理解是如此止步不前。从创作的层面来看，长期以来，我们的很多作家不愿面对和探讨任何一个真实的人，仿佛虚构作品的一切都来自臆想，他们对活生生的生命甚至可能了无兴趣，只愿意按照自己想要表达的目的，去捏造一个方便他表达的人偶。评论家们也把此当作“创造”的同义词，更达到了推波助澜的效果。

千百年来我们所受的“文以载道”的中国传统教育和精神指导，此时都成了最可以“扯大旗作虎皮”的不二法门，却很少有人去想真正的“道”其实是“天道”，是“自然”，并不是任何个人的、政权的、道德的私人“道理”。

在另一封给邝文美、宋淇的信中，张爱玲说：“也许有些读者不希望作家时常改变作风，只想看一向喜欢的，(They expect to read most of what they enjoyed before.［他们以往喜欢的，大都期望可再次读到］)，Marquand写十几年，始终一个方式，像自传——但我学不到了。”

二

从立意到文风，《怨女》都是张爱玲对自己和《金锁记》的有意反叛。

柴银娣——《怨女》的主角——这个名字颇可玩味。她不再叫曹七巧，也已经不是曹七巧。

柴姓，不贵气，很适合这个民间女性。银娣，重男轻女的家庭，给女儿多取名叫银娣、招娣、盼娣，是希望家里再生一个男孩。小说中的银娣虽然有哥哥，却也不是绝没这个可能。

“柴”字与“银”字放在一起，类似京剧《游龙戏凤》里的唱词“好花儿出在深山里，美女生在小地名”，是贵贱的对比，这也仿佛主角身上已经宿命般埋藏了天生的不稳定。也是小说里所言，漂亮女孩子生在寒门，“像是身边带着珠宝逃命”。

《金锁记》中的曹七巧这个名字相比柴银娣，象征性的意味就少一些。曹七巧嫁给的是姜家，柴银娣嫁给的是姚家。柴送进了姚（窑）里，当然是有去无回，烧成了灰，或者烧成一个瓷器——新的自己。《金瓶梅》里李瓶儿和花子虚原是夫妻，前者是“瓶”，而后者无“花”——“子虚”乌有——假凤虚凰长不了，所以李瓶儿改嫁西门庆。张爱玲沿用了《金瓶梅》《红楼梦》里这种给人物起名字的传统。

《怨女》这个题目相比《金锁记》，“怨女”柴银娣的“怨”，可以是怨命运，其实更可以是怨自己，《金锁记》

里的“金枷锁”，突出的却是曹七巧的被动性，不幸的原因并不是她自身的选择，如同它本名乃京戏《金锁记》，来自关汉卿的杂剧《感天动地窦娥冤》。窦娥也是一个被动的、被冤屈的人物。

若看英文版的名字的话，*Pink Tears*（《粉泪》）的“泪”也可以有多种解释，*The Rouge of the North*（《北地胭脂》）就纯是人物传记式的题目，没有情感参与，类似“德伯家的苔丝”“包法利夫人”“卡拉马佐夫兄弟”。所以《怨女》的题目更复杂，有主角个人情感的参与，最终导致“苍凉”的主题，而后者更肯定，类似于控诉，比较强有力。

《怨女》一共十五章，大约八万字，比《金锁记》差不多长了一倍。《金锁记》三万六千字。从结构上来看，前两章写柴银娣未嫁进姚家，做姑娘时的时光，第三章到第八章，写的是柴银娣在姚家的生活。从第九章开始到第十五章结束，是柴银娣带着儿子，后来又有儿媳，独门独户生活的日子。其中第十章、第十一章，是三爷的来访及与三爷的决裂，算是比较重要的章节。

相比曹七巧，柴银娣更漂亮，甚至有乱世红颜的感觉。她有少女的妩媚和活泼，遭遇少年调戏会故作生气，又转头吃吃地笑。哥嫂初五才去外婆家拜年，嫌外婆穷，她讨厌哥嫂的势利。她会幻想未来，有对恋人的憧憬，又怜老惜贫，她给外婆装饭，“用饭勺子拍打着，堆成一个小山丘”。她平常闲了还会做女红，纳鞋……

她根本就是一个长相姣好、普通又善良可爱的少女。像是我们心中对于民女最美好的想象。出场时，她是在麻油店木板门洞的后面。一个夜晚，花痴的木匠想起了她，来砰砰砰敲她的门。

“她露了露脸又缩回去，灯光从下颏底下往上照着，更托出两片薄薄的红嘴唇的式样……短短的脸配着长颈项与削肩，前刘海剪成人字式，黑鸦鸦连着鬓角披下来，眼梢往上扫，油灯照着，像个金面具，眉心竖着个梭形的紫红痕。她大概也知道这一点红多么俏皮，一夏天都很少看见她没有揪痧。”

南朝《杂五行书》:“宋武帝女寿阳公主人日卧于含章殿檐下，梅花落公主额上，成五出花，拂之不去。皇后留之，看得几时。经三日，洗之乃落。宫女奇其异，竟效之。”这是古代妇女贴花钿的起源。又叫梅花妆，寿阳妆。

印度教的苦行僧也喜欢在前额点上朱砂，因为古代的印度瑜伽学者认为眉心是生命力的源泉，用朱砂、糯米和玫瑰花瓣等原料捣成糊，涂在上面，是一种保护。印度妇女眉间一点红，叫“迪勒格”，是一种吉祥的痣，点在较黑色的皮肤上，反而显得妩媚俏皮。

银娣也是皮肤较黑。第七章写她和众人一起去浴佛寺给老太爷做六十阴寿，她坐在敞篷车里。“那胭脂在她脸上不太触目，她皮肤黑些。在她脸上不过是个深红的阴影，别人就是红红白白像个小糖人似的，显得乡气。”

她知道自己的美，这样美的人物出现在书里，也是张爱玲让我们喜欢她比喜欢曹七巧多几分。这是作者潜意识的感情投射，张爱玲此时对于这个女性角色有了更多一分的珍爱，而不复当年对曹七巧纯是一种审视与批判。

另外重要的一点是，“柴银娣的个人选择直接导致了她的命运结局”这个命题被凸显出来。如波德莱尔在《恶之花》中写：“凡人的肉眼，不管怎样光辉炯炯，总不过是充满哀怨的昏暗的镜子。”柴银娣在前两章中不选择性格外放、公开对她表达好感的木匠，也不选择默默送她菊花茶、请人来提亲的小刘，却主动选择嫁给一个双目失明残疾人，这是柴银娣与《金锁记》里的曹七巧被兄嫂迫嫁（虽未明写，或可猜到）最大的不同。

张爱玲写出了一个面容姣好却出身普通的少女的人生计算。这样的计算虽然难说正确与否，但在当时的情况下，却不可谓不是一种现实的选择。

如果是嫁给小刘，柴银娣想着：“她要跟他（小刘）母亲住在乡下种菜……他一年只能回来几天，浇粪的黄泥地，刨松了像粪一样累累的，直伸展到天边。住在个黄泥墙的茅屋里，伺候一个老妇人，一年到头只看见季候变化，太阳影子移动，一天天时间过去，而时间这东西一心一意，就光想着把她也变成个老妇人。”这样的念头，想了想已经令她觉得可怕。

而姚家呢？虽然是个瞎了眼的人，毕竟是个大户人家。她麻醉自己：“她见到的瞎子都是算命的。有的眼睛非常可怕。媒人的话怎么能相信，但是她一方面警诫自己，已经看见了他，像个戏台上的小生，肘弯支在桌上闭着眼睛睡觉，漂亮的脸擦得红红白白。她以后一生一世都在台上过，脚底下都是电灯，一举一动都有音乐伴奏。又像灯笼上画的美人，红袖映着灯光成为淡橙色。”

这是非常好的一段意识流的描写。在银娣的脑子里，“没有钱的苦处她受够了”，于是进行着自己说服自己的战争。可读者的心里，却知道这注定是一个少女不切实际的梦，是一个可怜的开始。

在整本书的结尾，银娣的人物命运也算得上平顺，“时间永远站在她这边，证明她是对的。日子越过越快，时间压缩了，那股子劲儿更大，在耳边呜呜地吹过，可以觉得它过去，身上陡然一阵寒飕飕的，有点害怕，但是那种感觉并不坏”。

而不像曹七巧那么极端——“她儿子女儿恨毒了她，她婆家的人恨她，她娘家的人恨她”。

我想这是张爱玲作为一个作者，她让读者去思考，柴银娣努力想要挣脱平凡的命运，终于走到这样的境地。她是成功了？还是失败了？正如《金瓶梅》中的西门庆，他轰轰烈烈的一生，不过六七年，极为短暂，又极为恣意，他是成功了？还是失败了？

柴银娣丢掉了可能性的爱，走进了长久的、安定的富贵，尽管是那么阴暗的结尾，可比起她嫁给木匠，或者嫁给小刘在农村守着他的老娘，一辈子的时光可以一眼就看到头，孰对孰错？哪样更幸福？这是一个未解的答案。

在这里，小说也终于呈现出它最美的、最有价值的面容。

柴银娣后来也没有曹七巧那么阴森变态。《怨女》除了多了柴银娣的婚前章节，还多了她在姚家艰难的受压抑的时光以及被勾搭出轨和自杀未遂，使她后期虐待儿媳的性格有了充分的依据，也让人真正感受到她的悲哀。

银娣的性格变化仿佛是在她第一次回门时开始的。张爱玲让她回到了之前自己住过的房间里，看到房里都搬空了。她感觉自己“像是死了，做了鬼回来”。她哭了起来，后来她看到“调戏过自己的木匠”和“来提过亲的小刘”都挤在窗下来凑热闹，“像大家一样，带着点微笑”——这真是令人心理要崩溃的一刻——她感觉“这些一对对亮晶晶的黑眼睛都是苍蝇叮在个伤口上”，她“恨不得浇桶滚水下去，统统烫死他们”。

给她配的下人也是不堪的，一个几乎全秃了的老夏。

佣人也看不起她，后来来了个奶妈，“不知道底细，所以比别人尊敬她”。她又因为嫁的是北方家庭，所以从涂胭脂到穿衣服的颜色，也不能顺着自己的心。吃饭穿衣、行走坐卧、言谈举止，所有的习惯都要改过。

银娣站在老太太房里请安，被老太太晾着。张爱玲写了一句话：“老洋房的屋顶高，房间里只有一只铜火盆，架在朱漆描金三脚架上，照样冷。”这句不只是环境描写，还是双关，写出这个大家庭吹到银娣心里头的阵阵冷风。

直到老太太问她话，她才觉得“皇恩大赦”，“周身血脉畅通了”。张爱玲这是把《金锁记》中曹七巧可能对儿媳的手段，挪回到施予者本人。

妯娌们也瞧不起她，“她说句笑话她们就脸上很僵，仿佛她说得有点不上品”。三奶奶更是句句讽刺她。她们一起剥杏仁，“她故意触犯天条”，其实也不过是“在泡杏仁的水里洗洗手”。柴银娣完全没有曹七巧的疯疯癫癫，真实得多。她说话也轻，“像一切过惯大家庭生活的人”，即使二爷和老太太死了，她自己住，也“一辈子改不过来”。

调戏也是三爷调戏她。一见面，“我冻死了二嫂不心疼？”、“要二嫂管才服”、“要不就真打我一下，这样子叫人痒痒”，藏起了银娣的戒指，“二嫂唱歌就还你”。

银娣只是思春，好像结了婚才更懂得恋爱，于是她暗暗地在恋爱着，可没想到，她碰上的又偏偏是个恋爱的老手。她站在阳台的冷风里唱歌，希望三爷听到一句半句，然而她没听到三爷说："这个天还有人卖唱。吃白面的出来讨钱。"真残酷!

后来三爷又在庙里用手碰了她的胸，在佛爷面前也不给她句真话，反而撇清后甩手走了，把她扔在当地。抱着大哭的孩子——那大哭的孩子就是她。她选择了夜里上吊，又被救活了。

她手里也没钱，哥哥嫂子拿不起给她的满月礼，她就当了自己的头面给他们充面子。家里的珠花丢了，怀疑是她嫂子偷的。全家都去普陀寺进香，不带她，反而叫人来监视着她。大奶奶三奶奶轮换着管账，没有她。

都是零零碎碎地割肉，都是细细密密的郁闷。她就在这样的生活里过了十六年。葬送了自己所有和梦想有关的一切。她的人和她的心都死了。她还学会了抽鸦片烟。

不过，即使心都死了，她还是会记得药店里的小刘属蛇，还记得木匠，可那像是上一辈子发生过的事——那美好的一切。而听说药店关了门，木匠打野鸡，她觉得他"玷辱了她的回忆"，变得不再说话。

张爱玲写她有一天夜里在那里坐着，"她叫老妈子去睡了，仍旧坐在那里晾头发。天热头发油腻，黏成稀疏的一绺绺，是个黑丝穗子披肩。她忽然吓了一跳，看见自己的脸映在对过房子的玻璃窗里。就光是一张脸，一个有蓝影子的月亮，浮在黑暗的玻璃上。远看着她仍旧是年轻的，神秘而美丽。她忍不住试着向对过笑笑，招招手。那张脸也向她笑着招招手，使她非常害怕，而且她马上往那边去了。至少是她头顶上出来的一个什么小东西，轻得痒丝丝的，在空中驰过，消失了。那张脸仍旧在几尺外向她微笑。她像个鬼。也许十六年前她吊死了自己不知道。”

银娣看自己像鬼，她不认识自己了。她吓了自己一跳。《金锁记》里的曹七巧，却总是会吓到别人。

一次是春熹正和长安嬉闹，“忽然从那红木大橱的穿衣镜里瞥见七巧蓬着头叉着腰站在门口，不觉一怔。连忙放下了长安”。

一次是世舫上门，长白正陪他坐着，“长白突然手按着桌子站了起来，世舫回过头去，只见门口背着光立着一个小身材的老太太，脸看不清楚，穿一件青灰团龙宫织缎袍，双手捧着大红热水袋，身边夹峙着两个高大的女仆。门外日色昏黄，楼梯上铺着湖绿花格子漆布地衣，一级一级上去，通入没有光的所在。世舫直觉地感到那是个疯子——无缘无故的，他只是毛骨悚然，长白介绍道：‘这就是家母’”。

曹七巧的形象像古墓里爬出来的，生前被投到井里淹死的妃子，还不是年轻的妃子，而是年老的太妃。七巧的吓人，是要令人做噩梦的，而银娣除了令自己心惊之外，大概还会让人心疼。

《怨女》中，张爱玲写了很多夜晚，银娣出嫁前的夜晚，阳台上唱歌的夜晚，上吊的夜晚，分家后独住的夜晚，这所有的夜晚连缀在一起，就构成了银娣可以歌、可以哭、可以遐想的一生。

它们都是沉沉的铁幕，要么有热气，要么有风，要么有别人的鼾声，要么有镜子里吓人的鬼（自己），银娣就在这中间的黑暗里煎熬着，烧干，烧尽，不能自已，恍若隔世。

《怨女》中，张爱玲又写了无数的金色，这次不是《金锁记》里黄金的枷锁，而是散为漫天金星。

银娣自己脸“像金面具”，麻油店的“金字直匾”，做阴寿时下的“金色的大雨”，庙里的佛像“是个半裸的金色巨人，当空坐着”，家里飞过一只蜜蜂“在阳光中通体金色”，晚上对过打牌时“金色的房间”，男人像画在“泥金笺上”，看牌的白布裤子上“露出狭窄的金色背脊”……《小团圆》里张爱玲写邵之雍也是“狭窄的金色脊背”，九莉想要砍一刀。

“金色”实在是可以令张爱玲震动的颜色。它仿佛代表了一种复杂、庄严、神秘、不可言说、情感纠缠、脱离现实，有着神话般的、魔幻现实主义般的气息。特别是在黑色的、压抑的气氛中，金色的闪现，像划破现实黑夜的哨声，随时可以使人“心酸眼亮”。

几个金色之后，在《金锁记》中发生过的叔嫂借钱，在《怨女》中又发生了。三爷来了。

他一共来了两次。因为柴银娣不是曹七巧，她不再有那么多燃烧的欲望和爱情幻想，也没有那么深重极端的怀疑，以及想要刺破所有关系来保护自己的潜意识。她开始以为是他要来讹她，以当年的事，可她也不怕，第一次就借给了他。

穿着也不同，曹七巧知道三爷来了，除了“家常穿着佛青实地纱袄子”，还“特地系上一条玄色铁线纱裙”。柴银娣在家里见三爷，第一次日常打扮，没有实写，第二次却“换了身瓦灰布棉袄袴，穿孝滚着白辫子，脸黄黄的”，自己觉得“倒是一种保护色”。虽然是穿孝，也是一身债主问债户要钱的不修边幅与寒素，不能让人看出她不缺钱——她对三爷没爱情幻想。

这是真精彩的一段。精彩程度不亚于《金锁记》里借钱的那段。

柴银娣想着这次不会借给他钱，“难道每次陪她谈天要她付钱？”。她留他吃饭，因为“留人吃饭，有时候也是一种逐客令”，可三爷居然真待了下来。

他们喝酒，喝玫瑰烧，是高粱酒掺上玫瑰泡两个月。柴银娣此时就是烧酒里的干枯小玫瑰，酒让她复活。“冰糖屑在花丛漏下去，在绿阴阴的玻璃里缓缓往下飘”，银娣感觉自己“下面有一股秘密的热气上来，像坐在一盏强光电灯上，与这酒吃下去完全无干”。“死了的花又开了”，但是她觉得“厌恶”、“可耻”。

此时令人想起药店小刘送给她的菊花，当年她还在待字闺中，“她不怎么爱喝”，“但是她每天泡着喝，看着一朵朵小白花在水底胖起来，缓缓飞升到碗面”。

十六年过去了，当年她怎么按下那每一朵菊花，她就怎么在今天按下那每一朵玫瑰。

她变了——她还是她。

三爷对她诉真情，她没像曹七巧那样，低着头感到“沐浴在光辉里，细细的音乐，细细的喜悦”，柴银娣感到的也是光，但是“一种幽幽的宗教性的光照亮了过去这些年”，她也低着头，可她像“不信佛的人在庙里也双手合十”，她不看他的眼睛，怕两边都看出是假装。“他的手这样瘦，奇怪，这样陌生”，她在三爷诉衷情的时刻，完全无法陶醉。

三爷逼她就范，她也只是感到强烈的外界的不适，“她被他推倒在红木炕床上，耳环的栓子戳着一边脸颊，大理石扶手上圆滚滚的红木框子在脑后硬邦邦顶上来”，她心里想着：“她宁可任何男人也不要他！”

“他们头上有个玻璃罩子扣下来，比房间小，罩住里面呛虾似的挣扎。有人在那里看——也许连他也在看。”这是真实的女人，一个饱受了压抑，甚至都差点自杀了的女人，她和三爷中间隔着千山万水，路远迢遥，“时间将他们的关系冻成了化石，成了墙壁隔在中间”。

她的一切感觉都是疏离的，一刻不能沉浸，她连死掉的玫瑰也不如，她无法复活。

她听到了窗外的要债声，她出去，她打了三爷一个耳光……三爷走了，她一个人回来，她不会像曹七巧那样后悔，她也不会跑到楼上去，再看三爷最后一眼，看他的纺绸裤袴，风钻进去，“飘飘拍着翅子”，这样的浪漫和不甘她都没有，“她拔出瓶塞，就着瓶口喝了一口。玫瑰花全都挤在酒面上，几乎流不出来。有点苦涩，糖都在瓶底。闹年锣鼓还在呛呛呛敲着”。

她下了台，她鞠过躬了，她和三爷的戏散了。

张爱玲把银娣的一生整个地写成了一出戏，从梦想着和那个睡着的小生站在灯光火亮的舞台，到她在舞台下看戏，仿佛那花旦，玩笑戏，讲小家碧玉的，就是她自己。或者她的一生就是“戏梦人生”，无所谓惨烈，但足够苍凉——是张爱玲爱的词。

《怨女》删减掉的人物包括《金锁记》中的小姑子云泽，以及女儿长安。第一个人物原本就只是功能性的，第二个人物可以认为是张爱玲不希望柴银娣像曹七巧一样，那样反噬，无缘无故、变态地把所有的怨毒全部倾倒在女儿身上。

第十二、十三章，写的都是银娣和儿子玉熹的关系，笔墨清淡，家长里短，暗流丛生，简直像契诃夫的话剧《海鸥》。这两章没有剧烈的戏剧，却极见作家的功力。没有什么新的事发生，没有什么新的人物来刺破生活，只有银娣对这个家庭和儿子的心，意悬悬，织了天罗地网温柔乡，用鸦片烟把儿子陷在家里。不是什么残害，只是本能的防御，属于一个寡妇的，守着两个死钱，不能不算计。

在母子一来一去的交流中，张爱玲展现出对于人生观察的细微的、敏感的洞察力。

银娣给儿子抽烟片："这一筒你抽。闹着玩不要紧，只要不上瘾，你小时候病发了就喷烟。"他接过烟枪，噗噗噗像个小火车似的一气抽完了。"你一定在外边学会了。""没有。"

谈到儿子的亲事，银娣看他的反应："他不好意思有什么表示，望着他们中间那盏烟灯，只有眼镜边缘的一线流光透露他的喜悦"。

谈到堂子里女人的手段，银娣看儿子的表情："他脸上有一种控制着的表情，她觉得也许正被她说中了。"

……

高明的作家就是在这些人生的细节里，展露出他洞若观火的观察，以及追魂摄魄的描写能力。张爱玲从来不缺这个，青年的张爱玲就有，如今更加从容，当然也更加老辣。

银娣欺负长得丑的儿媳，也不过是因为自己受的罪再给她受一遍，“三十年媳妇三十年婆”，何况她还没有银娣受得苦多，也没有银娣有那么好的姿色。她当然该受苦！这一定是银娣的理论。因为前面已经大篇幅写了银娣所受的那些，到此也缓冲了读者的情绪，不会使人觉得太过分。

《怨女》的最后一章收归姚家所有亲戚的结局，纷纷地，全部都像张爱玲在《对照记》里的话，“时间加速，越来越快，越来越快，繁弦急管转入急管哀弦，急景凋年倒已经遥遥在望，一连串的蒙太奇，下接淡出。”

最后柴银娣仿佛又听到木匠砸门，在叫着“大姑娘，大姑娘”

《怨女》，在这本张爱玲反复修改了十一年的作品中，我们不再看到当年23岁的张爱玲在《金锁记》中那样的，对于人物的明显爱与恨，我们只看到张爱玲的“得其情”和“哀矜勿喜”——我们得到了一个更好的张爱玲。

这篇小说里，张爱玲的眼中也已经不止有一个主角——女人——曹七巧或柴银娣，而是有一个比《金锁记》更完整的、濒毁的旧式家庭世界。

这里的每一个人，他们或麻木，或散漫，或紧张，或顺从，但都在这个遗老遗少的家族没落的船里一直沉下去，沉下去。只有柴银娣，靠着自己的顽强的生命，一个女人的委曲求全、艰难求生的本能，将头伸出大海来，喘上一口两口气。

正是这几口气，使我们深深地同情她，而不是恨她。也不觉得她像曹七巧那么遥远与可怕。

一切的悲剧，都是她个人的选择、天然的局限和旧时代、旧阶层的强大进行苟合（或曰配合）而形成的必然结果。如福楼拜的小说《包法利夫人》。爱玛的命运悲剧并不是别人强迫的，而是自己的性格和认知，导致自己“一级一级走进了没有光的所在”。《怨女》中的柴银娣也是如此。可是，谁又有资格指责她呢？

或许有人会说，我以《怨女》长篇的篇幅来比较小中篇《金锁记》的人物塑造似嫌不公，人物性格的丰满与层次，和字数多少必然有直接的关系。但这句话正着说可以，反着说却不行。塑造得不够好的人物关系，却不一定是字数的原因。立意则更和字数无关。

不仅如此，在《怨女》中，张爱玲的文风也变了。我也更热爱这悠长的、值得回味的文字。

胡适先生曾在看了张爱玲1954年发表的《秧歌》之后，给过很高的评价。

“你这本秧歌，我仔细看了两遍，我很高兴看到这本很有文学价值的作品。你自己说的‘有一点接近平淡而近自然的境界’，我认为你在这方面已做到了很成功的地步。”

1966年才定稿《怨女》，创作过程整体都在《秧歌》之后，它当然是吸收了很多《秧歌》创作时期的经验和美学的。

我们应该很感谢张爱玲在美国尽管遭受出版磨难，人生艰难，还是坚持把它写完了。否则今天我们不能看到这本伟大的著作。张爱玲的怨念平了，我们才有了这个福气。如果她没有写下去，我们的怨念恐怕就不会完。

否则，我们可能也永远不会知道一个伟大的作家可以在已经很优秀的《金锁记》上还能继续做“鹞子翻身”，还翻得这样好！这就是张爱玲的伟大之处。

对于一个读者来讲，我们也不能光会欣赏那些干脆、利落、流丽的文字，我们还应该学会读《怨女》。《怨女》是“中年的张爱玲”对“青年的张爱玲”的“背叛”，从《金锁记》到《怨女》，也根本是张爱玲的成长。

读懂了《怨女》，或许我们才能读懂张爱玲——读懂生活。

生活的真相，就是艾略特在《空心人》结尾的诗句：

“不是砰然一生

而是呜呜咽咽”。

FICTION

ESSAY

COMMENTARY

合作方

山一，取自庄子《齐物论》中“大山为小，万物为一”的思辨与观照。山一以“山一国际女性电影展”“山一学院”“山一公益”形成以影像为语言、以创意为原点的立体文化平台，对世界对话。在山一创立第五年之际，重磅推出“望远镜计划”，希望打开镜头彼岸，发现全新宇宙。此计划旨在推广与支持女性创作者的生命力与创造力，通过 电影、文学、音乐、绘画、舞蹈等不同媒介，传递女性力量。

撰稿人

王丽娜，导演、编剧。毕业于中国传媒大学。代表作《第一次的离别》获第69届柏林国际电影节新生代儿童单元最佳影片；第31届东京国际电影节亚洲未来单元最佳影片;第43届香港国际电影节新秀电影竞赛火鸟电影大奖(华语)；第2届海南岛国际电影节金椰奖最佳导演。

杨明明，导演、编剧、演员，剪辑师。2012年她导演摄影兼主演的短片《女导演》，以颠覆性的创作观念和拍摄手法，将真实的表演和虚构的剧情合为一体。2015 年间剪辑了杨超导演的剧情长片《长江图》，获得柏林电影节杰出艺术贡献奖。2017 年拍摄电影《柔情史》，是杨明明自编、自导、自演的首部长片文艺电影。2018 年该片入围了第 68 届柏林电影节全景单元并获得最佳处女作提名，同年荣获第 42 届香港国际电影节新秀竞赛—火鸟大奖及国际影评人费比西奖；第 20 届首尔国际女性影展最佳导演奖；第 13 届华语青年影像论坛年度新锐编剧。

滕丛丛，导演，编剧。代表作《送我上青云》获第 22 届上海国际电影节亚洲新人奖最佳影片和最佳导演提名；第 32 届中国电影金鸡奖最佳编剧、最佳导演处女作等多项提名。

韩帅，导演、编剧。毕业于中央戏剧学院。代表作短片作品《一九九九》《东尼与明明》《最后一镜》。长片处女作《汉南夏日》获第 71 届柏林国际电影节新生代儿童单元最佳影片；第 45 届香港国际电影节新秀电影竞赛（华语）最佳导演、最佳女演员。

黄绮琳，影视编剧、导演、填词人。2012 年毕业于香港浸会大学电影学院艺术硕士。编剧作品包括电视剧《玛嘉烈与大卫系列——绿豆》及《叹息桥》。凭首部编剧、导演电影作品《金都》获第 39 届香港电影金像奖新晋导演奖及第 56 届金马奖最佳导演奖提名。

陈哲，生于 1989 年，毕业于洛杉矶艺术中心设计学院，获摄影与图像学士学位。陈哲的艺术实践始于对自我意识的探求，由此出发去识别并连通生命的普遍体验。她关注的主题往往摇摆于悖论之间：苦痛与安宁之间的身体、日与夜之间的黄昏、永恒与有限之间的命运。通过摄影、装置、声音与图文研究，陈哲试图在不同的媒介和现场里触亮普照的星光。其作品曾广泛展出于第 9 届亚太当代艺术三年展（澳大利亚），第 11 届上海双年展（上海），横滨三年展（日本），东京都写真美术馆（日本），巴登巴登国立美术馆（德国），Plug

In ICA（加拿大），Para Site（香港），尤伦斯当代艺术中心（北京），明当代美术馆（上海），民生现代美术馆（上海）等。

陆茵茵，生于上海，毕业于华东师范大学新闻学系，曾在媒体及非营利艺术机构任职。作品获第 26 届《联合文学》小说新人奖，2018 年出版短篇小说集《台风天》。

伊冯娜·阿德希安博·奥维奥（Yvonne Adhiambo Owuor），出生于肯尼亚，作品《尘埃》（*Dust*）进入了福里奥文学奖（Folio Prize）短名单。她于 2003 年获得凯恩非洲写作奖（Caine Prize for African Writing），还两次获得爱荷华国际作家项目奖学金。其作品发表在《麦克斯韦尼》（*McSweeney's*）等出版物上。目前，她在南非斯泰伦博斯高级研究所（Stellenbosch Institute of Advanced Study）和柏林高等研究所（Wissenschaftskolleg zu Berlin）担任研究员。

张芸，北京大学德语语言文学学士，现旅居美国。自由译者、撰稿人。译有《遥望》《猫桌》《舞者》《管家》《飞越大西洋》《玛利亚的自白》《圣徒与罪人》等。

默音，小说作者，日本文学译者。已出版小说《月光花》《人字旁》《姨婆的春夏秋冬》《甲马》《星在深渊中》，译有《真幌站前多田便利屋》《京都的正常体温》《青梅竹马》等。

张敞，写作者。作品主要涉及文学、戏剧、电影等文化领域，以评论为主，兼写剧本等。

《单读》荣誉出版人

龙　瑾　　昕　骐　　唐　胜　　苗　蕾　　袁小惠　　宋　莉　　白晓萱

杨　茜　　邵竞竹　　徐茁溪　　肖洪涛　　阙海建　　言木斤　　祝　兵

朱晓舟　　刘思羽　　刘小军　　何海燕　　霍　冕　　李顺军　　吉云龙

傅晓岗　　王树举　　菜　菜　　唐　莺　　叶晓薇　　小　花　　蒋和伶

禹　婧　　杜　燕　　梅　卿　　王炜文　　唐静文　　谢礼兰　　安　木

喻庆平　　徐　铭　　路　内　　鲍鲸鲸　　綦郑潇　　吉晓祥　　陈　硕

孙博伟　　黄　岩　　侯芳丽　　荔　馨　　王剑光　　任浩宁　　王学文

薛　坤　　贝　塔　　张　蕾　　刘红燕　　苏七七　　廖　怡　　章文姬

李润雅　　潘露平　　王元义　　王　滨　　刘　颖　　张　维　　王作辉

恩　惠　　吴俊宇　　洪　海　　尤　勇　　涂　涂　　童　瑶　　冯婷婷

王小冬　　宁不远　　桃　二　　段雪曦　　郭旭峥　　粥左罗　　武卓韵

关小羽　　王小妤　　徐　舸　　杜　蕾　　杨怀新　　桑　桑　　光　妹

冯　丹　　帅　初　　孔晓红　　郭东晓　　王大江　　姜　静　　冯欢欢

张　华　　李　峰　　李　莉　　馬　那　　若　菲　　王一恒　　闫　蓊

李伟峰　　吕墨杨　　余　勇　　伍　瑾　　张若希　　张海露　　孟　哲

景　上　　刘婧璇　　刘　婷　　董涌祺　　董怡林　　刘　伟　　高晓松

梁　鸿　　姚　晨　　祁玉立　　西　川　　张宇凌　　秦海燕　　于忠岩

李佳羽　　七　茗　　罗　君　　段孟然　　马　丁　　林巧云　　喵小乐

刘亿帅　　薛亦丁　　马　静　　洪　海　　李泓堃　　顾晓光　　邹　嶒

裔照珺　　方照雪　　胡应兵　　杨宁军　　尹铁钢　　王文雁　　管洛克

李　强　　马塞洛　　汪　莎　　四　自　　李大兵　　孙　起　　王琼林

唐步云　　于震坤　　娄广博　　金　颖　　陈菊芳　　查涟波　　王明峰

李亦寒　　枕　梦　　曹　越　　向梦月　　王　峥　　李　杨　　沈欣华

李浩宇李浩翰　　福璞美术馆　　进步文化传媒　　浙江台主持人张茜

雁楠山人　　小明胜意　　姚远东方　　大志小冰　　李鑫聞敬

俐安心语　　白鹊艺术　　上海彩虹室内合唱团　　生命通识学院创始学员

SoulSaint WONG　　JOYOU 悦随文化　　文域設計謝鎮宇　　听筝读诗

MUWU Studio　　Jassie　　sunsun　　Grace　　mybrightash　　Rick Yang

（以上排名不分先后）

图书在版编目（CIP）数据

单读. 28, 明亮的时刻：女导演特辑 / 吴琦主编. -- 上海：上海文艺出版社, 2021（2024.4重印）

ISBN 978-7-5321-8157-5

Ⅰ. ①单… Ⅱ. ①吴… Ⅲ. ①社会科学－文集 ②电影文学剧本-作品集-中国-当代. Ⅳ. ①C53②I235.1

中国版本图书馆CIP数据核字(2021)第214737号

发 行 人：毕 胜
责任编辑：肖海鸥
特约编辑：刘 婧 罗丹妮
书籍设计：李政坷
内文制作：李政坷 李俊红

书　　名：单读. 28, 明亮的时刻：女导演特辑
主　　编：吴 琦
出　　版：上海世纪出版集团　上海文艺出版社
地　　址：上海市闵行区号景路159弄A座2楼 201101
发　　行：上海文艺出版社发行中心
　　　　　上海市闵行区号景路159弄A座2楼206室 201101 www.ewen.co
印　　刷：山东临沂新华印刷物流集团有限责任公司
开　　本：1092×787 1/32
印　　张：15.125
插　　页：9
字　　数：269,000
印　　次：2021年11月第1版 2024年4月第3次印刷
I S B N：978-7-5321-8157-5/J.558
定　　价：65.00元
告 读 者：如发现本书有质量问题请与印刷厂质量科联系 T: 0539-2925888